流亡逾六十年的藏人
要如何面對後達賴喇嘛時代的變局與挑戰

來自北京的祝福

Blessings From BEIJING

Inside China's Soft-Power
War on Tibet

Greg C. Bruno

葛瑞格．布魯諾——著　林添貴——譯

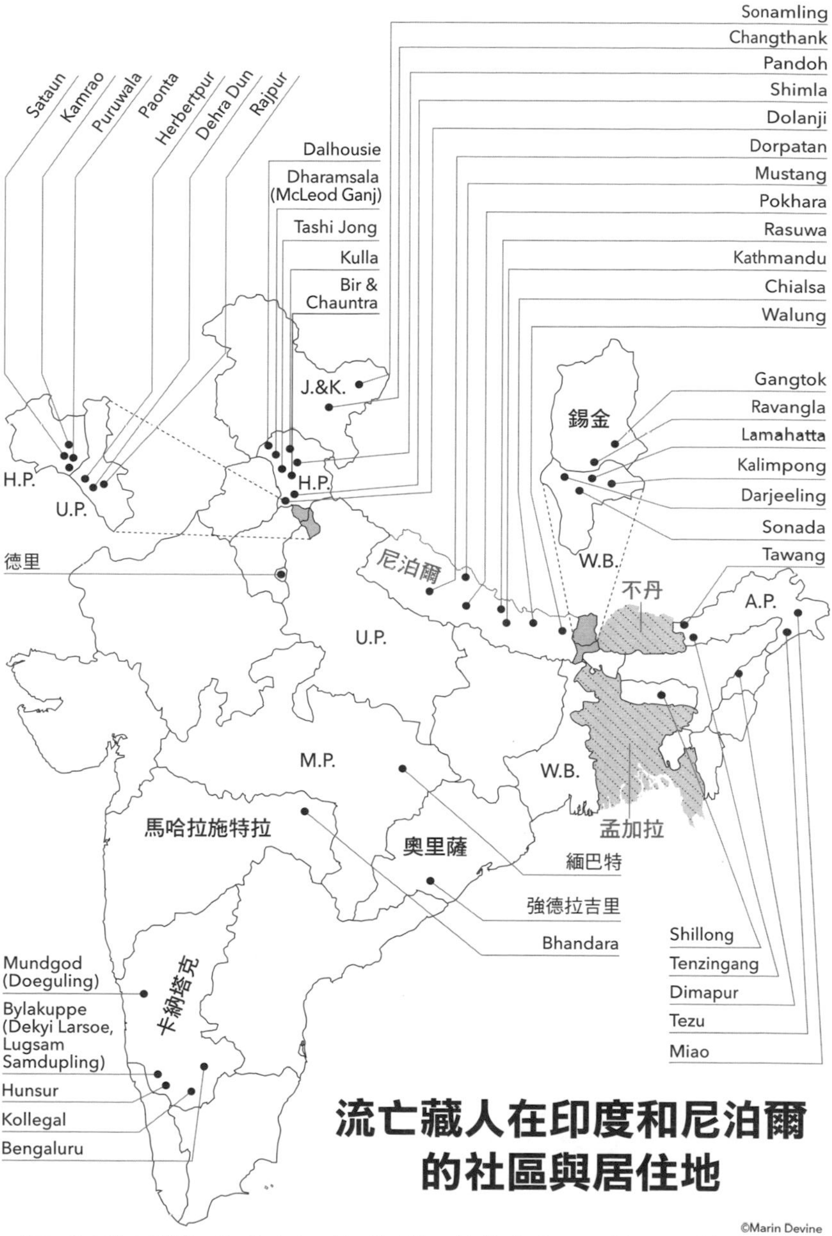

流亡藏人在印度和尼泊爾的社區與居住地

©Marin Devine

Sources: Central Tibetan Relief Committee; Planning Commission – Central Tibetan Administration; Department of Home – Central Tibetan Administration

CONTENTS 目次

西藏自治區與大西藏

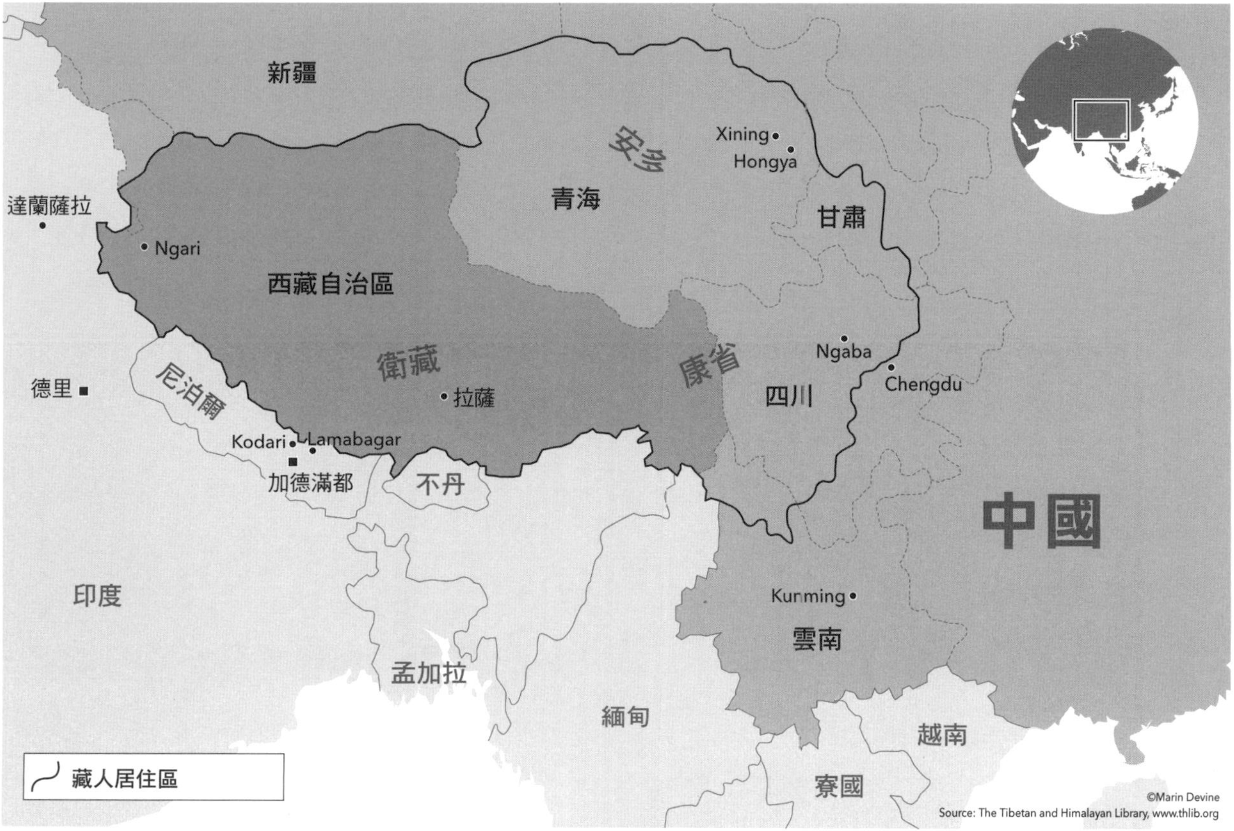
新疆
安多
青海
Xining
Hongya
甘肅
達蘭薩拉
Ngari
西藏自治區
衛藏
拉薩
康省
Ngaba
Chengdu
四川
德里
尼泊爾
Kodari
Lamabagar
加德滿都
不丹
中國
印度
Kunming
雲南
孟加拉
緬甸
越南
寮國
藏人居住區
©Marin Devine
Source: The Tibetan and Himalayan Library, www.thlib.org

序言

BLESSINGS FROM BEIJING

達賴喇嘛目前居住的北印度住家和寺院，四周環繞的小徑沿途旗幟飄揚，幾十年來信徒和效忠者絡繹不絕的走在這條道路。它是從山區一座英國舊兵營盤根錯節、崎嶇多岩的部分開挖而成，自從一九六〇年代以來，西藏（Tibet，編按：又稱圖博）難民、好萊塢動作影片英雄、立法者、朝香客、嬉皮者和拓墾者，就在這條蜿蜒曲折，結合泥土、碎石和奉獻之心的路上穿梭。在大多數的早晨，楚拉康寺（Tsuglagkhang Temple）周圍小徑（它以西藏境內類似的朝香路線為藍本蓋成）唯一的聲音，就是那些旗幟飄揚的響聲，盤旋進出的烏鴉之叫聲，以及為他們的「智慧大海」生生不息祈禱的老年藏人的喃喃梵唱。

然而，這些日子裡，這條朝聖之路的祈禱者愈來愈少。原本是西藏人流亡史上是否繁忙的晴雨表，本地人稱之為可拉（kora）的這條小徑，交通日漸稀疏。許多西藏難民被時間、無聊、全球化，以及中國的軟實力戰爭推開，正在繼續向前邁進。本書就是有關此一演進的故事。

隨著西藏流亡社群在二〇一九年邁入流亡六十週年，達賴喇嘛宣示的流亡才有自由，正逐漸陷入困境。過去十年，北京政府受到更加自信的外交政策的鼓舞，正以前所未有的方式向西藏流亡政府發動戰爭。在中國境外，例如尼泊爾的山區、印度的叢林，或是在可拉上方冰冷的鋼筋混凝土房屋，重建家園的難民家庭則愈來愈被困在中間。

本書解開中國綁在其國境外西藏人身上的權力彩帶，並且檢討正在改變西藏流亡社群的政治、文化、社會和經濟壓力。基於八年的新聞報導，又受到與西藏難民共同生活、研究和工作近二十年的啟發，我走向這場作戰的前線，進入尼泊爾高聳的喜馬拉雅山區。據說，中國特務收買尼泊爾村民通風報信，舉報偷渡而來尋求庇護的藏民；我進到印度南部的寺院，這兒支持中國的僧人咀咒達賴喇嘛快快去死；也進入亞洲冥想打坐的山洞，虔誠的信徒在此靜思愛與戰爭的微妙分際。我也踏遍紐約、倫敦和巴黎街頭，西藏難民的下一代在這兒重新思索他們為自由之戰。

但是本書並不只是探討中國的政治干預，和經濟治績這些老掉牙的故事，而是同時分析中國和西藏流亡社群的關係，以及西藏人與自身的關係：如何轉變，而且極有可能是永久改變。和過去描述西藏人在現代的奮鬥和勝利的寫法不一樣，本書的故事不避諱西藏人自身造成的障礙。它們反倒掀起布幕，揭露仍在掙扎著想要了解這個流離失所六十年的民族。

以下我將敘述中國透過直接和間接手段，設法削弱和改造西藏流亡人士的努力，以及西藏人在面對拂逆時如何奮鬥，以確保本身社群保持活力、不忘初衷、全力奮進。西藏人曾經被稱譽為歷史上最成功的難民民族之一，他們可能也不負令譽（不過，我遇過的西藏人可沒有人認為這是值得爭取的榮譽）。但是，他們雖然成功地掌握全世界的集體想像，西藏流亡人民也是一個承受極大壓力，而且日益分歧的團體。他們的年輕人就和世界上任何地方的難民一樣，在學校和工作職場吸毒、嗜酒；政治和宗教的歧異，日益產生腐蝕性和趨向流血暴力；他們的現代民主——這是流亡衍生出來的制度——相當紊亂，又沒有兼容并包的氣度。中國共產黨是造成西藏人疲憊不振的罪魁禍首，但是西藏人自我戕害也使得中國的策略更加有效。

本書講的是一個改變的故事，改變既發生在西藏難民社群當中，也發生在我自己身上。在這個故事中，有一個家庭特別顯著，經常會出現，這是姓氏普蘭（Purang）的一位前遊牧民族的家庭，我習慣稱呼他為「帕拉」（Pala）。

一九九七年我還在念大學時首次經人介紹接觸到西藏人，立刻被聽來的受苦受難故事迷住，且感到震驚，而後受到感動。我學習他們的語文，拜訪國境兩側的藏人村落，接受他們的宗教信仰，記載他們的苦難，然後以新聞記者和作家的身分，寫下他們的奮鬥故事。在我迷戀西藏文化的初期，時間似乎站在他們這一邊。一九九〇年代末期，受到啟蒙，充滿理想主義精神的青年人，追隨「野獸男孩」（Beastie Boys）[*1]——主辦音樂會、印製恤衫，替全球「自

---

*1 「野獸男孩」是出身紐約市布魯克林和曼哈坦的一個嘻哈音樂團體。他們受到搖滾和龐克影響的饒舌音樂，也影響許多嘻哈和其他領域的歌手。（譯者注）

由西藏」（Free Tibet）運動*2募款。一九九七年，我從亞洲第一次回到美國時，在史基摩學院（Skidmore College）書店附近兜售「自由西藏」帽衫，在本地「自由西藏學生運動」（Student for a Free Tibet）*3分會之前演講，也替一個名叫烏金（Ugyen）的西藏人高中生募款。我在大學所參加的樂團最後的公演之一是一場慈善表演，要替西藏學童募款。我們透過出售門票和啤酒募到一千多美元。

遠超過其他任何事情，至少當時在我心裡，我對邪惡壓迫善良這種黑白分明的事實非常憤怒：一九五〇年，中國以武力接管自治的西藏，最後迫使一位單純的佛教僧侶和他的虔誠信徒一起翻過喜馬拉雅山流亡異域。這些流亡人士以他們熱情的笑容和感染人的樂觀精神，努力拯救其人民和推動他們的自由。在這個過程中，他們爭取到全世界的想像。

但是長期下來，我在亞洲生活和工作愈久，愈看到西藏人承受的苦難（流離失所、失業、吸毒、淪為無國籍難民），生活在灰色陰影下。為了填補空白和從混沌中找出清晰，我踏遍整個南亞地域，到印度和尼泊爾的難民營訪問藏人；我在歐洲和北美洲遍訪西藏人社群；我搬家住到中國，以一年時間教英文，在中國落後的農村地區教導學生石油地理學；年屆四十一歲，我辭掉紐約大學阿布達比分校公關主任的工作，進入倫敦政經學院攻讀中國研究碩士學位。一路走來，我發現不僅造成北京的「祝福」——這是達賴喇嘛形容中國對其人民施加治術的一種委婉說法——還加劇潛藏在西藏人社群裡的挑戰。

我有意記述西藏流亡人士面臨的不確定，不是要批評或令他們難堪；我非常尊敬和佩服他們在過去六十年流亡期間的成就，特別是流亡人士保持及分享他們文化、宗教、藝術、語文和傳統的方法。我的目的也不是要呼應北京的論述，認為這些走投無路的難民最好還是回到「新」中國。（不過在某些案例上，可能是如此。中國今天逐漸達到超強地位，而且我在倫敦政經學院從中國同學身上獲悉，中國年輕人比起以往更加思想開放，對世界有更深入的了解。）我當然也不能號稱像專家掌握今天西藏流亡人士面臨的一切挑戰；雖然我認真學過普通話和西藏語，但我對兩者都不夠流利，因此在為本書採訪報導時還是必須借重翻譯人員幫忙。

根據多年來對於我視之為友人的這個民族從事新聞採訪和人道救援的觀察，我在這裡的努力單純就是重新聚焦在仍然等待回到他們的世外桃源的這一社群，盼望或許能排除六十年的遠離家園，流亡異域所帶來的一些神話。

達賴喇嘛及其顧問們在印度和尼泊爾開創難民屯墾區時，設法在漫長的「暫時」流亡期間維持文化和宗教的凝聚力。這是一個高尚的願景，它的執行成功也遠超過任何人的預期。西藏人以及他們和平、多彩多姿的文化，吸引了全世界的心靈和思想。二〇一六年底，臉書（Facebook）上約有兩百五十萬次提到「西藏」，依據谷歌（Google）分類，出現「西藏」這個

（譯者注）

＊2「自由西藏運動」是一九八七年成立於英國倫敦的一個非營利組織，宗旨為維護自由西藏人權，主張中國應停止統治西藏，由藏族人民自行決定其前途。

＊3「自由西藏學生運動」是一九九四年成立於紐約市的全球性學生草根組織，支持西藏人民爭取人權和自由，並透過教育和非暴力的直接行動推動西藏獨立。

字的網頁超過七千三百萬頁；達賴喇嘛在推特（Twitter）上有一千三百一十萬個追蹤者，受歡迎的程度超過土耳其、法國和以色列三國總統的總合。在社群媒體世界，這位佛教僧人、他的人民，以及他們稱為「老家」的土地是行銷的上等高手。

但是一路下來，這個行銷奇蹟地遇到障礙。一堆因素，譬如時間、更急迫的災難，以及政治上的失策，形成一部分障礙。北京所賜予的「祝福」則造成其餘障礙。當西藏人爭取自治或獨立運動進入第七個年代之際，西藏流亡人士──為國境另一邊的同胞之奮鬥高舉火炬的流亡人士──必須對自己的策略再細加深思，以確保他們流亡期間的努力沒有白費心力。我仍然堅持希望，盼望中國和西藏流亡政府交涉，在達賴喇嘛去世之前，針對困境透過談判，得出解決方案。但是如果做不到這一點，而且達賴喇嘛在此一現代的西藏問題獲得解答之前就去世，西藏流亡人士將需要史無前例的大團結，才能抵擋隨之而來的巨大風暴。

這不是一本虛構的小說，也不是嚴格意義的學術作品。套用人類學家克利弗德・紀爾茲（Clifford Geertz）的說法，它是源自無數小時「深度廝混」得到的觀察。我個人要為本書的結論獨負全責，我也要為定稿中可能出現的錯誤解讀或謬誤預先道歉。最重要的是，本書是對一個遭受極大壓力的社群之快照。在本書寫作過程中，許多賜予我指導的人士，尤其是長期定居在印度和尼泊爾的西藏人，以及移居到西方國家的藏人。固然這個趨勢證實我的觀察：西藏人正在經歷第二次人口移動，這也意味著有時候我更加細膩的分析，會受到那些繼續前進的人士記憶的影響。

最後，對於消息來源，我要做個聲明。我只要有可能，就使用真人實名，但是在相當多場合必須隱蔽某些人的身分，以保護與我分享敏感或可能有害的情資之人士。譬如，我經人介紹在印度達蘭薩拉（Dharamsala）認識的一位西藏青年，他轉告我一位朋友在西藏自焚的故事，我必須更易他的姓名和一些細節。他的家人仍然住在國境另一頭，我不希望讓這個人的親友帶來格外的注意。全書還有其他事例，基於相同理由，我必須隱匿某些細節。

接下來是出於熱情、堅持不懈、符合事實，最重要的是懷抱希望的寫作。遠比任何事都更重要的是，我分享這些故事，是要提醒人們為什麼西藏人之前能引起世界的注意，以及他們今天仍然需要我們很大的關注。

導論
BLESSINGS FROM BEIJING

出亡的悲劇

我的西藏「父親」帕拉是個很有耐心的大家長。每天晚上全家人在露天院子會合進餐時，這位上了年紀的西藏商人會招呼我跟他一起坐在家族神龕底下的長木桌上。火烤麵包和水果整齊地擺在象牙白色的祭拜毛巾上，向代表啟蒙和智慧的神明致敬。當我們用餐時，代表西藏惻隱之神「聖觀世音」（Avalokiteshvara）的達賴喇嘛，他的照片對著我們微笑。

帕拉懂不了幾句英語，我的西藏語更是蹩腳，因此我們利用一個多小時吃麵條的時間，學習用西藏語從一數到十。他過去在西藏高原上放牧牲畜多年，手指早已磨損破裂、變黑。他會伸出手，點著他的指關節唱出數字，就像西塔琴演奏者和著節拍一樣。他口裡念「一、二、三、四、五」，等我跟上、重複一遍……才進入「六、七、八、九、十」，然後再前進。

一九九七年冬天，我和帕拉一家人住在印度北部西藏流亡政府的都城麥羅甘吉（McLeod Ganj）巴格蘇路（Bhagsu Road）時，就這樣打發漫漫長夜。隔了數十年，我才曉得帕拉名字的意思——「帕拉」在西藏文裡意即「父親」——但是感謝帕拉每天晚間的堅持，直到今天我仍然懂得用西藏語從一數到十。

長久以來，耐心是西藏難民保留下來的本性。過去六十年的大部分時間，這些流亡的男男女女最早是在一九五九年三月逃出西藏，他們安慰自己，相信有朝一日他們將會回到故鄉。遠離覆蓋白雪的喜馬拉雅高山峻嶺，生活在炎熱的印度次大陸，流亡藏人一向都說這只是暫時的。大家族成員聚集在異鄉，流亡是可以忍受、可以寬容，也可以熬過去。

可是隨著流亡在二〇一九年三月已六十週年，這個夢想的脆弱也愈來愈明顯。隨著北京外交政策日益冒進，特別是在二〇〇八年北京奧運後的大肆擴張以來，歷史上最成功的文化移植之一正面臨最大的挑戰。[1]伴隨著它的長命，躲到中國境外、脫離漢人控制的西藏而流亡的西藏難民家庭，正在付出最沉重的代價。

雖然西藏人從一九五〇年代末期就開始流亡，他們在國際上備受各方注意卻發生得很晚。一九八九年十月，中國年輕的民主運動人士在天安門廣場遭到人民解放軍血腥鎮壓之後四個月，達賴喇嘛「因為一貫堅持其人民爭取恢復自由的奮鬥不使用武力」，獲得諾貝爾和平獎。[2]隔了幾年之後，紀思道（Nicholas Kristof）在《紐約時報》撰文表示：天安門大屠殺——針對爭取更大自決的中國人狠下毒手——把西藏人的悽慘命運推上檯面。駐北京的一位西方外交官告訴這位專欄作家：「西藏突然就冒出來。過去一直有一小撮人對西藏感到興趣，但是在六四之前，他們被熱愛中國的其他人所淹沒。」[3]

西藏問題躍上國際舞台之前的醞釀時期，這個問題似乎極其可能可望獲得解決。和帕拉一樣，我也有耐心地樂觀。從我個人對西藏人民的「熱愛」回到美國將近十年之後，我從西藏友人收到的聖誕卡，等於每年提醒我環繞這個議題的樂觀精神一直常在。中國固然狂吠不已，但是談到保護西藏難民時，全世界的噬咬更強而有力。

聖誕卡在二〇〇六年停了；我最後收到的一張卡片，是一位西藏朋友祝福我全家「一切順遂、快樂」。然後，在二〇〇八年六月二十一日星期六，奧運聖火抵達「世界屋脊」，西藏人永恆的樂觀開始轉變方向。

經歷西藏境內一系列抗議之後，西藏自治區當時的中共最高負責人張慶黎，誓言追緝流亡海外的活躍份子，指控這些人計畫「破壞北京奧運會」。這是從我視之為故鄉的藏人村莊頭頂上開槍所飛過的一個警告。張慶黎藍白色波爾卡圓點樣式的領帶在拉薩的陽光下閃耀，他宣稱：「西藏絕不會變天，五星紅旗將永遠飄揚於西藏。」他說，中國「肯定能夠完全粉碎達賴喇嘛這一夥人的分裂陰謀」。張慶黎又不祥地補充說，粉碎行動「將發生在國內外」。[4]

中國此一行動，形同對數以千計的西藏流亡人士宣戰，也喚醒我的癡情。[5] 二〇〇九年初，也就是中國驕傲、和平地——儘管張慶黎言詞狂妄——主辦北京夏季奧運之後幾個月，我向「國家研究中心」（Nation Institute）＊這個非營利的傳媒中心申請調查報導獎助金，協助我了解中國畫下的作戰前線。當年十月，獎助金到位，也和我的任職單位交涉，爭取到六個星期的假期，我來到中國的南方邊境，進入北京最具侵略性的一項跨國衝突的火線。

為了採訪報導，我總共前往現場不下十來次，但是這趟首次旅行，我就訂下目標，要替兩個問題尋找答案：中國採取什麼戰術針對西藏難民展開新型作戰？這場戰爭將會如何影響我的朋友？我後來找到的答案，包含西藏人仍未實現的夢想、被壓制的社群，和散布在亞洲大陸破碎的家庭當中。他們的集體故事和其他許多族裔難民輾轉流離的故事，並沒有太大的不同。但是涉及到這齣大戲的角色——全世界第二大經濟體、全世界最著名的佛教和尚，以及在它們之間調停的民主國家自由體制——使得了解中國如何對付西藏難民的故事，更有急迫性。

張慶黎在北京奧運之前揚言對付「國外」西藏流亡人士，其實並不僅只針對西藏人。它象徵北京在此同時彙整中國外交政策優先目標，預備大肆擴張的第一槍。二〇〇九年七月，中國共產黨重要決策人物之一發表一項談話，引起中國問題觀察家熱議至今。中國國務院國務委員戴秉國當時在華府艾森豪行政大樓的圓形大廳，與國務卿希拉蕊·柯林頓並肩齊立，他以遠比過去任何中國官員都更清晰的方式，詳述什麼事情構成中國的「核心利益」。[6]

戴秉國開宗明義宣示：「為了確保中美雙邊關係走在長期和健全發展的軌道上，有一件事很重要，我們需要支持、尊重和了解彼此，並且維護我們的核心利益。就中國而言，我們關心的是，必須捍衛我們的基本制度、我們的國家安全，其次是主權和領土的完整，然後是經濟和社會的永續發展。」

中國國務院後來就戴秉國的談話擴充解釋，指出「懷疑中國、從國外干預和反制中國的動作日益上升」。[7] 對於西藏難民最為不祥的是，中國國務院斷定「致力於『西藏獨立』的分裂勢力……已經對國家安全和社會安定造成嚴重傷害」。這句話似乎暗喻「核心利益」的紅線已經被跨過。

戴秉國沒有詳細說明中國要如何捍衛或保護這些核心利益：統一台灣、南海航行、新疆和西藏的動亂。北京任由中國國內外的學者去填空答題。不過有一點很清晰，北京的戰術（包含攻勢和守勢）已經擴大到遠超過中國的國境。

有位中國高階軍官甚至揚言，在二〇〇八年之後的世界，北京的「安全邊界」——住在英國的台灣事務專家克里斯多福・休斯（Christopher Hughes）稱之為中國的「安全周邊」——「甚至可以包含外太空」。[8] 中國現在已經準備環繞全球保護它本身的利益。

特別是就西藏難民而言，這群人曾經被北京安全官員視為最有毒，[9] 中國自二〇〇八年以來擴張兵力和壓力，已經像毒氣包圍他們，並且在它的全球勢力拖網內繼續製造出受害人。中國以許多方法幹下這些勾當。

第一，北京以空前強大程度的威懾、恫嚇和宣傳，挑戰同情西藏的人士。只要涉及到西藏的議題，無論多瑣細都會吸引中國外交官的注意。二〇一二年底，中國駐舊金山總領事館發動一場公開的活動（不過最後並未成功），想要移除奧瑞岡州小型大學城柯瓦里斯（Corvallis）

---

*「國家研究中心」是和《國家》雜誌（*The Nation*）相關的一個非營利媒體組織。它贊助研究人員、主辦論壇、出版書籍，也頒發新聞獎項。（譯者注）

一幅親西藏的壁畫。中國官員致函柯瓦里斯市長表示，有家商店重新裝修後在店面繪製的一幅畫「沾汙」了美中關係。這幅畫顯示中國公安警察痛打西藏人，另有一些西藏人自焚抗議。柯瓦里斯市長拒絕中方要求拆除壁畫之請，但是壁畫主人是台灣出生的店東，很緊張，怕可能遭到中方報復，買了一把手槍防身。[10]

第二，中國努力消弭西藏流亡社群對達賴喇嘛的支持，北京採用的手法是拒絕和這位西藏領導人談判，並且不斷醜化他，或是支持反達賴喇嘛的政治和宗教派系。我曾經參訪過印度南部一座寺院，寺裡的僧眾挑戰這位西藏精神領袖，針對一項深奧教義實踐，認為它是宗教上危險的做法的禁令。對於藏人保護神多傑雄天（Dorje Shugden）的崇拜，造成西藏難民社群分裂，有些人甚至告訴我，只有達賴喇嘛不在人世，才會有解。這是西藏人自己製造的分裂，但是你在本書稍後將會讀到，中國也致力擴大這項裂痕。

第三，中國的國家安全機關鎖定一些個人——有西藏人，也有非西藏人——這些人利用他們的自由鼓吹西藏境內改變。中國的電腦駭客侵入西藏人的電子郵件，在他們的文件動手腳，並且追蹤他們的活動。最敢講話的人因為他們涉及西藏人的目標，遭到綁架、毆打或刑求。派駐新德里的一位美國外交官告訴我，中國在印度境內的反西藏間諜活動，是「冷戰以來最積極的諜報活動之一」。除此之外，中國也試圖控制西藏人本身信仰的方方面面，譬如操縱挑選轉世喇嘛。

但是，即使這些手段強硬——對美國鄉下出現的壁畫公開表示憤怒，把積極份子蒙上眼睛，架上沒有記號的汽車後座，或是侵犯世界各地西藏人的電腦——它們未能改變世界對西藏問題的意見，或是促成西方國家親西藏政策出現重大變化。為了達成這些目標，中國布下第四道攻擊線，盼望能夠影響世界大國從北京立場看待西藏問題：以經濟和政治勒索，指向自從西藏流亡社群出現即伸出援手的西方政府。

張慶黎二〇〇八年發出威脅之後，法國是最早遭到這項做法修理的國家之一。二〇〇八年十一月二十七日，中國外交部發言人秦剛在記者會上提出警告，如果法國總統尼古拉・薩柯吉（Nicolas Sarkozy）接見達賴喇嘛，巴黎要為嚴重後果負責。當時法國正輪值擔任歐盟主席，也正在爭取中國在歐洲投資開發，但是法國堅持人權應和投資掛鉤，允許這位西藏領袖公開演講，使得北京很不痛快。中國已經取消與歐盟一項重要的經濟峰會，以抗議會見達賴喇嘛，也揚言接下來會有更多抵制活動。

十二月六日，法國總統依舊按照原定計畫和達賴喇嘛會晤，兩人在波蘭港口城市格但斯克（Gdansk）晤談三十分鐘。中方的反應非常快。原本計畫採購一百五十架法製空中巴士客機的談判暫告中止。[11] 幾個星期後，中國貿易代表團和歐洲各國合計簽訂一百五十多億美元的採購合同，但是刻意避開法國企業。

中國前總理溫家寶當時說：「我在飛機上看著歐洲地圖。我這趟旅行避開法國。我們都知道為的是什麼。」[12]

近年來中國開始採用第五種方法：戰略沉默，雖然運用上不屬高科技，卻使某些西藏難民挫折、憤怒。透過拒絕和西藏流亡政府有任何對話討論其命運（雙方在二〇〇二年九月至二〇一〇年元月之間曾經有過九輪會談），北京對待西藏人就好比婚姻失和的怨偶彼此完全不對話。歐巴馬在卸任前幾個月指出：「倘若達賴喇嘛未能達成歧異解決就去世，很可能增加中國的不安定，我們鼓勵中國採取會降低不安風險的政策，趁目前達賴喇嘛仍然健康時，恢復與他對話。」[13]但是到目前為止，北京顯然願意冒風險。

中國針對法國對西藏示好做出反應後不久，我拜訪一位世界知名的西藏事務學者，他非常了解這些難民面臨的困境。羅伯．巴奈特（Robert Barnett）在離他哥倫比亞大學辦公室不遠的曼哈坦一家小餐館和我會面。一個小時下來，我們不知喝了多少杯茶，我告訴巴奈特，我第一次參訪中國對西藏新外交政策的最前線之心得。後來我又多次前往參訪。我告訴他，擔心中國針對西藏人進行間諜活動已經變成偏執症。我說，中國對西藏社區的影響力日益增長。

巴奈特聽了，不覺得稀奇。和西方世界絕大多數西藏事務專家一樣，他本身也受到中國外交官緊盯。北京對西藏難民的戰爭也鎖定支持和研究此一議題的人士。他一點都不帶諷刺意味說：「過去二十四小時，我至少從中國官員手中拿到三份禮物，都挺不錯的禮物哦。一個是月曆，很大、很精美的月曆。另一個是相當漂亮又昂貴的中國陶器。他們一向努力打電話來，要求登門請教。一直都如此。」

巴奈特又說：「重點倒不是這種事常常發生在許許多多人身上，而是代表（西藏問題）對中國太重要了。我個人認為，這是我們應該從這兒拿走的東西。我們不應該拿走中國卑鄙、奸許或違反規則的形象。它沒有違反規則。它只是比大多數人把戲耍得更妙，並且追求本身的利益。」

換句話說，在巴奈特看來，我預備要解答的第二個問題：中國對待西藏問題的方法，會如何直接影響西藏難民，這才是重要問題。

巴奈特又喝了一口茶後，向我解釋：「我不想說他們的計畫已經岌岌可危。（西藏文化移植遷徙的）計畫受到巨大壓力。我認為這項計畫的中心，即西藏政府，可能守得相當不錯。但是，我們看到的是中國相當成功地在西藏社群內部卡進障礙物，削弱它的中心，而且這個中心大體上又沉默無聲：這是一個沉默無聲的中心，在某種意義上，它並沒有非常公開或有效地解決內部的分歧。它似乎很難接受與批評者進行討論，或是解釋清楚差異。這種缺乏實質對話的現象遭到互聯網擴大；在網路上的一般情況是，批評者的聲音很大、很積極，或許絕大多數藏人認同達賴喇嘛，但是大多保持沉默。這會產生一些對正在發生的事情可能有偏差的看法。就態度和批評而言，這些看法會非常有影響力。我擔心的是，他們不會導致許多人一直希望的集體思想或戰略的更新或改進。」

巴奈特接著說：「從很多方面來看，這是中國戰略的結果。它的戰略是，『讓我們羞辱達賴喇嘛，不給他任何讓步，這樣子他就顯得是個問題、受到中國人仇恨，以及顯得他所有的努力都沒有成效。』於是乎，在追隨他的人當中，有些人就會說，『他是一個失敗者。他的政策完全沒有結果。』中國策略的目標似乎就是讓耐心不足的西藏流亡人士感到挫折，它希望這可以破壞達賴喇嘛，特別是如果它能夠讓他們採取暴力，中國就更能傷害流亡政府，降低它的效力。」

他又說：「這是削弱敵人的經典做法。」

到了二〇一六年一月，中國只差沒有正式宣布勝利。共產黨官方媒體《環球時報》發表一篇評論文章，宣稱：「達賴喇嘛這一夥人正在崩潰。」評論宣稱：轉世「只在自己人當中近親繁殖」，事實上禁止敬拜多傑雄天，內部又有衝突和腐敗，正在促使西藏難民走向崩潰的邊緣。14

該文避而不說的是，中國躲在背後扮演角色，加速推動西藏流亡政府潰敗。

第一章
BLESSINGS FROM BEIJING

來自北京的祝福

我有好幾回見到中國稱之為「穿上僧袍的大狼」的這個人。在麥羅甘吉他的寺院聽他公開講經，以及有一次在紐約市聽他演講。但是一直要到我開始調查中國如何對待他的流亡同胞，我才有機會和他說話。

二〇〇九年秋天，國家研究中心的獎助金已經匯入我的銀行帳戶之後幾星期，我啟程前往北印度，這是我第一次涉入中國對小拉薩（Little Lhasa）的戰爭。紐約市西藏基金會（Tibet Fund）的友人，已經邀請我跟他們一起到麥羅甘吉去見達賴喇嘛。和這位西藏領袖同座已經安排好了。

我在會見達賴喇嘛當天早晨很早就起床，比我房間的活動電暖器起動還早。這一天的邀請並非個別接見，而是跟隨一個團體一起晉見尊者；房中將有另外約二十個人聆聽尊者對其他諾貝爾和平獎得主討論宗教寬容的議題。我獲悉：「你不無可能發問。請預做準備。」

坐在離達賴喇嘛住家前門僅有幾百碼的卓諾會館（Chonor House）一張小木桌前，我翻閱近來和街頭或我住處窗外的西藏難民談話的筆記。當年秋天西藏境內正爆發一波波自焚抗議風潮，通常相當寧靜的這個村子裡一萬一千多居民，對於世界竟然如此遲緩回應他們焦急的親人之陳情，愈來愈有挫折感。有位年輕的西藏商人告訴我，他愈來愈懷疑達賴喇嘛有政治本事促成中國改變作風。其他人則竊竊私語，在西藏人自一九六〇年代以來即視之為家的印度村子，到處都是中國間諜。

有個西藏人原本在印度陸軍當兵，後來成為神祕主義者，我前幾天在靈修山洞遇見他。他告訴我，他想宰了那些占領他祖先家園的人。這有點像是吹牛。他那蓬鬆的黑髮、柔和的眼神，和軟弱的握手，在我看來，分明是個僧人，哪像是個雇傭兵。但是那個冬天愈來愈多西藏青年一再表現出這種情緒。

我在回想這些對話時，也在筆記本上寫下要向尊者請教的問題。

當天上午十一點，我通過達賴喇嘛住所的安全檢查——穿過由扛著步槍的印度士兵守衛的金屬偵測門，再經過擔任他私人衛隊、身穿休閒褲和襯衫的西藏男子。當我踏進屋頂垂下黃色日光燈，鑲著木板的接待室時，一位身穿赤紅色僧衣的和尚引領我坐到第二排的一個位子，離這位西藏領袖即將坐下的米色木質長椅大約十英尺。

我開始冒汗。我過去曾經替報紙和新聞網站採訪過權貴人物，從美國陸軍將領和外國政客，到前熱門明星、體育英雄和全球理想家，不乏其人。但是這次的對話，我如果幸運的話，或許可以提出一個問題。可是，這是我職業生涯第一次，我的心臟怦怦跳，我緊張得說不出話來。

接下來四十五分鐘是一片模糊。我不記得達賴喇嘛和其他諾貝爾和平獎得主：美國反地雷積極份子喬迪・威廉斯（Jody Williams）、伊朗律師席琳・伊巴迪（Shirin Ebadi）和愛爾蘭和平領袖梅理德・柯立根・麥奎爾（Mairead Corrigan Maguire）*討論的內容，我只記得當達賴喇嘛以英語問說：「有人要發問嗎？」我的手本能地舉起來。在一片敬畏尊者的人海中只有我舉手。引導我就座的那位和尚向我走來，把麥克風遞給我時，我的脈搏怦怦跳，幾乎淹沒了從我嘴裡噴出來的話。

以下是我能夠向全世界最著名的和尚訥訥發問的問題：「如果今天支持西藏難民的政府，如印度和尼泊爾，終於向中國壓力屈服時，你的人民將會如何？」潛台詞：當你不再於人世保護他們時，西藏流亡社群會變成什麼樣子？

達賴喇嘛的答覆沒有很詳盡，英文文法也未必正確。他說話時皺著眉頭，彷彿對這個問題感到不豫。他提醒我，這是宗教議題討論中冒出來的「政治性」問題。但是他五十二秒鐘的快速回答，卻把我送上一趟充滿發現和不滿的旅程，因此走遍全球去探索他講的道理。

---

*喬迪・威廉斯是一九九七年諾貝爾和平獎得主；席琳・伊巴迪是二〇〇三年得主，也是有史以來第一位女性、穆斯林得主；梅理德・柯立根・麥奎爾是一九七六年共同得主之一。（譯者注）

這位年邁的西藏領導人說話時，笑嘻嘻地從他活像可口可樂瓶子的眼鏡黑色金屬框，望向聚集在一起的人權工作者、哲學家和作家的觀眾。他說：「（中國）極權政府到處施加壓力，即使在美國亦然。我認為印度和尼泊爾正受到來自北京的某些『特別祝福』，這一點很清楚。而尼泊爾的情勢不是很安定，不是很穩定。他們有許多問題。因此，中國的壓力、中國共產黨的壓力，更加有效力。」

說到這裡，他點點頭示意我交出麥克風。

我後來花了好幾年時間思索達賴喇嘛當天講話的深意。「來自北京的特別祝福」是什麼意思？西藏人在美國受到什麼樣的壓力？在印度這個全世界最大的民主國家，他們又受到什麼樣的壓力？帕拉和他的家人感受到這股「壓力」嗎？尼泊爾的情況又是如何？西藏人在這一小片佛教徒天堂所面臨的問題，有哪些需要外人理解？

就某個程度而言，這些問題的要素在過去幾十年已經浮現。自從毛澤東的紅軍部隊在一九五〇年開進西藏高原，達賴喇嘛和他的西藏同胞已經受到中國的注視。西藏事務學者馬文・高士坦（Melvyn C. Goldstein）曾經指出，中國占領西藏初期的目標是透過引進一種頗有爭議的權力分享協議，來和平「解放」西藏。[1] 一九五〇年之後，那十年的大部分時間，也就是一九五九年北京撕毀協議之前，毛澤東和中國共產黨試圖以承諾、保證、宣傳和經濟恫嚇，來爭取西藏人效忠。在占領的初期階段，共產黨幹部花費大筆鈔票誘使西藏最窮的百姓起義反抗「邪惡的」富人，包括那些有錢人或急欲逃到印度的人。中國入侵之後被抓去坐牢三十三年的西藏和尚班旦．嘉措（Palden Gyatso）回憶，中國以華麗的影片和戲劇表演，「鼓動窮人反地主」。中國一齣芭蕾舞樣板劇《白毛女》描述本地農婦的悽慘際遇；《農奴》（*The Serf*）描述名叫強巴（Jampa）的遊牧民獲得解放的虛構故事。這些都在一九五〇年代在拉薩露天公演。

然而，隨著時間推移，中國的言行逐漸趨於一致。它的影響力巨棒，遠遠伸出其實際邊界之外。這正是這位西藏領導人回答我問題時的背景。中國領導人把二〇〇八年北京奧運會視為是國際上肯定、確認他們的大國地位。到了二〇〇九年，當我坐在離中國痛恨的對象僅有幾英尺距離的地方時，他們已經開始布署這種力量。正如中國事務專家季北慈（Bates Gill）在那一年所說的那樣，二〇〇八年是中國踏進世界社交舞台的「介紹」派對。[2]不過，對於西藏人而言，這並沒有什麼值得慶賀的。

*****

達賴喇嘛提到一些國家的名字，只是要舉證北京的祝福施予誰。但是不消多久，他就可以指出什麼特定的人士受到北京的祝福。

二〇一二年五月，我們碰面之後三年，達賴喇嘛公開指控中國派出活生生的特務到他門口，不僅是窺伺，而且要施毒害他。他告訴英國《星期日電訊報》（*Sunday Telegraph*）：「我們接到來自西藏的某種訊息，有些中國特務訓練一些西藏人，尤其是女性……使用毒藥。在頭髮上了毒，在頭巾上了毒。她們假裝要求我賜福，讓我的手碰到毒藥。」[3]

中方立刻否認此一指控。《環球時報》社論表示：「如果中央政府想要『剷除』達賴喇嘛，為什麼要等這麼久？」[4] 但是這段插曲的確引發無可避免的問題：中國有能力做什麼？

可能性似乎無止境。隔一個月，印度警方突襲北部的喜馬偕爾省（Himachal Pradesh）一座寺院，搜出數以千計的美元現金和十多張中國行動電話用戶身分模組卡（SIM）之後，逮捕了八名中國人。警方後來告訴《印度時報》（*Times of India*）：這些中國人拿觀光簽證入境，可是簽證已經逾期，仍滯留在印度北部，可能涉及陰謀傷害達賴喇嘛而受到調查。[5] 印度警方一直沒有證實是否有關聯，但是駐德里的中國大使館發言人承認有中國公民遭到逮捕，又說他們正在向印度政府「查問詳情」。[6]

達賴喇嘛的警告仍然鮮明地存在我腦海裡，而且新聞報導紛傳北京的「祝福」會很嚴重，於是我親自拜訪負責達賴喇嘛個人安全的西藏高級官員。

西藏安全部位於離麥羅甘吉市中心約幾英里一棟沒有標記的樓房。我前往拜訪的那個下午，門房半開，掀開老舊的綠色簾布，我探頭向內張望。有個中年和尚坐在陽光照射的一張木桌後，正在工作。我沒有事先預約前來拜會，但是和尚笑容可掬地要我坐下來。右邊的牆上掛著一幅框起來的西藏首府拉薩的照片，玻璃上方貼著手寫的標記，標示出中國駐軍總部、警察營區和已知的監獄位置。我們先閒聊幾句，聊海報、講監獄和流亡生活，但是對話很快就轉到中國在這個小市鎮布署的網絡。

這位安全官員直白地表示：「我們認為在印度有許多中國特務。」他要求不得錄音或提出他的名氏，才肯跟我對話。「很難辨識出他們，但是有許多人和我們分享資訊。」譬如，如果西藏政府或一個宗教單位籌辦一場集會、群眾祈禱法會或是慶典，他說：「中國立刻知道發生的狀況。有人向他們通風報信。絕大多數人，我們可以相信。但是也有少數人，或許是為了錢吧，替他們工作。」

這位和尚說，中國最想蒐集的重要資訊是有關達賴喇嘛健康的細節。藏人朝香客被鼓勵，當他們接受達賴喇嘛祝福時，收集這位西藏領袖的毛髮；這位和尚說，中國可以利用這些材料測試出跟DNA相關的疾病之證據。

這些指控與其他搞鬼的說法在西藏人社群之間傳播開來。二〇〇九年十二月，在德里執業的一位外科醫生為我解說，在前一年準備替達賴喇嘛進行膽囊手術時，必須採取的錯綜複雜的擾敵手法。他說，由於中國有能力竊聽數位通信，他們不能用電話或電子郵件討論開刀計畫。只能透過密碼通信或是面對面溝通。為了確保中國人不能破壞手術，取得有關達賴喇嘛健康狀況的資訊，或者下毒手殺害他們這位穿著紅色僧衣的敵人，這一切是必須的防備措施。

關於中國陰謀謀殺達賴喇嘛的指控，不可能證實，但是中國有能力以其他方式恫嚇西藏人則是可以證實。或許北京最常用的騷擾形式，就是近乎無所不在的竊聽西藏人談話內容的能力。

根據多倫多大學研究中國針對西藏難民發動電子作戰的網路專家的說法，中國人「在破壞網路和收集敏感資訊上的作為，可謂無所不用其極」。[7]二〇〇九年三月，多倫多孟克全球事務學院公民實驗室（Citizen Lab at the Munk School of Global Affairs）發現，有個龐大的網路間諜組織破壞西藏流亡政府的電腦網絡，侵入從印度到紐約的伺服器，其中一個伺服器內有達賴喇嘛個人電郵帳號。[8]

西藏流亡政府官員說，他們推定中國監視他們的一舉一動，從他們的海外旅行規畫，到達賴喇嘛的個人生活習慣，無不刻意蒐集。二〇一六年初，達賴喇嘛駐北美代表格多・歐卡桑（Kaydor Aukatsang）告訴我：「我個人就是許多這些監視伎倆和干預的受害人，從我二〇一一至一五年在達蘭薩拉任職，到目前這個職位，都遭到監聽。情勢很清楚，我們所做的一切，至少在內部通訊上而言，都受到中方監視和攔截。」

*****

中國並沒有一直一面倒地主宰西藏。遠在西元七世紀，西藏（吐蕃）國王松贊干布統一了西藏高原，把西藏的邊界一直向東推進到和中國唐朝邊界接壤，當時雙方關係地位比較平等。西藏國王向東方展現相當大的政治影響力，接受鄰邦朝貢，也納娶外國妻室。其中之一就是中國的文成公主，學者認為這位唐朝皇室成員是把佛教引進西藏的關鍵人物。

中藏關係的初期階段，西藏運作有如獨立的國家。九世紀時，兩國甚至締結條約、畫定邊界。當時一份條約甚至鐫刻在石碑上，放在西藏首都拉薩大昭寺門外，以漢藏雙語記載雙方關係。

西元八二一年這份文件的部分文字寫明：「為進一步鞏固雙邊友好睦鄰措施，訂定一項偉大的條約。西藏和中國都將永遠維持現有國界。以東整個地區是大唐之地，以西整個地區肯定是大藏國土。在國界兩側均不應有戰爭、不應有敵意入侵，也不應有搶占領土。」條約生效當天，分別舉行「佛教和非佛教」的儀式，包括獻牲祭拜，兩國領導人並且歃血為盟。[9]

從十二世紀起，中國受到蒙古統治者征服下，西藏深化和東方此一帝國朝代嬗遞秩序的關係。到了十三世紀中葉，西藏佛教最高喇嘛之一的薩迦派八思巴和蒙古統治者忽必烈汗之間建立起「檀越」關係（prist-patron relationship）＊，透過宗教把西藏的命運和中國的元朝連結起來。

元朝在十四世紀中葉覆亡後，此一「檀越」關係並未延續下去。但是當滿洲人在一六四四年推翻明朝、建立清朝（它是中國最後一個王朝，國祚延續到一九一一年），藏蒙同盟再度有利於西藏人。達賴五世在一六五六年訪問北京時，據說大清皇帝「以極大的禮遇和尊重」接待他。達賴五世「在蒙古其他部落中有極多的追隨者，其中有些部落威脅到大清……因此絕不能得罪他」。[10]就像一張三腳凳，藏、蒙、滿關係相互支持。就西藏人而言，他們沒有自己的軍隊，這也是十分重要的一個關係。

＊「檀越」關係在西藏意識型態和政治理論中指的是宗教人物和俗世人物之間的關係。（譯者注）

然而，藏蒙同盟並不能永遠保護西藏。十八世紀初，遭到蒙古人連番入侵後，大清皇帝在一七二〇年十月派兵進入西藏，剷除掉清朝西側的蒙古部隊。滿清剷除掉蒙古人統治後，在西藏境內設立行政上的保護國，目標是「控制西藏乖張的領袖之行動，特別是防止喇嘛利用對蒙古人的宗教影響力傷害大清利益」。[11] 清朝的意圖並不是把西藏併入中國，而是保護它不受外來（蒙古）影響，和泯除其內部（佛教徒）衝突。

接下來大部分的帝制時期，類似十三世紀的「檀越」關係強化了西藏人和中國的關係。西藏人管理絕大部分自身的事務，但是需要援助時就召請滿清派兵干預（他們在十八世紀時屢次如此做。據高士坦的計算，一共有五次）。

不過後來滿清本身面臨對他們權力的挑戰，加上中國國內動亂，限制皇帝專注邊陲地域的能力。沒有強大的中國作為西藏的奧援，拉薩的佛教領袖被迫要依賴本身的軍隊，以及日益管理本身的事務。高士坦說：「到了十九、二十世紀之交……大清對西藏的霸權已是象徵意義大於實質。」

大清之後有一段短暫時期，英國人想要控制西藏。急著要在西藏和英國控制的印度之間建立貿易往來，英國使節發動一系列的貿易代表團和外交攻勢，但是大部分都被拉薩回絕。不過英國人不屈不撓，派出一支遠征軍在一九〇三年開進西藏，強迫拉薩當局展開貿易談判，在一九〇四年底成為征服西藏高原的第一支西方軍隊。英軍後來撤退，但是撤退之前，西藏已經被迫和英國簽訂協定，開啟西藏邊城與英方貿易。

一九一一年滿清覆亡到一九四九年中華人民共和國建政中間這段時期，西藏得到更大的自主。由於英軍撤退，孫逸仙領導的新共和政府又忙著奮力爭取穩定，西藏於一九一四年透過在印度西姆拉（Shimla）簽署的協定，實質上獨立。通稱西姆拉條約的這項協定，並未賦予西藏完全脫離中國而獨立，但它的確確保西藏人控制安全、貨幣和宗教及政治事務。這個情勢維持到一九四九年十月一日，遠處的東方出現重大事件，永久改變了中國的軌道。

毛澤東擊敗蔣介石和國民黨勢力，宣布成立中華人民共和國時，中國共產黨看待西藏大體上無異於帝制時期的前朝政府：將它當作緩衝區和資源來源。但是毛澤東也和蒙古人一樣，認為西藏的宗教和文化很獨特。共產黨控制下的頭幾年，它迎合菁英，同時也慢慢「教化」西藏最貧窮的人民接受社會主義（譬如，等候時機再引入階級鬥爭的理念）。但是即使如此刻意低調的改革步調，也沒被西藏人接受。到了一九五〇年代末期，東藏地區的藏人起來抗拒。一九五九年，動盪爆發為全面叛亂，三月間，達賴喇嘛向南出走到印度，中國對西藏自治投下的套索無可倒退地加緊箝制。

接下來幾年，西藏最高領袖流亡在外，中國對西藏的獨立和自治展開嚴重打擊。政治團體遭到勒令解散，寺院被破壞，剩下的傳統菁英也被剝奪原有的地位。支持或參與一九五九年三月那場沒有成功叛變的人，統統被判刑入獄或送去勞動改造。到了一九六〇年代中期，文化大革命的浪潮淹沒西藏，本區域的傳統方式在中國的「破舊立新」中完全消滅殆盡。

毛澤東一九七六年去世為共產黨的改革派清出一條路，他們也給西藏人帶來一些希望，藏人盼能獲得較大的政治和宗教自由。中共黨主席胡耀邦任內（他看到毛澤東西藏政策的錯誤），西藏人能夠更多地控制本身內部事務。中國軍隊撤出西藏自治區內許多藏人地區。文革期間遭到破壞的寺院得以重新修建，有關西藏主權的談判也重新開始，進入西藏高原的漢人被鼓勵要學習本地語文。這是北京一九五〇年軍事接管以來，西藏最自由和最包容的時期。

當時中國黨政官員仍然指控這位西藏精神領袖企圖「分裂祖國」，但是他們也邀請達賴喇嘛結束流亡，只要他答應住在北京。這是達賴喇嘛一向拒絕的條件。一九八八年三月，即將卸任的中華人民共和國國家主席李先念甚至表示，中國「尊重達賴喇嘛」。李先念說，問題是達賴喇嘛「不尊重中國、他的祖國」。

但是一九八九年的事件終結了外交示好。北京方面鑒於支持民主運動的聲音上升，共產黨內強硬派抬頭，到了一九九〇年代初期，中國對西藏議題恢復更嚴峻的言論。一九九二年，中國發表一份白皮書，詳細闡明北京認為西藏高原過去七百多年都在中國主權統治之下的歷史證據。白皮書也提到其他事項：它毫不遮掩地宣布達賴喇嘛是國家敵人。「達賴的言行已經顯示，他不再只是他號稱的宗教領袖。相反地，他已經成為在國外長期從事分裂活動的政治領袖。」[12]

當我在一九九七年來到西藏難民門口時，國際上對西藏大業的支持一面倒反對中國的立場。中國鎖定西藏流亡人士的攻訐也沒有那麼明顯，而印度支持大約十萬名西藏男女老少以難民身分居住在其境內，也相當堅定。但是在二十一世紀之初短暫恢復談判之後，中國再度關閉和平解決的大門。二〇〇八年奧運聖火送往北京之下，中國覺得自己空前強大。

＊＊＊＊＊

我見過達賴喇嘛之後不久，有位在西藏流亡政府內政部上班的一位朋友邀請我一起參訪靈修洞穴，這些洞穴散布在綠樹成蔭的山脊上，俯瞰著麥羅甘吉。由當地寺院管理的這些樸素住處，僧侶和神祕主義者花費數月，甚至數年時間，單獨居住、閉門冥思佛教經文的真義，以及同情、智慧和非暴力等核心教義。內政部照顧這些西藏人，把「內政／家庭」的定義擴展到包括這群隱居在洞穴裡的族群。我接受了邀請，雖然略有保留，因為我不確定一個穿著僧袍的神祕主義者突然從冥想狀態起身，究竟是否會健談。

但是我也想請教一個藏人，特別是每天花好幾個小時默默地思索耐心與和平的人，他對中國的「祝福」有什麼看法。因此我跟著一起去。

爬到康格拉山谷（Kangra Valley）上方的這些洞穴，其實滿驚險的。老鷹在涼爽、乾燥的天空翱翔，綿羊在海拔六千英尺、白雪皚皚的喜馬拉雅山麓上的草叢中吃草。我們選擇一個溫暖、陽光和煦的秋日登山，我的嚮導多傑（Dorje）很有把握地從這塊岩石跳到另一塊岩石，只有我步履不穩時才稍為慢下來。他另外帶了幾磅的大米和大麥麵粉作為禮物，要送給山上那些盤腿打坐的人。

那天我們在三個洞穴停留，和僧侶及老人一起吃麵、喝茶。每個靈修者都很快就以溫暖的微笑和關心的眼神歡迎我們。我原先擔心他們會沉默不語，很快就消失了。事實證明，當一個人突然停止沉思的孤獨狀況時，他們的思慮比起我們大多數人在最好的狀況下還更敏銳。

但是，我們最後一站的對話最有啟發性。

爬山爬了大約一個小時之後，多傑停在一條長斜坡頂部的一塊巨石下面。從下面的小徑看不見，但是岩石的底部有個低低的開口，用一條厚毯子覆蓋著。拉開毯子，他鑽進裡面，也示意我跟進。在昏暗的燈光下，我的眼睛需要幾秒鐘的時間來調整，才看得清楚一個男子的輪廓，他盤腿坐在遠處的牆邊。從唯一一扇窗戶照進來的太陽光，照亮了他的藏紅色長袍，長長的黑髮整齊地落在他的肩膀上。帕桑・哲林（Passang Tsering）用破碎的英語自我介紹。

一個多小時的時間裡，我們坐在帕桑冥思、靜修的泥地上，喝著茶，討論憤怒、寬恕，以及帕桑對他的族人命運持續不斷的挫折感。他，而不是我，提出了中國這個話題。他以緩慢、安靜的語調說話時，手指觸摸著念珠。他面前掛著的一個小香爐裊裊散發煙霧，他則娓娓道來，說明是什麼原因把他帶到達賴喇嘛住所上方的這個岩石洞穴裡。

少年時期的帕桑十分愛國，但是人生沒有方向，只會在他母親於印度南部開的便利商店中發呆。當他十六歲時，他追隨父親的腳步，自願投效印度軍隊中的一支全部藏人的單位：特別邊防部隊（Special Frontier Force）。他需要一份全職的工作，因此從軍，但是憤怒也在暗中悄悄助長他的情緒。他希望軍隊能夠賜給他機會，能夠跨越印度邊境、進入中國，把他的愛國精神轉變為行動。他說：「我要和中國人作戰，把我的國家搶回來。」

但是經過五年的訓練，一發子彈也沒有打過，他放下槍械，拿起念珠，認為在這場戰爭中心靈將是更強大的武器。

然而，體制性的寺院生活也不適合帕桑，他仍然壓抑不下憤怒和恨意。三年後，他離開印度南部的小寺院，來到這裡，這是喜馬拉雅山麓的一個涼爽的洞穴，靠近澆熄他自己挫敗感之火的尊者。達賴喇嘛燈光明亮，而且裝飾高雅的起居室就位於帕桑空無一物的岩洞下方幾千英尺處，對於心情迷惘，仍有熊熊怒火的他，會有啟示作用。

當我遇見帕桑時，他已經在這個洞穴獨自一人斷斷續續住了九年。專心致志的佛教徒認為，掌握心靈是為自己的心靈和世界帶來和平的最佳方式。這位西藏領袖被認為是這方面的權威；不僅是藏人，而是許多人從他的教誨開示中挖掘如何效法他的線索。

至少，帕桑的目標就是效法尊者。但是我和帕桑談得愈多，我就愈發覺在他再次放棄自己的做法之前，或者採取更加極端的措施之前，這將是他最後一次嘗試尋求內心的平靜。他解釋，他之所以憤怒的部分原因是，儘管西藏人一再表示願意妥協和討論，中國仍然頑固地不肯理睬。（雙方在二〇一〇年一月進行第九輪會談，但沒有任何結果。）他說，北京的「祝福」造成極大的驚恐。

我們相遇的那一天，帕桑的省思並不平靜。他說，西藏人很生氣，事實上是怒火熊熊。他的思緒狂躁起來。

他說：「當有人強行搶走你的國家，占據它，甚至傷害人民時，你當然會感到痛苦。每個人都會感到生氣，這是很自然的。」

他把一頭長長的黑髮披在肩膀上，接著又說：「我並沒有完全恪守佛教精神。戰爭？我準備打仗了。沒有完全忠誠當個佛門子弟。這種自由……我真的想要自由。」

帕桑停下來思索了用詞，然後又說：「年輕一代的西藏人，像我這樣的年輕人，都想要打仗。」

在狹窄的洞穴角落的座墊上打坐九年之後，帕桑找到一個單音節字的解決方法。它不是「愛」。

*****

當我最初拜訪西藏流亡人士時，我發現他們對西藏的前途有共同的願景：信任達賴喇嘛，相信有朝一日西藏將會自由，或至少享有主權。從許多方面來說，中國做了什麼，或沒做什麼，對於這些難民並無關緊要。但是經過五十年的等候、談判、妥協，然後又等候多年，西藏人已經躁鬱不安。中國施加在西藏難民及地主國的壓力——用達賴喇嘛的話說，是「祝福」——已經以不同方式影響這些難民。有些人，如帕拉，似乎是勇敢面對拂逆，安之若素。還有些人，如帕拉的家人則愈來愈躁鬱不安。

但是更有些人，如帕桑，則非常激憤，可能很危險的預備放手大幹。

這或許不意外，西藏人並不全是和平主義者。一九六〇年代，來自傳統東藏地區，就是所謂的康區，有強悍的藏人戰士，對中國軍隊發動游擊戰。有一項計畫由美國中央情報局出錢、策畫，在達賴喇嘛的兄長領導下，獲得艾森豪總統核准，訓練、武裝和支持西藏康巴族人在西藏境內跟中國軍隊作戰。[13]艾森豪政府畏懼共產主義會席捲全球，也擔心毛澤東的進軍若不被擋下來，將會把他的反西方思想一路帶到莫斯科，從黃海到波羅的海建立一群赤色政權。支持西藏反共戰士是華府挑戰此一可能性的做法。[14]

近年來，甘肅、四川、青海等省，以及西藏自治區內，西藏人和穆斯林之間暴力相向，不禁使人懷疑西藏人究竟有多麼堅定遵守他們精神領袖甘地式的榜樣。西藏事務專家安德魯・費雪（Andrew M. Fischer）觀察發生在二〇〇八年一項特別暴力的衝突事件，青海省的藏人搗毀一家穆斯林餐廳，他對《洛杉磯時報》表示，這種暴力事件是「西藏民族主義的陰暗面。這幾乎就是西藏人把他們對局勢的怒火發洩在另一個弱勢少數民族身上」。[15]在西藏境外，西藏人花費更多時間預測他們的弟兄何時會爆發暴力事件，而不是自己去搞暴力（不過，多年來西藏人和印度人之間也不時爆發孤立不相干的鬥毆事件）。而且幾乎每次衝突事件都是始於西藏人對如何使中國回到談判桌有不同見解，因激烈辯論所爆發。由此也顯示中國保持戰略沉默有了成果。

一九八八年，達賴喇嘛在法國史特拉斯堡（Strasbourg）歐洲議會發布一項計畫，籲請中國允許西藏人真正自治。這個構想後來被稱為是達賴喇嘛的「中間路線」（middle way）主張，它承諾讓中國維持控制西藏的外交事務和安全事務，但是中方要允許藏人控制「商業、教育、文化、宗教、觀光、科學、體育，和其他非政治活動領域」。

北京從來沒有接受這項提議，在當今西藏流亡政府之下可能也不會接受。但是此一提議的大膽承認：西藏應該維持接受中國實質統治，卻造成西藏流亡社群的分裂。其中一派認為他們必須堅守獨立自由（西藏文是rangzen）；另一派則承認唯有妥協才能達成目標。《西藏民族：西藏民族主義史暨中藏關係》（*Tibetan Nation : A History of Tibetan Nationalism and Sino-Tibetan Relations*）的作者華倫・史密斯（Warren W. Smith, Jr.）說，這一分裂「只會擴大，因為此一政策未能與中國達成任何解決辦法」。[16]直到今天，它一直是難民彼此之間許多摩擦的源頭。

西藏人對他們悽慘命運的政治方向感到挫折，於二〇一〇年底達到新高點，因為達賴喇嘛宣布他將放棄政治地位，以便為西藏流亡政府轉型過渡到更加民主的方向預先鋪路。二〇一一年三月的卸任演說中，他呼籲西藏同胞接受，時候到了，他應該讓位給年輕的政治領袖。「我相信人們慢慢地將會理解我的用心，會支持我的決定，因而讓它產生效果。」[17]

它的確產生效果：哈佛畢業的律師洛桑・森格（Lobsang Sangay）在二〇一一年八月被推選為總理。但是它並沒有，或許也根本不會被西藏人社群普遍接受。著名的作家、活躍份子，和批評流亡政府甚力的嘉央・諾布（Jamyang Norbu，他曾是流亡政府成員之一），特別嚴厲批評達賴喇嘛的決定。他在二〇一二年七月撰文說：「西藏流亡政府，無論它的意圖和目的如何，都已經逕自拔掉自己的插頭。」[18]

在這樣的背景下，年輕、焦慮，通常也更激烈的西藏人尋求另一條生路，一條要通過達賴喇嘛所警告的「北京的祝福」的生路。也是在這樣的背景下，帕桑和類似他的其他人，考慮採取暴力手段。另一位難民二〇一二年七月在報上一篇文章指出，西藏流亡政府要不過中國，因此群眾「唯一的出路是抵抗。消極抵抗或積極抵抗，非暴力抵抗或武裝抵抗，都行。」[19]

有一個團體因為更強悍的戰術，特別受到注意。一九七〇年成立的「西藏青年大會」（Tibetan Youth Congress）主張西藏擺脫中國統治。由於長期明確的主張，而且原本的成員包含某些流亡社群中最著名的政治人物，「西藏青年大會」是西藏人對話中最有影響力的組織之一。

不過近年來因為達賴喇嘛的「中間路線」和全面獨立這兩派主張之間的分裂，使得「西藏青年大會」被推到邊緣。二〇〇八年，這個團體發動一系列高調的抗議和靜坐活動，不僅讓北京官員氣絕，也讓達蘭薩拉官員頭痛。「西藏青年大會」在世界各地中國使領館門口發動絕食和示威之後，達賴喇嘛涉入泥潭，表示如果暴力成為戰術，他會辭掉西藏人精神領袖的地位（他在交卸政治主導地位後，仍然保留精神領袖的地位）。[20]

中國對「西藏青年大會」的詆毀不遺餘力。二〇〇八年事件期間，中國官方媒體稱呼「西藏青年大會」是恐怖團體，拿它和賓拉登（Bin Laden）的組織比擬。[21]二〇一五年的一份白皮書甚至沒有證據就宣稱，「西藏青年大會」在西藏境內「陰謀和煽惑資訊不足的人從事暴力行為」，而且「在達蘭薩拉設立軍事訓練基地」。中方的說法也暗示，西藏青年大會「伸手進入西藏和中國其他地方的許多暴力和恐怖事件」。[22]「西藏青年大會」的領導人否認中國的指控，而且也沒有堅實證據可說他們或其他西藏流亡人士轉向戰略暴力，以爭取他們的前途。雖然西藏境內有數十起不惜性命自焚抗爭的事例，而且二〇〇三年也有「西藏青年大會」高級人員在接受訪問時聲稱，暴力有助於達成他們的目標，[23]這都不能比擬成恐怖份子試圖造成大量傷亡。只要達賴喇嘛在世，很少西藏人會公然追隨揚棄他和平政策的人士。

但是一旦他理性的聲音消失了，火花可能飛向帕桑和類似他的其他人所想要的方向。高士坦曾經預測：「西藏人不會無限期地站在一旁，眼睜睜看著北京不虞任何後果，就任意改造他們的家園。」高士坦一九九七年調查藏中關係，寫了一本書《雪獅與龍》（*The Snow Lion and the Dragon*），他的結論是：「感情加上絕望和怒火，會成為強大的釀造力，而在西藏之內和之外都有一些西藏人沉醉於展開這種聚焦暴力運動的想法。他們認為這是一種『良心的戰爭』，一種西藏式的起義。」

今天，似乎不太可能出現有組織的抵抗運動。[24]但是如果高士坦的預測成真，中國將會膽氣大壯，在其邊陲圍堵西藏人，甚至越過邊界展開更強悍的「祝福」手段。

第二章
BLESSINGS FROM BEIJING

粉碎小拉薩

中國的眼中釘麥羅甘吉，座落於新德里西北邊三百英里白雪皚皚的喜馬偕爾省，長滿松樹和杜鵑花的一處山嶺脊線上。一九六〇年代初期，西藏人逃離中國共產黨占領他們的家園時，最先在此一喜馬拉雅山峰用浪板蓋起住家和深紅色的僧院。今天，儘管因為有位最著名的居民使它名揚全球，位於達蘭薩拉近郊的麥羅甘吉仍然是一個柴油味道嗆人的簡陋村莊，居民失業率出奇的高，只有半數住家有電冰箱，每五個居民只有一個人擁有電腦。[1]就好像好萊塢電影棚裡永遠不拆的場景，麥羅甘吉的外貌已經斑剝，原本臨時性的難民營地逐漸老態龍鍾。

不論是搭巴士或坐計程車，從印度首都到這個山區驛站都需要十二個小時，和綿羊、牛群，甚至結婚隊伍擠在只有一線道的顛簸路上並駕齊進，這是十分折騰人的旅程。搭火車會稍為快一點，阮囊羞澀的航空公司如印度航空（Air India）和香草航空（Spice Jet）每週只有少許班機從首都的英迪拉甘地夫人國際機場（Indira Gandhi International Airport）飛來。班機還常常因為機師罷工或濃霧而取消。二月某天上午，我選擇搭乘現已停飛的翠鳥航空（Kingfisher Air）班機，當我到達德里機場時，發現有一群憤怒的旅客已經被困在機場兩天。他們聽說飛行時間只需九十分鐘，今天上午將飛往山區的班機，「有百分之九十九」機會會取消，立刻暴跳如雷。這已是一連三天都不飛。鑒於出入如此不方便，難怪麥羅甘吉西藏人旅舍老闆在所有旅客退房離開時，都會送他們一條祈福的象牙白色哈達。

一名男子自稱是來自密西西比州的基督教傳教士，要去和藏人僧侶一起靜坐冥思。他大聲怒吼：「你們怎麼可以這樣搞！我不要在德里再待一晚！」佛教徒的鎮靜和無休止的耐心或許是西藏流亡難民的特色，但是這種特質未必會傳染給別人。

儘管地理位置偏僻，麥羅甘吉的名聲已經深植在觀光客和國際嬉皮的心目中，成為背包客的打卡聖地。自從一九八九年達賴喇嘛得票高於捷克總統瓦茨拉夫・哈維爾（Václav Havel）等人，榮獲諾貝爾和平獎桂冠以來，觀光客如潮水般不停地湧至。度蜜月的印度新人，以及板球球迷被二〇〇三年在山腳下新闢建的國家體育場吸引而來，接著西方追求時髦人士和修行佛法的信徒相繼湧至，現在就在幾英里之外出現第二個市鎮，居民幾乎全是剛服完義務役，在念大學的以色列青年在此度假殺時間（大部分旅舍招牌全是希伯來文）。

即使華人遊客，也出現在這個遺世孤立的冥思勝地和佛教村落。起先來的是台灣佛教徒，但是現在也有愈來愈多中國佛教徒在此地旅舍訂房入住。丹增・羅塞（Tenzin Losel）是一位西藏人權運動者，也是鎮上一名新興創業家。他說，現在中國大陸遊客已經多到足以讓他這樣的生意人想要掌握商機。他找了一位台灣合夥人合開一家餐廳，取名「求同存異」（Common Ground）。菜單上兼有中國菜和西藏菜，號稱要「創造跨文化的對話」。

走在西藏餃子攤和雜亂無章，塞滿青銅佛像和老舊盜版書《西藏七年》（*Seven Years in Tibet*）*的商店市集，你很難不驚嘆一小撮難民運用他們的佛教品牌和提倡寬容的訊息，就擄獲全世界的注意。達賴喇嘛和西藏文化全世界家喻戶曉，催生出一個旅遊帝國，從尊者居住的寺院路（Temple Road）這一小塊地區延伸數十英里，往山上和山谷對面白雪覆蓋的特里安德（Triund）山脊發展。今天，每年都有成千上萬的觀光客前來參觀，對於一個電力不穩定，水壓不可靠的村莊，這是很了不起的成績。

麥羅甘吉並不是一向都很繁忙。在十九世紀中葉及後期，這個荒涼的山區兵站是英國殖民政府一個重要的軍事基地。透過駐軍，這個地區崛起成為重要的貿易中心，也是躲避北印度平原酷暑的夏季度假地區。但是一九〇五年，一場規模七點八的大地震夷平了這個村鎮，大約兩萬人喪生在磚石瓦礫下。接下來五年，麥羅甘吉實質上時間已凍結了。

印度在一九五九年勉強歡迎達賴喇嘛。[2]就印度而言，把已經被遺忘的土地交付給當時默默無聞的一個難民團體，並不是沒有政治風險。賈瓦哈拉爾·尼赫魯（Jawaharlal Nehru）總理

---

*《西藏七年》是德國納粹黨衛軍士官、奧地利籍登山運動員海因里希·哈勒（Heinrich Harrer）前往喜馬拉雅山登山，因第二次世界大戰爆發，遭印度英國當局逮捕，逃亡到西藏的故事。（譯者注）

准許達賴喇嘛及其追隨者入境，其實相當躊躇。西方民主國家呼籲伸出援手，加上印度民眾支持其信仰佛教的兄弟，勝過中國的反對和叫囂戰爭的威脅（中國果真在兩年後發動中印邊界戰爭）。[3]

印度政壇為收容這位西藏流亡領袖躊躇掙扎之下，也接納了隨後幾年內追隨他，越過邊境而來的八萬名西藏人。達賴喇嘛抵達後不久，尼赫魯總理發函給印度各省政府，要求提撥土地讓難民建立自給自足的「安置區」。這個構想出自達賴喇嘛，得到尼赫魯的支持。尼赫魯認為這樣做既可以維護印度的「人道責任」，又可以讓藏人集聚在同質性的營地，從事農業經濟，寄望可以借重藏人的勞力增加印度農業的生產力。[4]

印度南部的卡納塔克省〔Karnataka，當時稱邁索爾省（Mysore）〕率先歡迎尼赫魯的要求。一九六〇年，省府官員願意將班加羅爾（Bangalore）西南方約一百三十五英里的拜拉庫比鎮（Bylakuppe），最高一千五百公頃（相當五點八平方英里），無人居住的叢林土地出租。西藏人來到印度熱帶地區的季風地帶，這些土地遠比白雪皚皚的西藏高原老家可要炎熱得多，也相當艱險。（有些人甚至表示，留在中國人控制的西藏或許日子還會更舒服。）但是在外國支持下，他們終於建立住家、學校和糧倉，定居下來。「西藏人原先每天打工、領日薪，然後以五人為一組，配給五英畝地外加一房的小住屋作為基礎，組建村落。」[5]

其他省分旋即跟進，學習卡納塔克省的做法，在一九六〇年代，越過邊界而來的西藏人被分發到遍布南亞次大陸的許多藏人集居的營地。

一九六〇年四月二十九日，達賴喇嘛正式成立西藏流亡政府，目標是推動西藏境內自由，以及重新安置西藏難民。到了一九七〇年，估計有三萬名西藏人被安置在印度、尼泊爾，和不丹的藏人殖民地。這些社區從務農的小村，到生產地毯、繪畫，和佛像等手工藝品的小型安置區都有。二〇〇九年是最近一次針對難民進行完整的人口統計調查的年度。調查顯示，遠離祖先故土，居住在異域的西藏人有十二萬八千人，其中約百分之八十三居住在南亞自給自足的安置區，和西藏人占了過半數的社區，[6]其他人則散居在北美洲、歐洲和澳洲各城市。為了便於了解這些數字的意義，我們不妨記住，流亡在外的西藏人只有中國境內藏人人口的百分之三。

根據英國牛津大學菲歐娜・麥康奈爾（Fiona McConnell）的研究，今天印度的西藏人社區已經從早期的艱困、絕望境界有了極大的進展。她指出：「乍看之下，印度的西藏人安置區不符合傳統的難民營的定義。它們不是（或至少已不再是）國際大型人道救援活動的空間。它們也不是不安全，動輒暴力相向和孕育叛亂的空間。」到了二十一世紀，它們反而可謂是自給自足，且相當繁榮的社區。它們經常也是大型佛僧學院和學佛中心的所在地，足可與西藏的大寺院媲美，而且超越西方世界喇嘛教寺院的規模。

但是就目前西藏人的地理分布而言，印度撥贈的麥羅甘吉是（至少現在是）西藏流亡人士的政治心臟。從海拔六千八百英尺高的山巔俯瞰下去，這個貧瘠的村鎮已經使得歷經劫難的一群難民得以重建他們的文化，信仰他們的宗教，並且堅貞他們的決心。

*****

中國對小拉薩發動的戰爭，肉眼不易察覺。既沒有士兵列隊在寺院路踏步前進，也沒有海軍艦艇向未設防的海岸前進。老一輩的人很努力才能提出中國如何影響他們日常生活的例證，但是一打開電視機或拿起一份印度報紙，立刻就可以感受到戰爭無所不在，從政治、經濟層面鋪天蓋地而來。

我走出小小的達蘭薩拉—康格拉機場（Dharamsala-Kangra Airport）後不久（我們的班機竟然能夠排除萬難起飛），前往拜訪自由亞洲電台（Radio Free Asia）的一位藏族記者頓珠．多傑（Dhondup Dorjee）。他邀我到他家，讓我看清楚中國的宣傳在這個藏人小村鎮是如何地無孔不入。他打開電視機，陸續轉到拉薩電視台、四川電視台和成都電視台（全部免費向這個西藏流亡政府首都播放），這是他那部老舊的電視機能接收到的免費電視台。每個頻道出現的都是歡唱的遊牧民族、「被解放的農奴」，以及犛牛在陽光閃爍的雪山漫步的影像。就像中文配音的《真善美》（*The Sound of Music*）。頓珠的小兒子坐在地板上玩玩具卡車，做父親的告訴我：「每個西藏人都看這些頻道，但是沒有人相信他們說的鬼話。即使我兒子只有八歲，都說那是通篇謊話。」

可是，事實真相擋不了中國的宣傳網不斷地發布假新聞。紐西蘭坎特伯里大學（University of Canterbury）政治學教授安—瑪麗．布萊迪（Anne-Marie Brady）專門研究中國針對少數民族的宣傳。她說，向外國推銷族裔和諧是中國共產黨追求自身正當性的政策之重要成分。她認為，其目標是對抗西方認定中國是個衰弱、分裂的國家之概念。透過分布到全世界各地由國家掌控的傳媒、政策文件，和類似孔子學院等數百個文教組織，中國試圖運用廣大的宣傳工具網絡（投資了數十億美元[7]），促銷它對權力和文化的觀點。固然有關西藏的這一類宣傳，看在外國觀眾眼裡絕大多數相當可疑，譬如在頓珠的舊電視機上看到的，「被解放的農奴」在雪嶺下載歌載舞那一幕，其實是中國旨在「孤立異議勢力及其外國支持者」的負面宣傳。這會更加危險，也有人說是更加有效。[8]

那個冬天我到小拉薩是來探索真相。想要盡可能深入了解中國如何從社會、文化和政治上壓榨小拉薩，以及這些做法是否有效。甘增基雄（Gangchen Kyishong）是幾棟黃顏色兩層樓建物的小聚落，西藏流亡政府的西藏中央公署（Central Tibetan Administration, CTA）就座落在此，它會有許多答案。[9]西藏中央公署在達賴喇嘛出亡後不久即告成立，今天它處理全方位的西藏難民事務，也號稱代表在印度和全世界的西藏難民，乃至西藏境內的六百萬藏人發言。中國當然對此會有異議。[10]

從麥羅甘吉鎮中心安步當車下坡步行三十分鐘就到了流亡政府總部。這個聚落建於一九六七年，容納內政部、宗教及文化部、財政部、教育部、安全部和衛生部。進入聚落的大門漆成藏紅配金色。附近猴群在巨石上跳躍，乳牛則在上午的陽光蒸曬的垃圾堆中挑撿食物。除了野生動物和停車場中央有一座白色小神龕之外，這一組辦公室挺像紐約州北部一個村公所，而不像以諾貝爾獎得主聞名的流亡民族的政府所在地。但是走進辦公室，僧尼和穿西裝、打領帶的西藏官員並肩工作，以一種急迫又有使命感的意識在工作。

我第一站先到新聞及國際關係部，這是西藏流亡政府的宣傳和新聞源頭。中國經常被指責製造主戰的毒素思想，向外國人宣傳；但是西藏人不遑多讓，也生產他們自己的內容，包括許多彩色印刷小冊，似乎麥羅甘吉每張咖啡桌上都擺著小冊子。新聞及國際關係部位於聚落後方一棟深色的木板牆建築物裡，它的職掌相當廣泛，除了生產內容提供給西藏人經營的出版品和節目之外，還要管理西藏中央公署派在十一個國家的海外代表團。二〇〇九年十一月我前往拜訪的這一天，整棟建築物鬧哄哄的。達賴喇嘛政府當時的首席發言人圖登・桑沛（Thupten Samphel）正在樓上監看一整排的電視牆。每一部電視機上全是從中國向麥羅甘吉播放的中文節目。[11]就和我那位在自由亞洲電台服務的朋友一樣，圖登・桑沛對這些內容也相當不屑。

圖登・桑沛向我介紹他剛才監看和側錄的內容。他說：「這是從西藏自治區拉薩播放的電視節目。這個中文節目來自安多（Amdo），即中國人所謂的青海省，可能就是來自它的省會西寧。」螢光幕上，年輕的藏族女性在一片美麗的藍天，白雪皚皚的山脈和青翠的田野下，隨著樂聲翩然起舞，一副中國最著名的少數民族快快樂樂、歌舞昇平。典型的民族和諧的形象。

檢視一遍節目播報之後，圖登・桑沛的微笑變成輕笑。他說：「他們把在西藏的生活都描繪成幸福快樂，在中國共產黨統治下，少數民族受到呵護，載歌載舞過日子。根本沒有負面新聞。」他不敢置信地又補充一句：「連天氣都是風和日麗。」

中國如此厚顏宣傳的基調——哈佛大學政治學者約瑟夫．奈伊（Joseph Nye）將它稱為北京的「軟實力」——讓受過教育的藏人摸不著頭腦。笨拙、業餘的錄影帶顯示，藏人在拉薩的布達拉宮下愛慕地擁抱「祖國」、載歌載舞，這與西藏內部的實際生活是如此的牴觸，以至於識者不可能不對這種荒謬訕笑。在過去，生產價值一直很低，沒人採信，讓人很難理解中方為什麼會費勁將這些材料發送到世界。國外有許多值得信賴的國際新聞來源會立即提供反駁。

固然中國這些蹩腳電視節目不太可能影響長期支持西藏的人士，可是它們明顯鎖定以西藏流亡人士為目標，卻映照中國廣泛的目標。布萊迪等學者指出，中國不是要追求節目的尼爾遜（Nielsen）收視率。它只想在中國及外國觀眾心目中種下懷疑的種子，挑戰少數民族聲稱遭到虐待的主張。當這些種子發芽時，就可以培養成吻合北京的要求。

自從我最早訪問麥羅甘吉以來，這些活動的精緻化也日進千里。二〇一七年《美國政治學評論》（*American Political Science Review*）發表一份報告，哈佛大學研究人員透露，中國如何雇用數百萬網路評論員，向社群媒體大灌騙人的新聞。哈佛研究人員估計，每年中國資助的網民生產約四億四千八百萬條編造的社群媒體貼文。這麼大量的內容遠勝過任何一個類比節目。但是它們不是要供做對敏感事務辯論時的材料，研究人員的結論是：這項大規模祕密作業的目標「反而是定期的讓民眾分心、改變主題；因為這些貼文絕大多數涉及到替中國喝采，大談中國共產黨革命史或是中共政權的其他象徵。」[12]

中共宣傳機構針對二〇〇八年發生在西藏的抗議之反應，正是說明這項做法的好例證。當年三月十日，拉薩幾百名西藏僧人發動示威，抗議中國將慶祝達賴喇嘛於一九八九年榮獲諾貝爾和平獎的一些西藏人拘禁。幾天之內，動盪風潮猛然成為數十年來西藏人民最大規模的群眾動員，遍及到西藏人民世居的三個省分。據報導，數百人死於這場動亂。「國際非暴力衝突中心」（International Center on Nonviolent Conflict）二〇一五年發表的一份節略指出，動亂明顯的自發性質使許多西藏事務觀察家大為意外。

然而在中國新聞媒體上卻出現大不相同的景象。西方新聞報導採用抗議事件質疑中國，在北京奧運會前對人權問題許下的承諾，中國的媒體卻高唱民族主義論調，支持中國數十年來在此「世界屋脊」的投資。中國媒體「MSN中國」（MSN China）「針對西方批評中國的民族政策，發動親北京的活動『我愛中國』」。[13]這項做法得到中國官方媒體的大力聲援，也得到中國網民表態支持。

坎特伯里大學布萊迪教授的結論是：「在中國國內外，中國網民利用線上論壇，在中國國外的公共集會（在中國境內也出現少許集會），表示支持北京的民族政策，以及處理西藏局勢的做法。最後，鎮壓西藏地區抗議活動的結果，可以被視為中國透過民族主義，持續努力統一中國全民及海外許多僑民的成功。」[14]

大約在二〇〇八年之後，中國宣傳活動日益熾烈的同時，國際上對西藏難民的支持卻奔向另一方向。二〇一二年皮優研究中心（Pew Research Center）調查美國人對西藏的態度，發現只有三分之一受訪者認為西藏的自由對西方與中國的關係「非常重要」。[15]西方領導人開始冷落出訪的達賴喇嘛。二〇〇一年，達賴喇嘛和十一位國家元首會面；到了二〇一三年，他比以前更頻頻出訪，卻只和兩位國家元首會談。[16]中國壓迫外國政府放棄達賴喇嘛的努力，逐漸取得功效。

到了二〇一〇年底，抹黑達賴喇嘛和西藏中央公署成為中國全天候在全球各地如火如荼的運動，只要和西藏相關的議題不分鉅細都受到中國外交官員的注意。中國挑戰各國政府、恐嚇吹哨人，[17]針對強力支持西藏難民的國家，壓下給予他們的開發或基礎設施援助款。即使遠在半個地球之外的一項獨立性質電影節，也無法脫離中國的怒火。

當年一月份南加州棕櫚泉國際電影節（Palm Springs International Film Festival）開幕之前發生的波折，讓人看到中國的面目。有一部參展影片《雲後的太陽》（*The Sun behind the Clouds: Tibet's Struggle for Freedom*）支持西藏難民，招徠中國駐洛杉磯總領事館官員狂亂打電話，氣勢洶洶會面，以及毫不遮掩的威脅。[18]中國官員警告電影節主辦單位，如果播映這部影片，加州就休想和中國再有跨文化的合作活動。達瑞．麥唐納（Darryl Macdonald）是一年一度的棕櫚泉國際電影節籌委會主席。他說，這是美國境內舉辦的電影節，破天荒第一次遭到中國官方要求不得播映與西藏相關的影片。

「離電影節開幕還不到一個星期，我接到兩通電話。第一通是在上午打來，對方留言說她是洛杉磯中國總領事館的文化代表。我當時根本不知道是怎麼一回事。然後在下午約兩點鐘，我又接到一通電話，這次對方自稱是副領事，希望能夠會面一談。」

麥唐納說，隔了幾天，三位外交官從洛杉磯駕臨他在棕櫚泉的辦公室；他們是中國副領事、副文化專員和文化專員。「我們就圍著那張桌子坐下來，副領事打開一個本子，裡面好幾頁是手寫筆記，他立刻滔滔不絕說話。這是演講嘛，大談為什麼他認為我們不宜播放那部西藏電影。」

麥唐納記得，此君滔滔不絕演講了約一個小時。他說：「他們不希望西藏被視為曾經是獨立的國家，受到中國入侵。」但是他白費力氣；訓話完畢之後，麥唐納和他的團隊更相信他們必須播映《雲後的太陽》。他說：「我們的職責是盡最大可能，呈現最多的視角和觀點。因此籌委會拒絕撤下這部西藏紀錄片，中國的報復就是撤走已經擺在節目表上好幾個月的兩部中國電影。」

西藏人士嘉許麥唐納的道德勇氣，[19] 但是當涉及的利害更大時，我們很容易就看清楚為什麼其他人不願追隨他的做法。[20]

我們可以舉出更多機構，默默接受中國就西藏議題施加壓力的例證。依賴中國大陸學生就讀的大學，特別遭到沉重壓力。譬如，倫敦大都會大學（London Metropolitan University）在二〇〇八年頒授達賴喇嘛榮譽學位，表彰他「透過他的言行，展現出以和平方式解決問題一直都是可能的」。[21] 接下來幾天，校方接到中國學生排山倒海而來的譴責，他們透過互聯網號召各方抵制學校。校方擔心風波若是鬧大，傳揚出去，可能造成中國大陸學生不上門，遂和中國外交官員坐下來懇談，但懇談被解釋為道歉。[22]

幾天後，倫敦大都會大學發表聲明，澄清「過去沒有，將來也不會道歉」，又說不會撤銷贈予達賴喇嘛的榮譽學位。但是副校長還是「對於最近授與（達賴喇嘛）榮譽學位造成中國人民不愉快，表示遺憾」，又說，「校方並無意引起如此不愉快」。[23]措詞如此謹慎證明了，若是觸怒中國，或者中國學生，學校的財務後果恐怕不堪設想，尤其是繳交學費的學生得罪不起。新聞記者提姆・詹森（Tim Johnson）指出，事件發生當時，在英國留學的中國學生約有五萬人。[24]毫無疑問，金錢是校方言詞轉趨軟弱的一個因素。

倫敦方面的反應：接受中國官員的訓斥，也發表「遺憾」的聲明，在英國之外的教育界產生漣漪效應。次年，中國對澳洲塔斯馬尼亞大學（University of Tasmania）施加的類似壓力更加有效，校方接受中國的反對，取消原定授予達賴喇嘛榮譽學位的計畫。在計畫取消之後，安娜・阿羅梅斯（Anna Alomes）辭去學校應用哲學及倫理學中心主任的職位以示抗議。她後來短暫任教於我在二〇一六至一七年進修的倫敦政經學院。她告訴校刊，之所以取消授予達賴喇嘛榮譽學位，是中方威脅的直接結果。「在中國政府代表拜訪校方，直接威脅將會影響大學的財務狀況之後不到八個星期，恐懼取代了熱情。」[25]

當時一位澳洲政治人物質疑，中國留學生繳交的三千萬美元學費，是影響撤銷授予達賴喇嘛榮譽學位的主要因素。澳洲綠黨黨魁鮑布・布朗（Bob Brown）公開質疑：「這裡頭是否涉及敲詐？我們有權利要知道答案。」[26]

如果大學校長不願挑戰中國，他們並不孤單，還有許多同伴：國家元首也沒有比他們更強硬。各國總統和首相、總理，教宗和政客全都屈服於北京的好戰姿態。二〇〇九年十月，歐巴馬總統屈服於中國的要求，在達賴喇嘛訪問華府時不和他會面，成為近二十年來第一位拒見這位西藏領袖的美國總統。（兩人後來在歐巴馬總統任內見過三次面，但都是私下會晤，避開媒體攝影機。）兩年之後，已經走出黑白種族隔離的南非政府拒發簽證給達賴喇嘛，使他無法參加好朋友圖圖大主教（Archbishop Desmond Tutu）的生日慶會。非洲國民大會黨（African National Congress, ANC，譯者注：南非最大政黨）的一個代表團一週前在北京，與中國簽訂二十五億美元的一筆大型投資案。

即使教宗也在二〇一四年十二月拒絕和這位西藏領袖見面。梵諦岡發言人不諱言，「基於涉及（與中國）微妙局勢的明顯理由」。[27] 羅馬天主教會當時正在和中國商談如何增強教會在中國的發展。

低階層的外交干預持續不已，但也愈來愈伴隨著更加強悍的干預手段，甚至超越中國的實體國界。二〇一六年初，報導揭露，北京追拿批評中國政府政策之後躲到香港或泰國的中國新聞工作者、民運人士，和其他異議人士。中國完全不甩香港和泰國當局，逕自就從街上架走異議人士，押回中國接受審判。[28] 中國事務觀察家說，這種當街抓人回國受審的行徑前所未見，顯示中國勢力在全球無遠弗屆。

但是二〇一五年十月路透社（Reuters）提出一個迄今最驚人的案例，突顯北京在捍衛其核心利益是多麼膽大妄為。尤其是對西藏議題的立場。即使聯合國人權理事會：受冤屈的人投訴、求助的地方，也躲不開中國的干涉。根據前往日內瓦，向這個聯合國主司機構申訴冤情的西藏和中國異議人士的說法，他們在拿起麥克風發言前的當下，必然遭到中國官員拍照和干擾。聯合國官員很清楚中方這種做法，但是似乎無力制止他們。有位目睹中國如此施壓的西方外交官告訴路透社記者：「這給予中國新的信心水平，以為他們的核心利益受到威脅時，他們在人權理事會可以恣意妄為。」[29]

以國內生產毛額（GDP）而論，中國現在是世界第二大經濟體，它對鐵砂、鈾、石油和天然氣等原料永不饜足的胃口，以及在全球各地投注現金進入基礎設施和各項開發計畫，既作為取得這些物資的方法，也用來爭取政治好感。中國注入全球經濟的對外直接投資，在二〇〇七至〇九年之間暴增八倍，從二百六十五億一千萬美元，激升至二千四百五十七億五千萬美元。[30]這些支出，配上全球遭逢大衰退（Great Recession）的金融大危機，更突顯全世界需要依賴中國的經濟引擎。

但是也突顯國際關係學者所謂的北京的「經濟治術」（economic statecraft）：運用購買力收買政治效忠的能力。

中國對台灣的立場就是這一實力的重大例證。二〇一六年底，非洲迷你島國聖多美普林西比（São Tomé and Príncipe）與台灣斷交後，中國和它恢復邦交。原先聖多美普林西比是承認台北政府的少許國家之一。聖多美普林西比外交關係轉向之時，台灣一位官員指控這個島國接受中國「天文數字的財務援助」，捨棄台灣、投向北京。中國官員否認此一說法。[31]

但是事實上，大錢擺到桌上。根據網站「中國援助數據」（China Aid Data）——這是專門監督中國在非洲各種開發承諾的一個網站——所蒐集的數字，北京早在二〇一三年就承諾給予這個非洲小國開發經費。這些承諾包括出資改善下水道設施；興建公路、一座機場和一座水力發電站；並且允諾提供八億美元興建一個深水港，以利石油出口和海上貿易。[32]

在中國如此財政優勢下，許多國家已經不願因為極少數的西藏難民問題，而忽視中國外交政策帶來的希望。雖然歐巴馬總統的後繼人川普早早就表現出強硬的姿態，譬如當選之後不久就和台灣總統蔡英文通電話，他對北京的好戰立場究竟會持續下去，還是和尼克森以降幾乎每位美國總統一樣，也會緩和他的立場，並尋求採納中國的世界觀，這一點還有待觀察。[33]

*****

雖然預算少得可憐，人數也不多，西藏流亡難民卻被中國視為足以威脅共產政權的五大實體之一（另四個實體是法輪功學員、疆獨、台獨和民運人士）。[34]有位中國異議人士自稱，曾經替中華人民共和國擔任間諜，他在二〇〇九年三月向美國國會議員作證說，北京「動用鉅額經費壓制老百姓，甚至把黑手伸向海外」。[35]川普總統的貿易政策顧問彼得・納瓦羅（Peter Navarro）估計，中國在全世界布建了約十萬名特務或線民，[36]組成一支全球間諜「工蜂」隊伍。

中國如何發動運動對付西藏難民，最好的例證或許就是透過外流的文件，以及花費數年心力試圖邊緣化另一個「分裂主義」實體（準宗教團體法輪功）人士的證詞。

陳用林是中國派駐澳洲雪梨大使館前任一等祕書及政治事務領事，他在美國國會聽證會上詳述北京對付法輪功的藍圖。陳用林說，法輪功成立於一九九〇年代，原先受到寬容，但最後遭北京取締。一九九九年七月，中國領導人擔心法輪功組織成員龐大（法輪功領導人宣稱學員逾一千萬人），會威脅中國共產黨的權力基礎。共產黨的官方立場是無神論，雖然當時正放鬆對一般宗教，如基督教、道教、佛教的限制，法輪功的群眾動員能力卻被視為是對一黨專制的威脅。中國宗教學者周亞當（Adam Chau，譯音）指出，自從中國共產黨一九八九年在北京最大的公共廣場鎮壓鼓吹民主的抗議人群以來，中國領導人對群眾動員，不論是為了什麼目的，就一直戒慎恐懼。

周亞當說：「國家對這些挑戰會有如此偏執的反應，充分說明對這些空間（譬如，城市空間、公園、廣場）仍然賦予極大的意識型態意義，這些空間最初是由國家建設，並持續由國家維持。」[37]

中國對法輪功的忌憚和害怕，反映在大肆逮捕、騷擾和囚禁其學員。許多學員在政府取締後退出練功，其他人則轉入地下。但是法輪功沒有被完全扼殺。有辦法離開中國的學員逃到海外，包括印度、美國、澳洲和其他國家。

接下來，中國採取罕見的動作：竟然窮追不捨。二〇〇〇年，中國在駐外使領館和外事單位成立一個特別工作組，代號「中央六一〇辦公室」——外事安全事務部（Department of External Security Affairs），負責協調控制、影響、分化和扼殺逃出中國的法輪功學員之工作。根據陳用林的說法，雪梨的中央六一〇辦公室特別積極、認真執行任務。二〇〇五年，澳洲境內估計有三千名法輪功學員，但是陳用林告訴美國國會，北京雇用「一千多名中國特務和線民」監視他們。陳用林說，當時北京在美國也同樣積極監視法輪功學員，動用的特務比例相若。

陳用林提供北京對付法輪功的詳情。他描述奉命展開大規模的情報蒐集和外交攻勢活動，「激烈作戰、絕不退讓，可以隨意積極攻擊」。陳用林派駐雪梨四年期間，大使館起草一份外交備忘錄，表明官員的工作是：「積極回應、主動出擊、設法製造內部爭端、感化一些軟弱份子，並就既有的不良影響『消毒』」。[38]他們設法操縱在地媒體、對決策官員施壓、調查與威脅同情法輪功的中國國民，如有可能即施加經濟壓力。在歐洲各國也都採取同樣的做法。陳用林表示，這段期間出現一項特別的「重大勝利」，某一未透露名稱的歐洲傳媒公司屈服於中國的壓力，同意不與支持法輪功的電視頻道「新唐人電視台」（New Tang Dynasty Television）續約合作。

中國在海外對付藏人的活動也遵循相同的模式，雖然細節沒有那麼公開。譬如，黨領導人在二〇〇〇年於北京召開一項會議，研商如何改進國家針對西藏的宣傳工作，重點擺在如何製造更同情黨的觀點之學術作品。當時的國務院新聞辦主任趙啟正在二〇〇〇年六月十二日對學術界表示，運用「精確的研究」挑戰西方對西藏的觀點，攸關維護中國的穩定。

趙啟正的評論外洩，被「國際聲援西藏運動」（International Campaign for Tibet）從中文譯為英文。[39]趙啟正說：「西方國家，包括美國在內，處心積慮要推翻我們國家，並且推動他們本身的社會和價值體系和國家利益。為了達成此一目標，他們絕不會停止利用西藏議題來西化及分化我們的國家，弱化我們的力量。」

趙啟正的結論是，中國需要的是從宗教、哲學、政治學、法律、歷史和考古學等各個學科的研究人員，組織一支「有效的大軍」，以產生「學術論證、便捷材料，和完美的知識分子從事對外宣傳。藏學家應該制定對抗的策略和方法。他們應該為對外宣傳提供有效的文章、想法和材料。」

他說，這是攸關「我們國家基本利益和國際聲望的迫切戰爭」，這些宣傳工作自此一路積極展開。

＊＊＊＊＊

我拜訪西藏流亡政府的最後一站是德吉・曲央（Dicki Chhoyang）的辦公室，她是流亡政府實質的外交部長，堪稱是肩負比起達賴喇嘛更艱鉅的任務。我希望聽她說明如何勝過中國宣傳攻勢的策略，以及了解她對中國加強宣傳力道有何看法。

曲央是現代的西藏政府官員，也是達賴喇嘛二〇一一年宣布政治退休後加入西藏中央公署的新鮮面孔之一。她很聰明，先後獲得加拿大蒙特婁麥基爾大學（McGill University）商學學位，和美國印第安納大學（Indiana University）中央歐亞事務研究碩士。她職業生涯順遂，辭去在加拿大一家大型醫院的社區聯絡主管的職務回來達蘭薩拉。而且她是個時髦女性。在她書架上方有個滑板，繪上菩薩神像。我們會面那個上午，她一頭烏亮的黑髮盤成髮髻，走在紐約市或倫敦街頭，曲央很容易會被誤認為是一家全球大銀行或《財星》五百大企業的女董事長。可是她甘之如飴，主掌西藏流亡政府一個經費不足的部門，月薪只有幾百美元。40（譯者注：德吉．曲央已在二〇一六年二月底辭職。）

我們交談了約一個小時，討論西藏人看待政治的態度，以及達賴喇嘛堅稱藏人並沒有要求中國承認西藏主權獨立，只要求享有相當程度的宗教和文化自主。曲央解釋：「我們堅守我們的價值觀，以及中道的妥協。」彷彿直接針對某些西方政府官員提出的關切發言：西藏流亡運動有分裂之虞，某些人主張更加暴力的戰術，她又說：「我們不會偏離這個立場。我們的奮鬥超越世代、超越個人。」

我們的對話涵蓋西藏議題的每個面向，從自決到自焚，無所不談。她一度呼籲：「國際社會需要齊一立場發言，要求中國允許國際新聞界和外國代表自由進出西藏。我們沒有任何力量改變在地狀況。我們呼籲中國政府以建設性的方式做回應。」

談到當時西藏各地蔓延開來的藏人自焚風潮，她說：「很重要的一點是，要了解人民的決心相當堅定。從我們的觀點看，這是很清晰的政治行動。我們從這裡讀到的訊息是，這是對中國在西藏高壓政策的強烈排斥。」

我們談話即將結束，曲央準備趕赴下一場會議前，我還有時間請教她最後一個問題，這是我二〇〇九年底見過達賴喇嘛後一直縈繞心頭的問題。我提問：「中國政府最害怕流亡人士的是哪一點？」

她毫不猶豫回答：「資訊的流通。只要你掌控資訊，你就掌控人們的思想。」當時，世界上沒有任何地方比我們所在的小小辦公室，對於進出西藏的資訊流通更加重要。

第三章
BLESSINGS FROM BEIJING

來自普蘭的馬伕

我走上這場軟實力戰爭前線的旅程，開始於紐約州北部一位哲學教授的課堂。一九九六年底每個星期二上午，當賭徒在鄰近的跑馬場押注賭哪一匹小馬跑得快時，我坐在賴德堂（Ladd Hall）地板的墊子上，冥想物質主義的不合邏輯。喬爾．史密斯博士（Dr. Joel Smith）透過菩薩的生活方式指導我們了解大乘佛教傳統的複雜性，以及佛教徒的生死觀、因果論、智慧和惻隱心，以及眷戀和無常。

有位佛教思想家在我們課堂上備受重視，他就是西元二世紀的一位印度哲學家龍樹菩薩。我和同學們坐著，背部拱起，閉著眼睛，雙手整齊地擺在膝蓋上，而史密斯博士詳細闡述龍樹菩薩的兩種真理理論，佛教哲學的奧義。史密斯的語調輕柔，吻合我們的正念思維，他解釋說：「佛教教義裡有兩種真理。一種是傳統的真理，即相對的真理；另一種是最終的真理，它把現實描述為騰空具象的象徵。」他又說，龍樹菩薩教導稱，若不精通這些觀念，無法獲致真正的安樂。即涅槃。

我也說不出是什麼原因，佛教以我童年接觸的天主教從未有過的方式吸引著我。像龍樹菩薩這樣的神祕主義者承諾給一把鑰匙要讓我了解現實本身：複雜、深奧，但卻是有形的。我對「終極真理」和「信仰」並非相互排斥的可能性感到震驚。

一九九七年冬天，從史密斯的佛教哲學課拿到「乙」的成績單之後一個月，我搭機前往印度，在國際培訓學校（School for International Training）進修六個月，探索西藏哲學和宗教根源的輪廓。我從西藏神祕學和甲骨文探索知識，爬到山上、坐在巨岩上打坐（我爸媽佛蒙特州家中浴室還有一張照片是我當年打坐的留影），與和尚、尼姑喝茶，他們和我一樣只想了解生命的本質。從我坐在麥羅甘吉達賴喇嘛寺院庭院的坐墊上，到藏南蓮華生大士和密勒日巴等偉大的修行者之僻靜洞穴，我聽到許多佛教大師的故事，把難解的道理化為不像教科書的艱澀，而很實際。

但是我也聽到其他的故事，讓我開始探索清晰的宗教。我所到之處，盡是聽到藏人遭到迫害、刑求、逮捕和逃亡的故事。正是這些偉大的個人勝利的轉述相傳，後來激發我的想像力，掩蓋了早先追求了解神祕意義的初衷。政治而非信仰，成為我和西藏難民的連結。我接觸到這些苦難故事的第一道窗口是因為我借住在一位天真善良的藏人商人家，幾十年來我只知道這位昔日的農民名叫帕拉。

一九九〇年代，麥羅甘吉的房子很少有暖氣，一般人家在晚餐後將裝上煤塊的一個小桶點上火，藉以取暖。為了在餘燼熄滅後保持溫暖，帕拉的家人躲在用手工編織的地毯鋪蓋的木質平台上。蓋上厚羊毛毯子睡覺。我有自己的床，算是相當奢華，但是喜馬拉雅山的冬風還是可以鑽進我只有華氏二十度的睡袋，若是想要甩掉酷寒和濕冷，上策是隨著太陽一道早起。

大多數早晨，醒來後我就跟在我稱之為帕拉的老人背後幾步，出門散步。我們在早上六點左右醒來，分享一壺熱奶茶（這是一種用茶葉、牛油、水，和鹽攙混一起煮出來，焦糖色的茶飲，味道更像雞湯，不像印度茶），然後出發去可拉，這是環繞著達賴喇嘛住所，以色彩鮮明的石頭鋪成的一條圓形小徑，朝香客在此祈禱。帕拉總是走在前頭，在我們穿過城鎮散步，走向狹窄的岩石小徑途中，經常向鄰居或他認識的熟人點頭打招呼。他的左手有時會旋轉一個由黃銅和木頭製成的移動式祈禱輪，它包裹著一個圓筒狀的佛經。他的右手抓住橡木色的念珠，用拇指沿著絲線順時針方向逐一滑動念珠；每次轉動念珠，嘴裡也喃喃誦經。我緊隨在他背後，觸摸我在市場上買來的木製念珠模仿著他。

這是我在一九九七年冬天每天的例行功課。整整九十分鐘的散步，帕拉不斷地念經，絕不說話；他無休止地念誦六字真言，要吸引菩薩注意（談話會打破祈禱）。但是，也沒有必要用語言描述個人的細述，因為這就是西藏旅外人士日常生活的工作。不久，環繞他們精神領袖住家周圍的這條致敬和奉獻的小徑，擠滿類似帕拉的人群，年紀約六、七旬，他們就和他們敬愛的尊者一樣，在四十多年前，忍受刺骨的嚴寒，徒步跨過喜馬拉雅山，逃脫中國的魔掌。每天早晨的散步最初是我與一個老人建立聯繫的方式，我很欽佩他的虔誠，但是對他的信仰卻不了解。不過，這些年來我愈是回到可拉，我愈是把它視為進入西藏流亡人士社群的窗口：流離失所幾十年，虔誠精神依然毫不動搖。

*****

下一次我再見到帕拉已經是二〇一四年底，離我開始研究「北京的祝福」已有整整五年。我有幾次回去麥羅甘吉，但是每一次都沒能去找這個粗壯、煩惱、蓄著鬍鬚的老人，可是他對龍樹菩薩信條的虔敬卻一直留在我腦海中。因為他在鎮中心經營的家庭用品小店：五號小店，一直都漆黑一片，門窗緊閉。

但是二〇一四年十一月，我的運氣來了。我和一九九〇年代末期（以及日後幾次回來）一樣，本能地散步經過他的小店，鐵皮窗簾捲起來，我認出看店的年輕人是帕拉最小的兒子喀爾丹（Kalden）。我面帶笑容，走進店裡自我介紹。我開口就問：「你老爸怎麼了？」以為現在應該八十多歲的帕拉早已不在人世。我又嚴肅地補了一句：「他什麼時候過世的？」

我從背包裡掏出筆記本和筆，準備寫下他的回答。但是喀爾丹的視線幾乎沒有離開他面前正在播放印度肥皂劇的電視機，隨意應了一聲：「你幹麼不親自去問他？」他說，帕拉活得好好的。

我約好第二天帶一位翻譯員回來。帕拉和我中午前在小店碰面，熱切握手，然後到他家喝茶聊天。當我們出發時，我落後幾步，研究他的步態，調整了隨著時間的推移稍微改變的歲月記憶：他的個頭比我記憶中矮，戴上厚厚的老花眼鏡（他以前有戴嗎？）。他還在耳朵上方約一英寸的頭頂戴了一頂灰色的羊毛帽，我好像也不記得他有這個風格。我記得他的拇指；他右手上的拇指有一部分切掉了，我猜想是他早年在西藏高原曠野狩獵時出事故而斷了。我記得拇指是因為他經常使用它，在默念經文時數念珠，以及晚餐時教我用西藏語數數字。後來我才知道其實傷勢相當平淡無奇，可以追溯到他在西藏還是一個小孩子時。他咯咯笑告訴我：「我們正在玩一塊石頭，有人意外地把它砸在我的拇指上。就這樣，半截拇指不見了。」他的一般外貌是我最沒有受到時間因素影響，完全沒記錯的：方形下巴冒出短毛髮，使他看起來像是守護西藏花園的小侏儒，只差沒有藍色外套和灰色鬍鬚。

當我推開大門進入帕拉家的庭院時，更多的回憶回來了。一樓用餐室柔和的粉紅色牆壁，我們在這裡吃飯並一起數數字；狹窄的水泥樓梯通往我睡覺的頂層；洗過的衣物掛在排水管晾曬；帕拉的妻子每天要花幾個小時守在黑暗無窗的廚房裡，站在那個雙爐頭的小型丙烷爐灶前為家人準備食物。我的生活已經發生很多變化，但是在這一刻，帕拉似乎沒有什麼改變。

他拉了一張椅子請我坐下，然後給我多年來想知道的一則資訊。他說：「我的名字叫多傑（Dorjee）。」

他又說：「這裡每個人都認得我，因為我和每個人都會講講話。」

接下來他告訴我：中華人民共和國在一九四九年秋天正式誕生時，普蘭．多傑（Purang

Dorjee）是個青少年農民，住在西藏聖山的山蔭下。白雪皚皚，三角形的吉羅娑山（Mount Kailash）是一座二萬二千英尺高的金字塔形山峰，也是虔誠的佛教徒和印度教徒的燈塔，幾個世紀以來一直影響他家族的世界觀。對於住在普蘭山谷的多傑來說，大草原和圍繞著風景如畫的山脈四周的鋸齒狀山峰，長期供養著一個家。

西藏佛教徒認為吉羅娑山是偉大的密宗大師，受神靈啟示的大師和冥想神靈的源頭，是至高無上的幸福和普世和諧的體現。藏文把這座山稱為岡仁波齊峰（Kang Rinpoche），意即「寶貴的雪山」。由於它是亞洲許多最重要河川，包括布拉馬普特拉河（Brahmaputra）、薩特萊傑河（Sutlej）、印度河和恆河融雪源頭，本地人稱它為「水峰」（water peak）。

毛澤東的中國建政頭幾個月，對於多傑的家人，或是對於聖山底下山谷的村鎮，包括山谷裡最大的商業中心塔克拉喀爾鎮（Takla Khar）的寧靜生活並沒有直接影響。毛澤東的部隊一九五〇年底在西藏東翼推進，普蘭的生活一如尋常。

但是一九五一年二月，北京訂下征服青藏高原西側的計畫。北京中共中央軍委會發電報給駐新疆的解放軍指揮官，詳細交待解放軍對藏西的任務。指令很清楚：「整個西藏必須在今年解放。不得有誤。」[1]幾個月之內，大約四千名中國士兵、其眷屬，和相關漢、藏官員開始進入吉羅娑山附近的阿里地區（Ali Prefecture），他們的武器和補給出動兩倍於人員的馬和騾子運送到達。

從遠處來看，這項行動被認為相當成功。毛澤東發給次年成立的中共西北局一項文件，其中提到，當這次軍事動員展開時，中國士兵「集中全力精心細緻抓緊預算，生產方面自力更生和自給自足」。這位中國共產黨主席宣稱，在此過程中，他們「站穩腳跟，得到少數民族的熱情支持」。[2]

多傑記得的情況大為不同。西藏在一九五〇年淪陷時，他只有十五歲，而他記得中國部隊聲勢凌厲開進來，令人不安和恐懼，倒是不太記得武裝車隊或單調的毛澤東式衣服等特定細節。我們坐在麥羅甘吉他家門廳溫暖的下午陽光下，他告訴我：「當中國抵達時，當更多漢族士兵開進西藏地區時，當藏人陸續遷走時，情勢緊繃，每件事都瘋了。情勢很危險，漢人開進我們的地區，威脅我們的生活，情勢危險。」

接下來五、六年，緊張上升，叛亂出現，對於占領協議的背信棄義就在多傑的聖山陰影下上演。

整個普蘭山谷種植大麥的藏人大量離開西藏，但是多傑記得，他的家人決定要出走並不容易。小時候，他和他那些半遊牧民族的兄弟們，依循著幾百年來的老方式，在熾熱的陽光下呼吸著薄薄的山間空氣，他們在高海拔的牧場上放牧馬匹、驢子和犛牛。在溫暖的月份，他們會把大麥（西藏人的主食），和小麥、扁豆等其他作物，播種到黑色的肥沃土壤。像胡蘿蔔和蘿蔔這些硬根莖蔬菜，偶爾會從多傑和他的家人耕種的山上發芽。西方探險家和旅行作家驚嘆這一地區的「風燒焦的台地」，和光禿無樹木的山丘，「將焦糖棕色滾到地平線上」。[3] 出走意味著必須拋棄山區，以及遊牧民族的自由意識，換取不確定，更加受限的未來。

但是消息傳來，一九五九年三月十日在一番激烈抗暴，反抗中國占領首府拉薩失敗之後，達賴喇嘛出走到印度，多傑一家人搬出他們的計畫，準備跟進。他記得主因是恐懼，並非信仰或效忠。他們的思考是，如果達賴喇嘛留在受中國統治的西藏都不夠強大，沒有任何西藏人抵擋得住中國的壓迫。

或許因為他們一家人的職業是來去自由的牧人，才使得他們可以立刻打包走人。普蘭地區的村鎮當時還未在共產黨占領下，不過，追隨達賴喇嘛走向未知的環境，顯然要比留在沒有領導人的西藏好得多。後來我發現，帕拉的子女情況恰恰相反。因為他們父親的商店而困守在麥羅甘吉——像植物生了根困守在一處——他的子女更難以從他們自己遭到中國人擠壓的環境掙脫出來，繼續向前進。

實質上，出亡的旅途很單純。多傑說：「如果你走上一夜，就到了尼泊爾邊界，然後再走一夜，就到了印度。」普蘭坐落在西藏一個伸入到印度次大陸的乳頭形狀的突出部位，長久以來就是貿易和區域商務中心。

多傑童年時，沿著喜馬拉雅山的邊界警備鬆懈，在許多地段，你可以不受限制自由來去。印度教朝聖者為了繞過吉羅娑山去祭拜濕婆神，徒步來到普蘭山谷。來自洪姆拉（Humla）和達袞拉（Darchula）地區的尼泊爾商人，把一袋又一袋的米和香料綁在山羊隊背上，辛苦地翻山越嶺。藏族農民也來往兩地，運出他們的大麥和鹽，載回印度的香料和尼泊爾的布料。許多藏族難民逃亡時的辛苦則更甚於此。

多傑說，更複雜的是如何把十一個小孩、堂表親、姑姨和祖父母融入印度的城市生活。一九五〇年代末期和一九六〇年代初期，由於中國開始兼併一部分西藏高原，新德里和北京之間的共享邊境協議消失，印度警隊提高警戒，更加嚴密巡邏印藏邊界。沿著長年以來建立的貿易通路，類似來自普蘭的小徑，現在需要金錢、文件和有說服力的故事，才能成功地跨越邊界。

多傑提到他們一家人出亡時碰上印度安全部隊檢查，「我們必須說謊。我們說是要到印度朝聖。」其實他們不是朝聖團，是流亡者。但是印度士兵接受他們的說詞，翻山越嶺穿過西藏大山之後不到一個星期，他們已經來到全世界最大的自由民主國家的低地地區，全部家當就是身上揹的，以及伴隨他們的幾頭驢子載負的東西。

他以堅定的口吻說：「然後，我們再也不回頭。」

他們一家人在西藏邊界這一側最初長久居住在北阿坎德省（Uttarakhand）省會德拉敦（Dehradun），它位於雨水充沛的喜馬拉雅山麓，即新德里東北方數百英里處。多傑在這兒找到工作，利用他跋山涉水帶進印度的四隻腳搬運工，替在地商人載運貨物。靠著他的牲口，他成為類似運輸顧問，利用他在西藏幹過牧人和遊牧民的經驗，將印度軍方的供應品運送到深山。

「一九五九年，我替印度軍隊工作一年，替印藏邊防部隊工作。但是我不是從事作戰任務；我幫助他們運輸。我在塔圖拉隘口（Tartu-la Pass）替軍隊工作。」

民間都說西藏人是強悍的戰士，許多人也的確名不虛傳。多傑身材矮壯，身高只有五英尺二英寸，像是卡通人物。兩眼炯炯有神、皺著眉毛，右臉頰一個小酒窩旁的微笑，洩露了他的嚴肅氣質。不過，即使他年輕力壯，很明顯他那粗壯的身材和粗厚的大腿，是為運輸打造，不是用來作戰。

「有許許多多不同的東西我必須運送，譬如衣服、鍋具、武器和子彈，許多不同的東西。印度軍隊並不是為一九六二年的邊界戰爭做準備，他們只是為了增強邊境安全。」

這樣子持續約一年。多傑贏得綽號「多卡．辛哈」（Dorka Singh），這是印度北部某些戰士種姓習用的姓氏，象徵他體格強壯，又有勤勉不懈的工作倫理。他在一九六〇年前往佛祖的誕生地，即印度北部的菩提伽耶（Bodh Gaya）聆聽達賴喇嘛演講。多傑回憶：「見到尊者之後，我決定搬到達蘭薩拉」，也就是這位西藏領袖居住的城市。多傑把他所有的馬和驢子統統賣掉，這是兩年內他第二次舉家搬遷。從此以後，他一直住在尊者的庇蔭下。

多傑和他敬仰的達賴喇嘛年齡相若，他空手來到尊者的寺院。一九六〇年代的麥羅甘吉和達蘭薩拉，是收容翻過喜馬拉雅山的西藏難民的主要據點。當時，印度和西方國家很大方地提供住屋、衣服，甚至工作。多傑是三樣都需要。

「起先我被分發到印度南部穆恩德戈德（Mundgod）的第九號營地（最大的藏人安置區之一，大約收容一萬人），但是不曉得什麼原因，我被延誤，當地沒有空間收容新家庭。我別無選擇，必須留在達蘭薩拉。穆恩德戈德那邊空間不夠，註冊已滿，因此我們必須留在這兒。」

到了一九六〇年代末期，跟他一起投奔自由的十一個堂表親、姑姨和兄弟手足，許多人已經過世、搬走，或回到中國控制的西藏（與一般的說法相反，即使到了今天，中國和印度之間的門還是旋轉門）。但是多傑在印度定居下來。他和他的兄弟買了磚塊和砂石，開始在麥羅甘吉的巴格蘇路蓋房子，此地離尊者的住處大約一英里。他找到另一個方法賺錢維生：申請一筆貸款在沒有什麼設施的這個市鎮開了一家路邊小攤，販賣居家用品和小飾物。

在隨後的幾十年，這個攤位從泥土中長出牆面，也獲得一個合適的名稱。它一度失火，夷為平地，但再度站起來，成為一個一直動盪的社區的象徵性定錨。但是更重要的是，它將成為一個家庭在這場陰險戰爭中掙扎求生的代表性故事：中國針對這群只想向前邁進的民族一直作梗，並發動作戰。

第四章
BLESSINGS FROM BEIJING

砍頭殺鵝

想當難民，並在印度追隨他們的活佛，西藏人首先必須穿越地球上最險峻的地形。自從達賴喇嘛於一九五九年出亡以來，每年都有成千上萬人徒步，如同普蘭．多傑穿過尼泊爾西部的高山隘口。不過今天，喜馬拉雅山的小徑到處都是被收買的線民，如果難民從陸路過來，他們往往是要到青藏高原南緣的破舊邊境城鎮，遇上的是泥濘的坑洞和壅塞的交通。幾十年來，最繁忙的邊城是一個叫做科達里（Kodari）的小鎮。[1]

儘管科達里位於友誼橋國際邊界的尼泊爾這一側，但是它更像是一個中國村莊，而不是尼泊爾的城鎮。在塵土飛揚的主要街道上的酒吧，客人喝的是青島啤酒，餐廳供應米飯和四川酸辣麵。店主講普通話，賓館大廳收音機播放的是京戲。從經濟角度來看，中、尼雙向交通是互利的。但是在科達里，「友誼」不僅僅是一座橋梁的名稱，也是一個不形諸筆墨的反移民戰略。

二〇〇八年，由於一系列抗議活動抓準奧運會時機發動，北京加強對西藏地區的安全措施，沿著中國南部邊境也強化安全措施。中國和尼泊爾之間的陸路成為負擔，大過經濟動脈的意義。北京方面力促加德滿都官員抑止跑到國外尋求新生活的西藏人，於是科達里受到新的審查。這個高海拔的邊境哨所，幾乎在一夜之間成為達賴喇嘛告訴我的「祝福」的焦點。截至二〇〇九年底，從中國控制的西藏進入尼泊爾這個民主國家的西藏難民，人數已從幾年前的三千五百人高點下降至只有八百三十八人。[2]

二〇一〇年二月，媒體頻傳在這個全世界最險峻的邊界，西藏尋求庇護人士頻繁遭到逮捕，甚至遭到射擊之後，[3]我慫恿內人茱迪塔和我一起去度假兼工作。我想要親眼目睹凍結移民入境的情況，稍為了解西藏天堂淪失的近況。在加德滿都逛了幾天尼泊爾寺院和粉刷過的佛教舍利塔之後，我們雇了一位司機帶我們開車三個小時，向北走到鄰近西藏邊境的一個峽谷的生態探險營地。尼泊爾的河流水勢湍急、形如犬齒的山峰交錯，是喜愛冒險活動人士的天堂。窩在邊境度假村（Borderlands Resort）帆布帳篷和茅草餐廳裡的大部分客人要往南走，去玩高空彈跳和水上泛舟。我們則朝另一個方向前進，向北挺進十英里。

茱迪塔和我在近午時候抵達科達里。我們上坡走過綠色窗戶的商店，只見猴群在屋頂上跳來跳去。其中一隻頗有威脅，朝我們的方向扔石頭。當天的第一批貨車隊正等著開車向北駛入聶拉木、定日和日喀則，以及尼泊爾和拉薩之間的其他藏族城鎮的市場。東邊是德拉姆（Dram，中國人稱之為樟木鎮），跨過形成自然邊界的急流，陽光從中國海關大樓的窗戶折射出來。

科達里本身就是一個旅遊景點：人權組織、新聞記者，以及任何一個好奇的人都可以來這裡，看到生活在一個共產主義大國和一個艱苦掙扎、貧困的民主國家之間邊界的景況，體會到實質的、意識型態的和地緣政治的重大分歧。我本能地伸手去拿相機，但是還未定好取景之前，一個身穿便服的年輕中國男子從路旁一輛卡車後面走過來，揮舞著他的食指。他指著相機用普通話喊道：「不可以。」當我問為什麼，也就是他有什麼權力禁止我在尼泊爾土地上拍照，他答了一聲「間諜」。我不知道他是否在吹噓他是間諜，或是指控我是間諜。不管他是何意，我收起相機。

在我退讓之後幾秒鐘，一位目睹對話經過的尼泊爾軍官走出來。他用英語說：「跟我來。」把我們帶到一輛卡車後面，脫離那個真正間諜的視線。他指著橋的北側說：「這裡不錯，適合拍照。」我拍了幾張坦白講平淡無奇的橋梁照片，並且感謝他之後，他掏出錢包，拿出一張十盧布鈔票，問我能不能換成盧比。這是一個巧妙的手段來為幫我拍照索取賄賂，也是在中國和尼泊爾邊界共存的另一種方式。

這不是新聞記者最後一次在尼泊爾邊境感受到中國法令的威力。二〇一二年二月，中國警察跑到科達里執法，痛揍一名採訪西藏難民故事的美國有線電視新聞網（CNN）攝影記者。CNN在世界各地播出的畫面顯示，中國警察跑過來，抓住記者的攝影機，而尼泊爾官員袖手旁觀。與他們處理我與中國特務的接觸並無不同。禁止拍照或許具有顧及國家安全的正當理由，這種策略卻很罕見地承認，在科達里這塊尼泊爾領土，至少中國的規定有效。

我們第二天回到加德滿都，我比以往任何時候都更有興趣想要了解中國在這個民主小國中對西藏人有多大的控制力道。我決心採訪尼泊爾政府官員、西方援助工作者、人道主義團體和西藏難民，以便了解中國的爪子在西藏問題上抓住尼泊爾人有多深。然而，我想採訪中國駐尼泊爾大使館官員，卻從未得到使館回覆。這些採訪有許多都是祕密進行，躲在咖啡館的黑暗角落，輕聲細語交談，甚至貼著耳朵低語，而且還得先打量四周是否有人可能在偷聽。

那段時期有一次談話很巧妙地掌握到不祥的氣氛。三月九日是一年一度紀念一九五九年西藏起義失敗日的前一天，一位活躍於西藏獨立運動的年輕藏人向我表達，他對達賴喇嘛對尼泊爾生活的描述之看法。我答應他在加德滿都人口稠密鬧區的一個不起眼的酒店的頂樓祕密碰頭，他才答應見我。他說，他擔心中國間諜可能正在監視，記錄他的一舉一動。我剛剛在科達里遇到一個中國間諜，可以理解他的擔憂。

他把一隻手放在臉上說：「尼泊爾政府是這樣的，睜一隻眼，閉一隻眼。西藏問題對他們來說是很划算的好買賣。」

他肯跟我說話的條件是，我不能透露他的名字和身分。他補充說：「過去兩年，中國官員經常來這裡拜訪，承諾很多東西，譬如興建水壩、道路。這些全都是由於西藏問題，他們得以討價還價。」他認為，從大局來看，像他這樣的西藏人是隨時可以犧牲的。

我在二〇一〇年春天前往尼泊爾的一個主要原因，是要參加尼泊爾境內西藏人為三月十日舉辦的週年慶活動，全世界各地西藏流亡人士在這一天都舉行活動紀念一九五九年拉薩起義失敗，導致其精神領袖逃亡到印度。達賴喇嘛告訴我，尼泊爾是北京搞「祝福」的重心，隨著中國干涉日益增強，我確信不會有任何免費通行證，允許遊行反對尼泊爾政府支持的「一個中國」政策。跨越這條紅線會有嚴重後果。

在這一天的活動之前好幾個星期，尼泊爾的安全部隊已經透露遏制藏人抗議活動的意圖。每天早上都有關於西藏難民被捕和被拘留的新報導。有人被毆打；所有被捕的人都被迫支付鉅額罰款才能出獄。當時西藏流亡人士「非官方」政府駐尼泊爾代表純列．嘉措（Trinlay Gyatso）說，這些整肅動作的目的是呈現一個明確的警告：任何參加遊行，反對中國的西藏人都會受到懲罰。（所謂「非官方」是因為他的辦公室雖然公開活動，技術上尼泊爾前國王在二〇〇五年已經下令關閉；這是屈從中國要求的另一個跡象。）

純列．嘉措表示：「年輕的藏人，他們將嘗試示威遊行。他們會到中國大使館前面示威。他們也將會遭到逮捕。」

三月十日早晨，加德滿都谷地西藏僑民聚居中心的布達納特（Boudhanath）社區早早就醒來。各方預計會爆發衝突，觀光客、人權工作者，和新聞記者占據了轉經筒上方的高位置。一連幾個小時，我蜷縮著身體靠在一堵牆壁邊，透過我的尼康（Nikon）照相機望出去，穿著防暴裝備的一群尼泊爾警察揮舞著警棍，把數十名藏人難民抓進監獄。在一輪猛攻中，警察竹棍的破裂聲與年輕僧侶和發簡訊的青少年的尖叫聲混合在一起。西藏人抱頭怕被打到臉，許多人鬼哭神號被拖入警車。前一天和我祕密談話的那個年輕人，也在被捕者行列中。

在那個悽慘的下午之後，每次談話都讓人更深入一層了解，中方的「安全措施」如何覆蓋在西藏人身上。一名聯合國人權官員表示，中國正在出錢將尼泊爾軍隊編組成移民查驗部隊，以便拘捕出亡的藏人，或者在中國動粗抓人時袖手旁觀。一位西方外交官證實，每年中國花費數百萬元人民幣，用在購置防毒面具、警棍和防護裝備，讓尼泊爾鎮暴警察日新月異。那一年在加德滿都布達納特社區佛塔用來修理藏人的裝備，說不定也是中方供應的。他說，中方的目標是制定戰略，關閉長期以來作為西藏朝聖者和外界交通往來的此一貿易路線。

到二〇一〇年初，中國的做法得到了回報：西藏境內的藏人幾乎完全被切斷逃往尼泊爾，再轉進印度，長久以來這條邁向自由的通路。這個封鎖行動持續不斷進行十多年。富裕的藏人仍然能離開西藏，用偽造的文件、搭飛機逃往西歐或北美。但是對於那些沒有錢或沒有辦法的人來說，中國緊縮邊境之後，交通量大大減緩，西藏境內大多數想要離開的藏人都被困住了。

二〇一〇年二月二十六日尼泊爾媒體的報導，證明了北京的運作是多麼地成功。在尼泊爾當時歷史上最大規模的緝捕西藏難民的移民行動當中，尼泊爾軍隊在藏、尼邊境逮捕十七名藏人，男女老幼都有。報紙說，這十七個人可能面臨「被驅逐出境送到西藏」[4]，他們很可能被關進中國監獄坐牢十年以上。尼泊爾移民事務部調查官迪帕克・錢德（Deepak Chand）解釋，逮捕行動的目的是殺雞儆猴，向其他可能尋求庇護者發送訊息。

迪帕克採用一反常態的直言不諱的語言，描述對他的國家具有雙邊重要性的這個問題。他說：「中方希望尼泊爾成為試圖逃離西藏的藏人的流沙；不希望他們跑到別的地方。」迪帕克補充說，通過政治壓力和脅迫，中國「試圖以砍頭方式來殺鵝」。

幾個世紀以來，尼泊爾和西藏之間的關係非常親密，甚至有如家人。西元七世紀，尼泊爾公主波利庫姬（Bhrikuti Devi，譯者注：藏人稱尺尊公主）嫁給第一位西藏皇帝松贊干布，一般認為她推動將佛教引入西藏，成為西藏的官方宗教。這位尼泊爾公主和她的丈夫監督興建布達拉宮和大昭寺，兩者都是西藏最重要的建築物之一。大昭寺今天仍保存著尺尊公主出嫁時帶來的圖像和雕像，至為神聖。

但是，如果說尼泊爾與西藏人民的關係和承諾一度以共同的文化和宗教原則所引導，那麼這個時代是以現代尼泊爾國家的建立而宣告終結。事實上，這兩個國家近代的歷史充滿著邊境戰爭和領土小衝突，包括一八五五至五六年的一場短暫戰爭。

共產中國的崛起促使加德滿都當局必須選邊。初期，尼泊爾政府支持西藏人。在一九五九至八九年，尼泊爾政府甚至承認，並把越過其北部邊境而來的藏人註冊登記為「難民」，這是印度從未做過的事情。但是在一九八九年，也就是達賴喇嘛獲得諾貝爾和平獎的同一年，加德滿都改變了方向。人權觀察組織（Human Rights Watch）後來得出結論，「尼泊爾國王在與中國達成外交和解」之後，於一九八九年「停止允許西藏難民在尼泊爾永久定居」。[5]從此以後，尼泊爾和聯合國難民署（United Nations High Commissioner for Refugees）達成一項不具約束力的「紳士協議」，承諾讓來自西藏的難民「安全通過」繼續前往印度。但是就官方正式立場而言，從一九八九年開始，西藏難民不再被允許在尼泊爾定居。

二〇一〇年二月，在尼泊爾邊境小村莊拉瑪巴嘉（Lamabagar）被捕的十七名西藏男女老少，是第一批嘗到這項協議有多麼不夠紳士的苦頭的人。

*****

拉瑪巴嘉位於科達里邊境關口以東二十英里，它所在的山谷風景如畫，有從巨岩鑿成的房屋，層疊的河流和花崗岩山峰，充斥著線民和中國守望者。從海拔七千英尺高的草原只需要步行半天就可以到達中國邊境，這是西藏和尼泊爾商人已經走了好幾百年的老路。在二〇一〇年初，它也是中國不讓西藏人出亡的前線。

前幾天我在科達里和中國特務的互動激起了我的興趣，想要追索中國針對西藏難民發動軟實力戰爭的實體物證。因此，我從當地報紙上讀到十七人被捕的消息之後，決定測試尼、藏邊境實際上對試圖跨越過它的男男女女有多麼危險。（茱迪塔因為吃了未煮熟的西藏肉餡水餃引起痢疾，留在首都休養。）中國大使館武官陳忠將軍（譯音）在前一天已經前往拉瑪巴嘉；消息人士告訴一名尼泊爾記者，陳將軍有意阻止西藏人進一步越境進入尼泊爾領土。[6] 尼泊爾移民官員也告訴我同樣的消息。

從加德滿都開車一整天之後，路在小村莊波德（Bodle）到了盡頭，次日我們又步行一整天，到達村莊時已經是晚間。當時，中國人正開始興建一座水力發電廠，日後終於把路開通到邊境哨所，但是在二〇一〇年初，進出山谷的唯一途徑是塔馬柯希河（Tamakoshi River）上方蜿蜒的驢馬小徑。

當我們疲憊不堪來到以圓形巨石和松木橫梁蓋成的泥土地小屋時，我們的尼泊爾嚮導尼瑪（Nima）找到一位終其一生都住在拉瑪巴嘉的前任村長。一九九〇年代末期，當中國官僚擬定政策文件譴責「達賴集團」試圖分裂祖國時，尼泊爾農民彭巴·諾布·席帕（Pemba Norbu Sherpa）在山脈的另一邊與藏族牧民交易牛油和犛牛肉。現年四十四歲的彭巴擔任拉瑪巴嘉的最高民選官員有十年之久。

彭巴的房子因為缺電而一片漆黑，午後的太陽在狹窄的活動空間投下長長的陰影。角落擺著一個小爐頭，升火取暖。他的妻子歡迎我們進去，一個孩子跑到梯形的大麥田裡去找他父親。幾分鐘後，一個穿著格子襯衫的矮胖男子走進來，朝我微笑，然後坐下來。

通過翻譯，我們聊起山谷的生活，以及他的村莊與邊境另一邊藏人的關係。我坐在一張低矮的沙發上，上面鋪著一塊以手工染色的犛牛毛編織而成的藍白色的藏式毛毯。他坐的椅子也有相似的遮蓋物。我們啜飲一種西藏人最喜歡的奶油加鹽的茶。

一九九六年，尼泊爾和中國之間簽署協議，允許邊境地區的居民不需簽證或護照即可自由來去，進入對方三十公里，即十八英里深的地區「進行小額交易，拜訪朋友或者親屬，或季節性變更居所」。[7] 協議訂定，他們不需要護照或簽證，「但應在邊境檢查站，或第一個遇到的對方政府之職掌機構辦理登記」。為期十年的協議續簽了兩次，但即使到期後，西藏人也將它當作可以再深入旅行的依據。

拉瑪巴嘉到處看得見這些文化和政治關係的證據：藏文的經幡在風中翻動，紅色、黃色和藍色的祈禱石整齊地沿著主要的人行道排列，上面雕刻著藏文。二〇一〇年，邊境兩邊的商人仍與對口商人每個月舉辦商會會議；彭巴說，他前幾天才參加過一次會議。一九八〇年代後期，一名尼泊爾研究人員統計出拉瑪巴嘉有九十五戶家庭，大約四分之一是藏族民族，並奉行藏傳佛教。[8]

但是，正如彭巴所說，很明顯他把北方鄰人只當作是商業夥伴，而不是文化或宗教平等的對象。有些西藏人是貿易商，因此很有價值。彭巴說，另外一些人如康巴人（Kampas），則是麻煩製造者；康巴族是來自東部康省（Kham）的西藏人，以驍勇善戰聞名。

彭巴重複了中國經常提出的一個共同論點，特別是在反駁西藏人普遍和平，不搞暴力的說法時會強調的論點：這些西藏人曾經替美國情報機關扛槍枝、當傭兵。一九六〇年代末期，也就是尼克森總統一九七二年訪問中國的前幾年，中央情報局的祕密作戰已經鳴金收兵，但是中國繼續利用這段歷史來責備西藏領導人（歷史學家指出，達賴喇嘛個人從未批准過中央情報局領導的計畫），並醜化華府在全球攪局、搞霸權。參與此一計畫的戰鬥人員現在都已是七旬以上老人，他們仍然住在尼泊爾第二大城市博卡拉（Pokhara）附近的難民營。亞洲安全事務專家強納森．霍爾斯拉格（Jonathan Holslag）指出，他們的繼續存在是中國認為「西藏人集中住在鄰近國家，代表潛在的反共堡壘」的原因之一。[9]

對於彭巴來說，幾天前被捕的十七名男女老少與從前的自由鬥士沒有什麼不同。他說：「當然，我們必須逮捕康巴人和其他試圖逃亡的西藏人。康巴人支持達賴喇嘛。中國不喜歡。」

彭巴說，他前幾天沒有看到這個大團體走過他家客廳前方，他也不知道他們來自哪裡。（我後來才知道，他們不是來自東邊更遠的康區，他們是來自邊境對面的西藏城鎮。）他們或許借夜色掩護溜進來，往山谷深入幾里路被逮捕了？他似乎知情地暗示，他們或許在更靠近拉瑪巴嘉的地方被抓到，然後交給警方領取獎金。彭巴說：「尼泊爾警方將西藏人交給中國，可以得到一些錢。」他並沒有詳細說明他如何知道這種跨國收賄的細節。維基解密（WikiLeaks）在網路上發布美國國務院一份機密電報，電報提出類似的說法：中國經常提供「財務獎勵」，鼓勵尼泊爾人送回企圖跨越邊境的西藏人，但是電報沒說多少錢。[10]

我盯著坐在我對面的這位前任村長，他的客廳離西藏比他自己國家的首都更近，他對茶和室內設計的品味肯定更傾向西藏風味，並且堅信尼泊爾的邊境城鎮充斥著檢舉達人。尼泊爾人站在收錢這一方（甚至彭巴都有可能，但是我們無法確切知道），使得西藏人斷送了自由和生計，也幫助中國向全世界最知名的難民發動戰爭。

當我起身告辭時，我又瞄了一眼彭巴的客廳。在遠處角落的一個小書架上方，掛著一個印了中國文字的金紅色袋子。這是一種禮品袋，中國商人和政客用它來裝酒或香菸，以爭取未來的恩惠。十年前我在中國以一年時間教英語，當時也拿過類似的禮品袋。

然後，當我轉向前門時，一張破舊的三英尺高的中文宣傳海報貼在沙發上方的牆上，吸引我的注意。從褐色紙張瞪視的是當時的中國國家主席胡錦濤的圖像，他在一九八〇年代末期擔任西藏自治區區委書記。胡錦濤從數百年來達賴喇嘛的冬宮、拉薩的布達拉宮的深藍色天空和陰影下，凝視著彭巴的客廳。三個面帶微笑的藏族婦女站在他身邊，她們伸出的手臂握著茶杯。胡錦濤，戴著眼鏡，咧著嘴笑，也裹著藏人的祈禱圍巾哈達。海報底部的漢藏文字寫著：「慶祝西藏自治區成立四十週年」。這是對中國地圖的任意畫分，大多數西藏人並不承認西藏自治區。

就像前幾天被捕的十七名藏人一樣，我開始懷疑自己究竟身處邊界的哪一邊。

*****

在一九九〇年代和二〇〇〇年代初期，尼泊爾領導人並沒有表現出擔心中國對西藏的敵視態度。由一百零二個族裔和種姓居住的這個長方形熔爐，長期以來在政治和文化方面與印度更加一致，人們喜歡咖哩和寶萊塢，勝過炒菜和太極拳。甚至在尼泊爾長達十年的內戰期間，當毛派游擊隊從一九九六年開始控制大部分山區省分時，首都加德滿都的政治風勢還是明顯地吹向新德里，遠離北京。

但是到了二〇一〇年，彭巴就像他的國家一樣成為一個目標。尼泊爾是亞洲最貧窮的國家之一，尼泊爾人極度依賴國際救濟和援助。尼泊爾二〇一〇年的聯邦預算僅為四十一億五千萬美元，還比不上美國佛蒙特州的年度預算（佛蒙特州人口比起尼泊爾還少約三千萬人）。尼泊爾的人均所得每年不到六百美元；二〇一四年大地震之後，尼泊爾的財政更加艱困。在這樣的貧困中，政府或個人層面上最輕微的利益交換都可能會引起注意，國際貪腐監督組織「國際透明組織」（Transparency International）早已把尼泊爾列為全世界最容易受賄的國家之一。

然而，腐敗和付錢買訊息、逮捕偷渡到尼泊爾的無證件藏人，並不是北京向其喜馬拉雅鄰邦推動其西藏議程，「祝福」加德滿都的唯一方式。受到二〇〇八年全球經濟危機的影響，以及隨之而來財政影響力上升的鼓舞，北京找到新的方法來誘導原本不支持它的政府，對西藏人的訴求進行誹謗。在二〇〇七年九月的一份聲明中，中國駐尼泊爾大使館甚至承認它的禮物帶有條件。

中國大使館說：「尼泊爾政府和人民已經對中國表現出友好情誼，並向中國人民提供寶貴的支持。」包括對「台灣和西藏的問題，以及與中國主權權益有關的其他重大問題」的支持，得到了中國為關鍵基礎設施項目提供資金的回報，包括興建體育場、會議中心和首都高速公路。[11]

中國遊客也開始跟著他們國家的開發援助流入尼泊爾。尼泊爾的藍毗尼（Lumbini）是佛陀的誕生地、佛教聖地，這個地方的行銷總監表示，二〇一二年，到此一遊的中國遊客人數是前一年的五倍。由中國承包商負責興建的「釋迦牟尼佛陀區域國際機場」（Gautam Buddha

Regional International Airport）此一大規模改建工程在二〇一八年完工時，將從中國帶來更多的遊客，為這個佛教最神聖的地點，與共產主義的心臟地帶建立不間斷的服務。

今天在加德滿都，酒店和餐館的中文標誌幾乎超過尼泊爾文、藏文或印度文的標誌，與十年前的情況對比堪稱戲劇性轉變。中餐大排檔和迪斯可舞廳似乎比西藏小飾品店或餃子攤更多。一車又一車的中國遊客來到佛塔和聖地，而過去唯一的香客是藏人或印度人。即使宣傳也用中文：中國的「西藏書店」，最初由一位中國商人張軍（譯音）經營，於二〇〇九年十二月在尼泊爾首都開幕。中國國家通訊社新華社，報導了在塔美爾（Thamel）旅遊區舉行的盛大開幕式的消息。

剪綵後不久我就去參觀，什麼都不賣。全部小冊子都免費，他們痛批「披著僧袍的那匹狼」，北京當時是這麼稱呼達賴喇嘛。我腋下夾了一堆紙和書籍，他們全都毫不掩飾地批評西藏流亡政府及其領導人。我準備付錢，一位年輕的中國店員告訴我：「你儘管拿。我們正試圖傳播訊息。」有一本七十五頁的小冊子，書名《十四世達賴喇嘛》（*The 14th Dalai Lama*），書中的章節包括：「提倡佛教或製造混亂」、「造福藏人或傷害藏人」，以及「把西藏帶到天堂或地獄」。

最後一章的一段文字說，自從離開西藏以來，達賴喇嘛一直透過散布謠言和從事「無數的犯罪活動」，不斷地進行「分裂祖國」的運動。由國營的中國洲際出版社（China Intercontinental Press）一九九七年出版的這本小冊子，諷刺性的言辭和毫無根據的指控，讀起來就像對一個黨員的催眠。

可以肯定的是，觀光客花錢和便宜的小冊子並不是出售影響力的唯一手段，甚至也可以說不是最重要的手段。北京在推動、哄騙和激勵尼泊爾，針對西藏流亡者的主題上面要採取中國共產黨的路線是更為公開。西藏流亡政府議長邊巴・哲林（Penpa Tsering）在二〇一〇年告訴美國政府官員：「北京已經要求加德滿都加強尼泊爾邊境部隊的巡邏，使藏人更難進入尼泊爾。」[12]二〇一二年三月，我另一次去尼泊爾採訪，政府官員證實了邊巴・哲林的觀察，甚至說得更明白。

那一年尼泊爾的藏人紀念一九五九年西藏起義失敗那一天——這是我三年內第二次親眼目擊週年紀念日活動——我在「週六咖啡館」（Saturday Café）喝下午茶，這是一家屋頂餐廳，俯瞰著首都最神聖的佛教聖地之一。我親耳聽到尼泊爾如何默許中國的計謀。那天下午我的客人又是前幾年我見過的移民局調查員迪帕克・錢德。那天他被派到布達納特佛塔（Boudhanath Stupa）和周圍的藏族地區，他的任務是確保加德滿都這一地區的西藏難民不會失控。

他並不擔心。幾天前，一群十三名藏族學生因為在聯合國大樓外非法抗議而被捕。他們的保釋金定為兩萬七千尼泊爾盧比，相當於一個西藏人若能幸運找到工作的六個月工資（很少有人能幸運找到工作）。迪帕克說，高不可攀的罰款是為了警告。「我們需要送出訊息：不准示威。」

這些都是激勵年輕、年老的藏人保持安靜的強烈做法。針對這些無力抗拒的人，安全官員在藏人朝聖或潛在抗議的地點平靜地執行任務。逮捕是司空見慣，線民可以得到很好的報酬：現金、妓女，甚至是奢華的派對。就在我與迪帕克喝下午茶的前幾天，他說，有一名中國外交官到他的辦公室拜訪他，要了解針對三月十日週年紀念日做了什麼安全準備工作。迪帕克笑著說，這位中國官員想確保「他的投資得回價值」。（這位外交官還想知道迪帕克的行動是否需要夜視鏡。「夜視鏡？」迪帕克一邊回憶、一邊笑，大白天的抗議活動需要動用到這種裝備？）

在我見識過的眾多有關三月十日的集會當中，二〇一二年的這次活動是迄今為止最受到嚴格限制的一次。政府正在與中國進行重要的基礎設施建設談判，毛派領導的加德滿都政府也正在向北京步步靠攏。兩年前，數百名藏族人，其中大部分是年輕人和理想主義者，高喊著「自由西藏」和反華口號，衝入中國大使館的大門。現在，身懷達賴喇嘛圖像或揮舞旗幟的西藏人立刻遭到拘留。似乎他們還沒有張開嘴或舉起拳頭之前就被捕了。

我問迪帕克為什麼尼泊爾不能或不願意抵禦中國的壓力，讓幾百名手無寸鐵的難民宣洩一下怒氣。西藏人幾十年來一直在尼泊爾生活——儘管他們的人數迅速減少，因為大多數年輕的藏人已經遷往印度或國外——幾個世紀以來，也一直和尼泊爾保持著強大的貿易和文化關係。為什麼現在要鎮壓他們？

他說：「中國，他們非常強大，施加很大的壓力。」無論喜歡與否，尼泊爾不得不接受事實，即中國對其南方鄰國的首要目標是讓西藏批評者沉默下來。迪帕克說，尼泊爾自身的腐敗和基礎設施可悲的落後，使得中國在尼泊爾的目標很容易實現。作為亞洲最貧窮的國家之一，尼泊爾需要朋友，但也需要更多錢。

*****

二〇一〇年二月在拉瑪巴嘉被抓的十七名老女老少算是幸運；在西方救援官員和尼泊爾的一個團體——為藏人及其他難民提供法律援助的「尼泊爾人權組織」（the Human Rights Organization of Nepal, HURON）——施壓下獲釋。獲釋之後幾天，十七人當中的三個人在加德滿都市中心一座小寺院和我會面。年紀最輕的二十來歲，最大的約五十歲。尼泊爾人權組織人員幫忙翻譯。

在抵達首都郊區的難民中心之前，每個人都已進出看守所數日，穿梭於潮濕、沒有光線的牢房之間。[13]他們說，尼泊爾邊防部隊沒收了他們裝滿牛油和犛牛肉的袋子，他們身上穿的衣服是由當地一家慈善機構捐贈。

每個人都告訴我稍有變化的相同故事：這個十七人小組是如何從他們位於西藏境內的老家龍夏村（Rongshar）出發，步行好幾天，在拉瑪巴嘉穿過尼泊爾邊境；他們是怎麼來為他們老家的家人買米、玉米和其他必需品。他們在此之前已經無數次如此做；他們打算如何沿著山谷繼續前進，前往加德滿都探訪家人和朝聖（這顯然牴觸一九六六年的協議，只允許邊境居民在三十公里範圍內旅行）；以及他們清晨沿著塔馬柯希河河岸慢慢走時，尼泊爾警察如何攔捕他們。

翻譯員在用藏語講了幾分鐘話之後說：「當他們被抓住時，他們真的很害怕。這種事過去從來沒有發生過，他們不明白為什麼這次會發生這種情況。他們認為尼泊爾警察抓住他們是要拿走他們的錢，也許是要打他們。他們聽過這些傳聞。」

被捕的這些人正在和一名記者說話，這證明即使在中國壓力增大的情況下，尼泊爾的藏人還是幸運的。他們仍然擁有強大的朋友，其中包括美國和聯合國。其餘十四人也被釋放，分別想方設法如何回家。這三個人說，所有人都很焦慮，因為如果他們不趕快離開尼泊爾，他們在西藏老家的小麥作物和犛牛群就會受到影響。在青藏高原無情的氣候中，只要幾星期忽略不照顧田地，就是豐收與飢餓之別。

二十多歲的那位年輕藏人向前傾身，翻翻他的長髮說：「三年前，我們可以隨心所欲地來來去去。我們一直來（到尼泊爾），我們也可以回去。對我們來說，從來沒有出現過問題。」

他停了一下說，但是現在「情況變了」。

第五章
BLESSINGS FROM BEIJING

小拉薩的沃爾瑪

普蘭．多傑的商店周圍忙亂的街道吸引著各種各樣的尋道者。有些迷失的靈魂來到麥羅甘吉尋找指引，想走出人生的迷津。專注於神祕主義和冥想的練習者，他們的肩袋塞著長時間打坐必備的墊子，想從內心尋找答案。政客們從新德里趕來，承諾支持印度最著名的難民。像我這樣的記者則來到這個印、藏邊境村莊，詢問只有終其一生流亡在異域的西藏流亡人士才能回答的問題。

多傑於一九六五年第一次抵達這個西藏小拉薩時，這個人煙稀少的山城沒有學校，三不五時停電就癱瘓，受到幾乎無法通行的岩石山峰所守護。達賴喇嘛這個新家與印度其他地方十分的隔絕，甚至連他都臆測，東道主發出的訊息是「試圖把我們藏在某個沒有良好交通的地方，希望我們西藏人會從外在世界的視線消失」。[1]

新來乍到的西藏流亡人士能找得到的少數工作，是把他們所處的孤立的避風港與印度其他地區連接起來的工作。孤立的印度北部省分之高速公路和道路非常危險，這個年輕的國家需要人力開闢通路，穿越茂密的叢林和蜿蜒的石灰石。尊者親自出面爭取，讓藏人同胞承擔起危險卻有利可圖的這些工作。[2]

但是多傑希望成為一名生意人；他的天賦是經商，而不是靠體力吃飯。對於一個來自世界最高峰另一邊的商業十字路口的人來說，他的新家提供一個全新開始的板塊——沒有幾家商店，交通不便，而且很少提供服務。多傑把道路工程讓給年輕人去做，他在距離麥羅甘吉當時唯一的一家零售店〔諾羅吉父子商店（Nowrojee & Son General Merchants）〕不遠處申請到一塊土地，在泥土地上鋪了防水塑膠布，擺起商品出售。十五年來，鎮中心的這塊地就是他的領地。筆記本、筆、燈泡、雨傘、鞋子、拖鞋、信封、內衣、餅乾和紙袋是他經售的商品。多傑告訴我：「我總是試圖備齊一切商品。如果有人要求某件東西，我總是說『是的！』即使當時我沒有，我還是設法去辦貨來賣。」

印度北部地理位置孤立正好讓多傑的優勢得以發揮。在西藏當過牧民，後來又當過印度軍隊的交通顧問，他適應了道路的危險，且在工作中發展出來的技能甚至能進入印度的內陸，替他的臨時攤子尋找商品。針和線是他最初的利基，但是最後他搭布篷販賣家居服飾的攤子，擴大到販賣衛生紙、橡皮筋、繩子，甚至中國製造的掛鎖等等雜貨。

他說：「每天就這樣做著生意。」其他商人死亡、搬走或改行從事不同的職業，多傑的防水塑膠布和飾品攤子堅守崗位。

最終，他的營業擴大，超過臨時攤位能服務的限度。因此，他積極尋找一個可以擴展的空間，終於在附近的寺院路找到一個由四水六崗委員會（Chushi Gangdruk Committee）成員所使用的建築物，這個委員會是一九五〇年代和六〇年代曾經在西藏和節節進逼的共產黨人進行過戰鬥的西藏戰士。這些戰士地主保留樓房的頂層，作為類似藏人「海外作戰退伍軍人協會」（VFW）的會所。但是地面層，他們作為零售店鋪和糧食儲藏倉庫。孔嘉拉（Kunga la）當時是達賴喇嘛的私人保鏢，他同意以合理的價格把沒有利用的飼料間出租給多傑。

到了一九八〇年秋天，多傑將他的布篷攤子換成一個幾英尺寬的店面，有了屋頂也取了店名。他供應的商產品也相應地擴大，貨架上擺滿襪子、電器開關、肥皂，以及西藏難民在印度北部山區可能需要的任何東西。在最初幾年，他甚至掛了一個郵箱，當作不太可靠的印度國家郵局系統的替身，因為郵局系統跟不上難民一團混亂、即興建設的家戶。

五號商店（因為它是從當時公共汽車車站走過來的第五家藏族商店因而得名），對普蘭・多傑來說助益非常大。他在商店遇到現在的妻子，一個來自西藏江孜的難民和店裡的常客；他的大兒子丹增・卓法（Tenzin Choephal）也以同樣的方式認識他的妻子。幾十年來支持他家庭生計的這個小店面，使得他們的所得晉身在印度的藏人很少有的高水平。旅行、學校教育和適度的需求統統都有著落。多傑說：「因為我的商店位於達賴喇嘛寺院路，這是麥羅甘吉的主幹道，我很幸運。這是人們會走的主要道路，我可以更容易地賣東西。即使賣針線，我們也能獲得收入；這顯然對我們很有幫助。」

每次我回到這個一萬一千個居民，曾經被遺忘的村莊時，似乎總有一個新酒店、餐廳或高聳的公寓樓房與針葉樹競爭陽光。我和多傑最小的兒子在一九九七年合影的一張照片，顯示他站在一個混凝土樓梯，俯瞰翠綠的山谷。喀爾丹對著鏡頭微笑，背景是傾斜的山丘和鬱鬱蔥蔥的綠樹；山坡上只有幾間房子。當我在二〇一五年底訪問期間返回同一地點時，眼前的景象已經無法識別。淺灰色混凝土、玻璃、磚石和霓虹燈彷彿台階大海，取代了綠色的樹葉。由於建築物實質上是彼此堆疊而上，整個區域看起來只要來一場暴風雨或地震就會從山上滑塌下來。一九〇五年的七點八級大地震若是再次發生，肯定會造成更大的傷害。

視線所及之處擠成一團，足證這個城鎮極受西方遊客和印度觀光客歡迎，前者在過去幾十年來頻頻到訪，後者似乎才剛發現它的存在。自從二〇一三年一月第一次國際板球比賽在兩萬三千個座位的喜馬偕爾省板球協會體育場（Himachal Pradesh Cricket Association Stadium）舉行以來，達蘭薩拉已經成為印度旅遊聖地（事實上，印度旅遊文宣，如飛機上的雜誌，宣傳的並不是西藏人的白色寺院，而是板球體育場，以它作為達蘭薩拉孤傲的魅力的攝影背景。）麥羅甘吉已被拉入這個範圍，但坐計程車還需要在蜿蜒且顛簸的山路向上再走十五分鐘。

本地一位西藏官員曾經宣稱：「因此之故，麥羅甘吉已在印度全國家喻戶曉。」也正因為如此，五號商店受惠於人行流量大增，這是普蘭・多傑當年在地面鋪上塑膠防水布開始做生意時始料不及的事。

*****

達賴喇嘛一九五九年三月在印度申請政治庇護時，尼赫魯總理批准，但是附有一些條件。尼赫魯決定打開印度大門，部分是出於宗教義務的考量。[3]幾個世紀以來，西藏的統治者一直是佛教傳統的守護者；佛教雖然誕生在印度，卻在印度之外成熟茁壯。印度民眾認識到西藏在培育出自印度歷史的一項信仰方面的重大歷史貢獻，強烈支持為逃離中國控制的藏人提供庇護。但是尼赫魯決定歡迎達賴喇嘛，也受到政治實用主義的指導。尼赫魯的親中國政策使他在國內陷入孤立，他又必須努力解釋面對在印度北側地區的動盪，他要如何處理。尼赫魯面臨愈來愈大的壓力，必須對「赤黨」採取強硬態度。[4]透過提供安全避風港給達賴喇嘛，尼赫魯找到機會舒緩自己的政治壓力。[5]

不過，尼赫魯總理仍然謹慎行事。印度在一九四七年獨立之後的頭幾年，尼赫魯呼應英國承認藏人擁有西藏宗主權的政策，也就是在中國境內存在一個事實上獨立的國家。但是到了一九五四年四月，印度與中國簽署「和平共處五原則」（Panchsheel）的貿易協定，尼赫魯表達新德里將不再質疑中國對西藏問題的解讀。牛津大學地理學家菲歐娜・麥康奈爾指出，在此一條約簽定之後，「尼赫魯關於西藏的措詞用字產生了重大變化，印度視西藏為中國的一個省分。」[6]

一九五九年四月五日，在新德里舉行的新聞記者會上，尼赫魯被問及他的決定。一位記者發問：「有很多人猜測，由於表達了對藏人的同情，以及提供達賴喇嘛庇護，印度與中國的關係可能會惡化。這是真的嗎？」[7]

尼赫魯的說法保持防禦性，他說印度對西藏問題的政策是由三個關鍵因素構成的。他補充說，前兩個因素與西藏毫無關係。

「當然，情況是這樣的，即已經出現困難、微妙和令人尷尬的情況，並且可能以各種不同的形式繼續存在，我們必須考慮各種因素，當然主要因素是我們自身的安全。畢竟，每個政府的首要職責都是以各種方式保護自己的國家。第二個因素，我們希望繼續與中國保持友好關係。第三個因素，我們對西藏事態發展的強烈感受。現在，有時候在這些方面出現某些矛盾。這是不可避免的。因此，我們必須盡力平衡、調整，有時候更做出艱難的選擇。」[8]

中國對尼赫魯決定提供達賴喇嘛庇護相當不滿，而尼赫魯儘管對這位西藏精神領袖不溫不火的歡迎，卻不允許難民自由行動。另一名記者表示達賴喇嘛現在在印度「可以在政治上自由運作」時，尼赫魯立刻說道：「我認為這根本不是一般的假設。」事實上也一直不然；直到今天，達賴喇嘛在印度境內的活動仍然受到限制，即使他要前往印度某些地區或出國旅行，都必須事先取得許可。

隨後幾年，西藏人在印度的機動能力變得更受限制。一九六二年，印度和中國爆發一場短暫的邊境戰爭，但是這一年，到達印度門口的藏人在入境時不再獲得「難民」地位。[9]（一九五九至六二年之間到達的藏人，包括達賴喇嘛在內，則是立刻被承認為「難民」。）[10]後到的藏人是根據一九四六年「外國人法」註冊的，這項法案賦予的權利和機會明顯少於具有難民地位者。[11]印度的外國人必須登記其行動，不得受雇擔任政府工作，並且通常沒有資格領取政府補助。即使是在印度出生的藏人，這些限制繼續適用。他們是不會或不能離開的客人。

整整一個世代的西藏人都在這種非永久性的類別下成長，換言之，非公民的子女，即使生下子女，這些子女還是同樣不具公民身分。今天居住在印度的西藏人估計約有十萬人，其中只有少數人取得印度護照。其餘的人從技術上來說是無國籍人士；他們無法合法返回西藏，也無法真正稱呼收容他們的這個地方是他們的家。

*****

對於像普蘭・多傑這樣的藏人來說，這種模糊性在實務上頗有影響。影響他的生活，也影響他的生意。作為非公民的外來客人，他不能合法擁有一家商店。因此，他從西藏流亡政府〔這個實體的名稱是「西藏中央救濟委員會」（Central Tibetan Relief Committee）〕租賃財產，而委員會又從喜馬偕爾省政府租賃。這種安排在文件上的意思是，多傑幾乎無法維持其家庭生計的貿易和商業的根本。每十五年，當他的租約必須續簽時，省政府和救濟委員會（而不是多傑），決定商店是否能繼續經營下去。

然而，儘管存在著不確定性，多傑比起大多數人幸運。藏人企業主或有志開業者，特別是剛從西藏來的新移民，依賴更為曖昧的方式為他們的企業取得空間。西藏司法中心（Tibet Justice Center, TJC）是設在美國的一個法律協會，專門追蹤西藏人所面臨的種種問題。該協會表示：「對於在印度的西藏人來說，若要為家庭或企業購買土地，更常見和實用的方法是，付錢請印度公民以他的名義購買房地產，然後有個非正式的理解是藏人會使用這個產業。」

這種安排有一個名稱，叫做比拿密交易（benami transactions），依據印度法律，它指的是由其他人名義完成的交易。在印度全國各地的土地交易，這是常見的做法，許多人（包括藏人或其他人）若沒有足夠的幸運在他們居住的省分合法租賃土地，通常都使用比拿密交易。但是比拿密交易也有隱藏的成本。因為它們是不合法的，印度政府打算終結這種做法，任何人若知情地進行這種交易，被政府查獲，政府可以無償沒收這項財產。

就像政治中的大多數事情一樣，金錢也驅動著變革的呼喚。舒吉特・巴拉（Surjit Bhalla）是紐約天文台集團（Observatory Group）在印度聘雇的經濟顧問。根據他的估計，印度每收進一百美元的稅款，就有約二百美元的稅款收不到。[12]在美國，每一百美元稅款只有二十美元收不到。類似比拿密交易這種土地買賣造成的稅收損失大大影響印度的國庫；有一項估計說，由於對財產轉移控制不力，印度經濟每年損失百分之一點三的年度增長率。土地交易糾紛也使法院完全卡住。印度法官判決的所有法律糾紛中，百分之七十以上涉及到土地爭議。[13]印度花了數十年時間試圖終結這種做法，並且計畫採取其他措施。

然而比拿密問題繼續困擾著在印度的藏人。達蘭薩拉的某些最重要的建築物和學習中心，建立在西藏人沒有登記為產權所有人的財產上。[14]這些包括幾個重要的寺院；麥羅甘吉主要的藏人小學西藏兒童村（Tibetan Children's Village）；還有龐大的羅布林卡學院（Norbulingka Institute），這是一座深紅兼金色的寶塔，致力於保護西藏文化和藝術。不幸的是，舊的比拿密並不是合法的比拿密。只要藏人仍然不納入法律範圍內，他們在印度的未來仍然是薄弱的。

達蘭薩拉負責安置難民事務的官員索納．多吉（Sonam Dorgee）在二〇一五年告訴我：「有許多機構、寺院，面臨會被告出庭的問題。」只有少數訴訟已經提告，「但有一天，問題將出現在藏人機構，它們將面臨巨大的問題。」

根據西藏司法中心的說法，「巨大問題」已經出現；印度至少有四個藏人社區已經收到涉及這類人頭買賣交易的驅逐通知。其中一起涉及巴格蘇路沿線的房屋，包括普蘭．多傑的商店。這些房屋最終倖免遭到拆毀，是因為中央政府介入干預，要保護印度的「貴賓」。但是其他三起案件還未解決。其中一個針對喜馬偕爾省首府西姆拉附近的藏人家庭；二〇一〇年八月十九日，一百二十五個藏人家庭收到驅逐通知，要求騰空出來供市政府興建停車場。如何安置那裡的藏人家庭的計畫還懸在半空中。

涉及西藏機構的另外兩起案件正在進行中：一起涉及位於達蘭薩拉的比拿密土地，另一起則涉及印度東部奧里薩省（Orissa state）的農地。雖然預計這兩個案子都不會導致藏人遭到驅逐（至少西藏官員是這麼說的），但已經引發居民對長期未來的不確定性之憂慮。西藏司法中心也承認：「即使這兩個案子都出現有利的解決方案，也未能加強對這些社區的法律保護，及解決它們潛在的脆弱。」

*****

當然，這一切中國都沒有直接參與，西藏人在印度國內面臨的法律不確定性已經大為增長。但是與許多涉及西藏僑民有關的問題一樣，北京總是躲在背後。尼赫魯在一九五九年也承認，印度政府對藏人的歡迎程度首先是通過印度與中國關係的視角來決定。這個政策迄今仍繼續影響印度所做的決定。

當代的一個例子涉及比哈爾省（Bihar）公立的那爛陀大學（Nalanda University），這所大學模仿古時候同名的學習中心那爛陀寺大學，於二〇一四年開放招生。西藏人認為，在十二世紀被摧毀的舊那爛陀大學是一個聖地，因為它培育了一些藏傳佛教的原始創始人。在鼎盛時期，約一萬名學生來自亞洲各地在這兒研修。如果它還在營運的話，它將是世界最古老的大學。但是，當印度官員宣布重新開辦一所現代的那爛陀大學時，邀請來自亞洲各國的政府合作規畫新學校，卻有意將西藏人排除在外。中國與古代的學校有淵源，它捐款一百萬美元給新大學。二〇一七年初，學校的一位高級職員告訴我，西藏人，特別是達賴喇嘛，不能參加新學校的規畫，是因為這會「讓中國不痛快」。

中國也影響著藏人自己政府「西藏中央公署」制定政策。與北京持續鬥爭是西藏領導人不願正式支持西藏僑民取得印度公民身分的一個原因，儘管這樣做可以減少像多傑這樣的人遭遇訴訟威脅和法庭挑戰的機率。加州大學人類學家多喜・瑪麗・狄・佛（Dorsh Marie de Voe）曾經指出，「保持難民地位被視為一種行動，是一種捍衛信仰的正直行為。從另一方面說，取得公民身分，固然得到功能性利益，卻使西藏人在實際意義上變得無法辨認。」15

*****

多傑從來沒跟我講過，他不具印度公民身分經營企業所面臨的法律或政治挑戰，或是有了護照，是否會改變他的觀點。他反而專注於談論積極面，譬如能在如此靠近達賴喇嘛的地方照顧家庭，以及印度政府的慷慨，使他能夠養家餬口。多傑在一次對話中說道：「我很幸運能夠來到這裡。由於尊者，我總是想到要如何互惠互利。每個人都想要幸福快樂，和平的社會和世界是最好的、最適合每個人。有了尊者在這兒，有更多人來到達蘭薩拉，更多的國際人士和更多的中國人。」

不過，多傑最後還是暗示，他渴望在印度法律體系中能夠更加確定。「我們不擁有這家商店，但是自從一九八〇年以來我們就開始經營它。這幾乎就像是我們的。過去你若是到西方，待了五年，你就成了公民。在印度，你可以待上五十年，還不是公民。」

「是的，我在這裡蓋了一棟房子、成立一家商店，但是……」他收起話，不願批評東道主印度，或者似乎懷疑西藏領導人的智慧。

他改變主題說：「我不想說印度這個地方是否像家一樣。這由西藏流亡政府、西藏中央公署決定。無論他們說什麼，我都聽從。」

小拉薩，外表看起來是那麼的西藏風味，只在名義上「屬於」西藏難民。

多傑說他滿意在麥羅甘吉的法律地位，並且確信五號商店將在他去世後仍然長久存活下去。他目前的租約將在二〇二〇年到期。如果他能活著看到它的續約，他將是八十五歲的老人。他說：「毫無疑問，這個生意將繼續下去。只要市政委員會續簽租約，它就會繼續下去。」但是就在不久之前有一段時間，即使是一向積極、正面的多傑也對他的商店的未來產生懷疑。

二〇〇四年十二月二十日黎明時分，熊熊的火焰席捲了五號商店座落的住宅和商業街區。當地媒體估計十幾座建築物：公寓、商店和一家旅館，造成的損失為二十二萬八千美元；對於印度大多數人來說，這是一筆極大的數字。麥羅甘吉零售商協會的一名成員告訴自由亞洲電台：「一號到十號商店，二樓的吉羅娑旅社（Kailash Hotel）以及一樓的住宅公寓都被燒毀了。」[16] 旅館業主羅多・桑波（Lodoe Sangpo）表示，被大火波及的人「再次成為難民，一切都被摧毀了，甚至我穿的衣服都是朋友送的。」[17]

失火的消息傳播得很快，甚至遠遠超出了小鎮的範圍。一個很受歡迎的西藏新聞網站：Phayul.com，出現對此一市場的訃告，它對五號商店的殞滅描述得極富詩意。[18]「達蘭薩拉的麥羅甘吉的一個著名部分，兩天前被火神吞沒燒毀。幸運的是，沒有人喪生。」

「但是大火制伏得太晚了，留下永遠的傷痕，改變了這個幾乎與西藏流亡故事並起，孕育歷史和身分認同的小城鎮。這個地方殞滅了，伴隨著懷舊和記憶的實體參照也終結了。」

當然，五號商店的訃聞是發表得過早。火災發生後不到幾天，西藏人和喜馬偕爾省政府開始清理土地，發放保險理賠，並計畫重建。多傑懷疑他的生活怎麼會如此輕鬆地復原，他很快就採取行動，在餘燼中建造一個小鐵皮屋，擺了一張床來占據空間。他在小鐵皮屋裡待了六個月，堅守現場、睡在那裡，很少離開，以防止這片物業被接管（讓人想起他最初鋪了防水布就開始營業）。他不相信法律會保護他。多傑是個不具公民身分的難民，代表他唯一能靠的是他的言論和聲譽。這次不能憑藉君子協議、握手就等於搞定一切。

市場終於重建，靠著積蓄和政府援助的幾百美元，商店又歸還他經營。[19]今天，寺院路南側的一排排商店、茶攤和餐館看起來與一九九〇年代末期的情況非常相似；商業繼續快速發展，不經常來的遊客很難知道當地人稱之為「小拉薩的沃爾瑪」（Walmart of Little Lhasa）的這家商店曾發生過什麼事情。

我經常在想，還有多少次我可以從德里過來的過夜巴士下車，本能地漫步走到寺院路這家綠白色店面，發現它的金屬百葉窗拉開來在營業，羊毛衫和手工編織的襪子在入口處隨風飄動。這一家人在這個似乎欣欣向榮的小鎮還能再賣多少針線？

二〇一六年一月，我最後一次到巴格蘇路多傑的家拜訪時，我逼著問他，他對從未想過會安頓下來，更不用說可能死在當地的這個地方，有什麼實際的紮根計畫？五號商店的下一步是什麼？

他一邊喝著溫茶，一邊平靜地說：「我有一個兒子，所以生意會繼續下去。在這裡，如果你有一個兒子，生意就在會在某種程度上永遠持續下去。毫無疑問，生意將會繼續下去。只要市政委員會決定續簽租約，它就會繼續下去。」

鑒於我很快就了解他家人的想法，他這樣說似乎太樂觀了。他的大兒子已經誓言放棄商人生活，要轉到政府部門工作。很弔詭的是，由於火災才有了這個可能性；而他所有的女兒們要麼忙於自己的家庭，要麼生活在海外。他們的基礎似乎正在轉變。

「也許是時候……考慮出售？」我開始說，但立刻停住。我不忍心暗示，經過幾十年的營運，五號商店可能有一天會屈服於半永久性流亡生活的現實，不是被火災或貪腐、黑暗的土地交易或過期租約所扼殺，而是被時間淘汰。

這似乎是對這些日子以來消耗藏人流亡生活變化的恰當比喻，即使是永久保持耐心的多傑，也無法改變這種演進。

第六章
BLESSINGS FROM BEIJING

炯炯有神的眼珠和死去的喇嘛

雖然在印度的許多藏人安置區辛苦掙扎尋求站穩腳根，但是並非全都如此艱辛。在印度南部拜拉庫比的藏人難民營，身穿深紅色僧袍的僧侶穿梭在玉米田和甘蔗田，鍍金的寺院在迎風飄蕩的牧場上建立起來，它們為居住在附近的一萬三千名藏人提供收入。[1]在夏季，氣溫飆升超過華氏一百度；出生在喜馬拉雅山脈陰影下的僧侶用長袍和棉布傘遮住頭部，以遮擋灼熱的太陽。即使在較冷的月份，印度洋的風也會散發出令人窒息的濕度。

天氣和地理可能都不好，但是拜拉庫比這個位於印度卡納塔克省廣闊的安置區，感覺就像一個失落的香格里拉，是當今西藏以外最活躍的藏人社區之一。沒有北部藏人地區觀光客洶湧造成的分心：沒有過度的讚美吹捧，沒有電影院一再重複播映馬丁．史柯西斯（Martin Scorsese）製導的電影《活佛傳》（*Kundun*）。很少有外國人費勁前往在班加羅爾西南方六小時車程的德吉拉索（Dickyi Larsoe）和洛松桑杜普林（Lugsum Samdupling）的龐大農業地帶。來到這裡的印度遊客通常只停留下來拍幾張照片和買一份午餐便當。入口附近有一個標誌警告非印度旅客，如果沒有取得「保護區許可證」逕行進入，他們將面臨坐牢五年的風險。可是申請許可證可能需要長達四個月。

拜拉庫比雖然具有與世隔絕的田園詩意，它也有險惡的一面：沾染著中國指紋的一面。塞在一大片孤絕環境當中，沿著一條有木雕店和汽車修理廠的塵土飛揚的車道再走一會兒，是一座中等大小的寺院；在那裡，尊者受到極端的蔑視。在這座錫朋寺（Serpom），崇拜佛陀的僧侶也祈禱達賴喇嘛早早升天。

當這位西藏精神領袖告訴我北京從遠方賜予「祝福」時，我首先關注外部因素來解釋其影響：即中國如何運用軟實力和硬實力來改變西藏難民。但是，分裂西藏人的最深裂縫起源於藏人本身製造的分裂。雖然中國因為藏人的政治和宗教內鬥受惠良多（在某些情況下中國也積極鼓勵藏人內鬨），但是有些鬥爭並不是由中國人掀起。最具破壞性的一項鬥爭以拜拉庫比作為震央，環繞著是否信奉一位神祕的憤怒之神，已經爭執了幾百年，祂以推動愛好和平的僧侶去進行流血行為而聞名。

分裂的根源可以追溯到幾個世紀以前，藏人認同佛教宗派大過他們認同的國家意識。大多數藏傳佛教徒都認同四大教派之一：格魯派（Gelug，又稱黃帽派，達賴喇嘛是最高領導人）、寧瑪派（Nyingma）、噶舉派（Kagyu）和薩迦派（Sakya）。雖然外行人難以區分其差異，但是藏人信徒們竭盡全力保護其傳承的純潔性，不惜與其他教派爆發全面戰爭。[2] 在十七世紀，第五世達賴喇嘛阿旺・羅桑・嘉措（Ngawang Lobsang Gyatso）擊敗並兼併相互競爭的各個教派，結束一場長期爭執。他的勝利導致藏族統一在格魯派旗下的國家，但是黃帽派信徒之中也產生裂痕，影響直到今天。

有一個不斷發展的神話支撐這個裂痕，它聲稱和偉大的第五世達賴喇嘛同時代的札巴・堅贊（Drakpa Gyaltsen），他認為統一會對黃帽派教義的純潔構成威脅。札巴・堅贊本人是一個重要的轉世靈童，被一些人認為是第五世達賴喇嘛的候選人。有些人認為札巴・堅贊反對第五世達賴喇嘛的政策，在黃教內部和兩人之間造成了極大的不和。但是證據很薄弱；只要有一個以上的候選人出現，預備接替某位重要喇嘛的位置時，經常都會出現這種情況：有些人認為札巴・堅贊才是「第四世達賴喇嘛的真正轉世」，[3]因此，儘管他的頭銜較小，在宗教學理上的修為優於第五世達賴喇嘛本人。[4]然而，並沒有堅強的歷史證據來支持這些主張，因此許多環節仍然不清楚。

葛瑞・畢斯理（Gary Beesley）是當今之世對多傑雄天爭議極有研究的權威學者，作品受各方重視。他說，這兩人的顧問彼此之間的緊張關係是顯而易見的。札巴・堅贊有一位富有、有影響力和政治上雄心勃勃的母親，她與第五世達賴喇嘛那位同樣喜歡搞馬基維利權謀手段的攝政德西・松那・卓培（Desi Sonam Chopel）不和，德西一再表達對札巴・堅贊的蔑視。赤絳仁波切（Trijang Rinpoche）在一九八一年去世之前一直是現代雄天宗運動（Shugden movement）的領導人物，他暗示札巴・堅贊是攝政德西指示他的一個親屬謀殺的。

但是無論雙方在世期間的關係究竟如何，札巴・堅贊的影響力在他去世之後才顯現出來。隨著札巴・堅贊的過世，格魯派的一部分信徒開始尊奉一個他們認為是黃帽派教義保護者的神靈。這個神靈被稱為多傑雄天，意即「強大的霹靂」，今天他被描繪成一個無情的角色，露出尖牙和以人類頭骨串成的項鍊。無論多傑雄天是札巴・堅贊的轉世，還是其他一些起源的保護神，並不重要（至少對於非信徒來說更是如此）。對於支持者和反對者皆然，最重要的是，相信多傑雄天會為那些崇拜他的人帶來獎賞，並為那些反對他的人帶來死亡。

直到今天，黃帽派內部對於多傑雄天在他們的信仰中扮演的角色仍然存在分歧：有人認為他是傳統和血胤的保護者，也有人認為他帶來毀滅和死亡。在一九五〇年代後期反抗中國軍隊的起義期間，來自東藏的鬥士視多傑雄天為他們在塵世的保護者和軍事指導者。[5] 西藏學者和安靜的信徒都向這位神靈求助；現任達賴喇嘛本人也曾經敬拜過他。但是在一九九六年，經過「漫長而仔細的調查」，第十四世達賴喇嘛支持那些對多傑雄天意圖持懷疑態度的人，並宣布他「強烈反對西藏佛教徒追隨這位凶悍的神靈」。[6] 拒絕服從這項指示的人，今後不准參加尊者主持的任何法會。達賴喇嘛說：「在我做出此一正確的決定之前，我已經在我的心靈中靜思良久，思考雄天問題。」

達賴喇嘛的指令呼籲西藏人做選擇：敬拜達賴喇嘛，或崇拜多傑雄天，但不能兩者都崇奉。對大多數人來說，這是一個簡單的決定，但不是全部人都這樣認為。二〇〇八年，位於拜拉庫比的色拉寺（Sera Mey）大約三百名僧人收拾他們的祈禱坐墊，搬了出去。但是他們並沒有搬得太遠，就在距離幾百英尺的東北方圍起圍欄，另外建造一座新寺院。今天，分隔他們的新家與他們出走的舊家的是牧場，一排低矮的樹木，以及一個紅黃色的混凝土牆，頂部還裝著蒺藜鐵絲線。

*****

當我在二〇一二年五月拜訪時，錫朋寺只有短短幾年的歷史，但是看起來已經安定下來。畢姆饒·拉姆吉·阿姆貝伽爾（Bhimrao Ramji Ambedkar）的青銅半身像守衛著廣闊的園景庭院的開放空間，這兒距離他們搬遷出來的色拉寺僅有幾百碼。阿姆貝伽爾是印度憲法起草委員會的成員，強烈支持印度的賤民種姓。銅像底部的歡迎詞宣稱，錫朋寺印證印度人民的寬宏大量，以及「全世界人民熱愛真理和正義」。從我面前寺院的維護和宏偉程度來看，我相信一定有很多來自印度國內外的人士慷慨解囊。

當我到達錫朋寺時，幾位年輕的僧人正在前門打掃走廊，一群年長的僧人則在室外廚房裡工作，他們正在雕刻巨大的牛油塊，預備把它們放在祭壇。除此之外，這個地方很安靜。當我靠近時，一隻蹲在樓梯間俯瞰廚房的狗走了出來。牠連叫都不叫。

我走上二樓，循著標誌找行政辦公室。一個僧人，可能只有二十幾歲，幾乎不從他的手機抬頭，只是揮手示意我經過一個寬闊的樓梯。二樓上的走廊，擺著布置鮮花的長桌，準備供應午膳。

大雄寶殿已經關閉，但是一些印度遊客還徘徊流連，往下探視大雄寶殿裡擺在玻璃櫃裡的雕像和繪畫。附近一塊牌匾注明：「在東門，也就是主要通道的上方，是二十一多羅菩薩的畫像，多羅菩薩保護我們免受八種恐懼。在他們的下面是護法神多傑雄天的畫像。」──憤怒的佛法保護者。一位印度遊客似乎印象深刻。他說：「很好，對吧？」他伸出一隻手，在他走過我身旁時快速地和我握手。他邊走邊喃喃念著：「佛祖保佑。」

我踱進廚房找人聊天。我滿懷希望地問人：「講英語嗎？」多年前花了好幾個月學習藏語，我現在還是能力有限，只會數到十（發音「楚」），或對一道美味誇獎好吃（發音「辛布」）。

有個僧人正在洗碗，他只是搖了搖頭，但是另一個僧人放下他正在擦乾的盤子，示意我跟他走。他拉開通往行政辦公室的窗簾，招手要我進去。房間深處裡，有一張辦公桌堆滿卷檔、日誌和文件，沐浴在陽光下，寺院的祕書桑都．旺莫（Samdup Wangmo）站在辦公桌旁。

桑都．旺莫自我介紹。他炯炯有神的眼珠和斑駁的皮膚使他看起來好像剛剛得過了水痘，或令人討厭的流行性感冒才復原過來。一口黑牙齒和稀疏的鬍子讓他的奸詐笑容增添一絲威脅意味。當他斜著脖子說「你好」時，有點滑頭，好像他在問問題，而不是問候。他沒有按照大多數藏人辦公室或家庭的慣例，給我倒茶或請我坐下。

意識到錫朋寺是因為達賴喇嘛的指令才激生出來的副產品，我小心翼翼地走過去，擔心說話不慎可能會觸怒桑都。我輕聲輕氣地說話，試圖打破僵局。「貴寺……很漂亮。」

他告訴我，二〇一二年五月，錫朋寺大約有六百名僧眾，比起二〇〇八年寺院初建時的三百名增加不少。這使得它在眾多大型寺院中只算得上是一所小型修行寺院。隔壁的色拉寺，當時誇稱僧眾約三千人，另外，南卓林寺（Namdroling Monastery）是流亡在外的寧瑪派最大的教學中心，位於錫朋寺以東幾英里處，僧眾超過五千人。據報導，達賴喇嘛考慮將南卓林寺作為他長期的駐錫之地。[7]

從我進入錫朋寺時，經過打掃院子的僧眾的模樣來看，大部分僧眾年紀不超過十二歲。桑都沒有說明這些小和尚從哪裡召募來，但是我從麥羅甘吉的官員那裡聽說，南印度的許多新寺院從亞洲各地非藏族社區召募僧眾，特別是在尼泊爾的喜馬拉雅山地區。桑都又說，經過多年的停滯之後，召募工作正在加速。

我感覺桑都不喜歡長時間的談話；他說英語不是他的強項。想到幾天前西藏流亡政府曾經表示：雄天宗某些信徒與達賴喇嘛這一系非常不融洽，以致於他們希望他趕快升天，[8]我就不再閒聊。我問他：「今天的情況如何？不久以前，錫朋寺和色拉寺之間存在許多緊張關係。你們現在和社區的關係如何？」我補充道，你也曉得，外頭對於雄天宗信徒有許多傳聞。

他說：「情況正在好轉。很慢，但是它會變得更好。」（我覺得這有點令人驚訝。我住宿的賓館距離錫朋寺只有幾英里，在它大廳旁邊有一個歡迎遊客的標誌，說得很清楚：「請注意。任何人：和尚、尼姑和俗眾，無論誰與多傑雄天或其集團有關係，都不准入內，我們不服務他們。」儘管句法欠佳，但是訊息很明確。）

後來桑都補充幾句話，讓我依然存有寒意。他說，情勢變得更好，但是從宗教的角度來看，並不好。在達賴喇嘛消失之前，它們不會很好。他扳著臉孔說：「在達賴喇嘛死之前，不會完全完美。只要達賴喇嘛還活著，就不會完美。」

講完這句話後桑都向我說再見，祝我一切順利。

*****

桑都．旺莫並不是第一個希望傷害非信徒的雄天宗信徒。雄天宗信徒先前曾參與過謀殺和暴力活動，其中包括一九九七年在距離達賴喇嘛臥室不遠的地方，凶殘地刺殺三名支持這位西藏領導人的僧人。二月四日晚間，大約在我第一次離開麥羅甘吉的時候，武裝人員刺殺達賴喇嘛的一位親信，這位著名的格魯派教育家，支持達賴喇嘛對崇拜多傑雄天下達的禁令。七十歲的洛桑．嘉措（Lobsang Gyatso）和他的兩名學生在距離達賴喇嘛住所僅兩百碼的小房間裡被謀殺。

這樁刑案一直沒有偵破，洛桑．嘉措的房間一直保留當天夜裡的狀況作為紀念。牆壁上掛著被殺害的僧人的照片，他們已經不能動彈的屍身躺在因多處刺傷和頭骨打破所產生的血泊中。老和尚睡覺的單人床還擺在房間一角，罩著他最喜歡的床單。直到今天，這個房間仍然提醒著流行的情緒：凶手可能就是西藏人，是在中國明確下達命令下作案。（儘管沒有明確證據可資證明，有些藏人最近提出，朱維群這位有影響力的中國政治家，長年批評達賴喇嘛，他當時擔任中國統戰部副部長，是他下令行凶。）

很清楚的一點是，襲擊者在行凶之前幾天從中國抵達印度，作案後顯然已經逃回中國。二〇〇七年，國際刑警組織發布一份紅色通告，呼籲中國引渡其中兩名被認為逃離印度的男子。北京從未就國際刑警組織的要求做出回應。[9]

即使不是那麼暴力，反對雄天宗的人士也玩卑鄙手段。遠在紐約市，雄天宗信徒的臉孔被畫在所謂「通緝」海報上；曾經受人尊敬的西藏商人眼睜睜看著他們的生意在嚴重的抵制下萎縮。二〇〇〇年發生一次特別激烈的對抗，在印度南部的另一個難民安置區，數千名反雄天宗的僧人和俗眾在一個親雄天宗的寺院外扔石頭，大喊大叫。警方被找來驅散群眾。[10]

不過，在大多數情況下，兩派長達二十年的分裂，不是以對方有多少人死亡或遭到攻擊為計算標準，而是比彼此興建多少個寺院。就這個標準而言，雄天宗長時間居於上風。

離老家比較近的地方，大多數藏人支持達賴喇嘛；在印度各地只有三座雄天宗寺院，在鄰國尼泊爾也有三座雄天宗寺院，另外在香港、台灣和馬來西亞等地也有一些據點。[11]尊者呼籲藏人放棄崇敬多傑雄天二十年之後，絕大多數流亡藏人都聽他的話。但是那些沒有聽從他指示的少數人，卻全力努力要使分裂永久化，特別是在西方國家，對雄天宗的崇敬已經制度化，而且日益蓬勃發展。

在全球也有數百個與雄天宗有關的寺院和學校，光是在紐約就有大約二十七個中心，服務更隨興、不是那麼死忠的西方學生，他們往往不知道自己所修習的佛教教義和周末指導他們冥想的老師，和雄天宗有密切關係。第十四世達賴喇嘛強烈禁止崇拜雄天宗的決定，並且跟隨其前人、偉大的第五世達賴喇嘛的腳步，主張繫於民族而非單一佛教宗派，尋求泛西藏統一的論述，可能反而使得它更受歡迎。這也給中國一個可趁之機。

經營這些中心的人大多數是赤絳仁波切的舊日學生，他曾經是達賴喇嘛的資淺導師，在一九八一年去世前幫助雄天宗在流亡海外的格魯派信徒中建立突出地位。赤絳仁波切這些舊日學生被達賴喇嘛強迫離開難民地區，他們轉為教師繼續在全世界建立佛法研習中心。譬如，錫朋寺的住持方丈克傑．永嘉．仁波切（Kyabje Yongyal Rinpoche），在我訪問拜拉庫比時沒有住在寺裡，他大部分時間都在洛杉磯他所創立的另一個中心道次第國際佛法中心（Lamrim International Dharma Center）授課。

赤絳仁波切最著名的弟子之一，也是在西方國家最積極推動崇拜多傑雄天的弟子，是一個體質孱弱、滿臉雀斑、戴著眼鏡的僧人格西．格桑．嘉措（Geshe Kelsang Gyatso）。一九九一年，也就是達賴喇嘛發布命令前幾年，格桑．嘉措整合出新噶當巴傳承（New Kadampa Tradition, NKT）；噶當巴傳承這個名字指的是一個古老的教師隊伍，因為他們嚴格遵守佛教基本教義（暗喻多傑雄天爭議）而備受尊崇。當達賴喇嘛公布他的禁令時，格桑．嘉措在英國首都組織一場反對這位西藏領導人的示威活動。他告訴一位採訪者，雖然他對達賴喇嘛個人沒有任何反對意見，但是這位西藏領導人對多傑雄天的看法具有破壞性。他說：「示威應該可以教他一些東西，但是他從未改變過。」[12]直到新噶當巴傳承在二〇一六年改變策略之前，達賴喇嘛每次訪問歐洲或美國時都會遇到支持崇拜多傑雄天人士的抗議活動。

格桑．嘉措現在很少公開露面（他在二〇一七年四月出現在臉書上，這是自從二〇一三年以來首次現身，終結多年來傳說他已經死亡的猜測），但是即使躲在幕後，他的工作繼續挑戰達賴喇嘛。新噶當巴傳承的目標是「在全世界每個主要城市建立噶當巴佛教寺院」，並且正朝著這個目標大步邁進。今天，在全世界四十個國家有大約一千二百個噶當巴佛學中心。新噶當巴傳承旗下擁有寺院、休養中心、咖啡館、藝術工作室，以及從澳洲到巴西的一些大旅社。據報導，新噶當巴傳承二〇一一年收入為四百二十萬美元，它的收入大約相當於同年整個西藏流亡政府計畫預算的四分之一。[13]

支持達賴喇嘛的藏人和活躍份子，從新噶當巴傳承的工作中看到很多陰謀。二〇〇七年，在中國收縮對西藏流亡政府的壓制時，格桑．嘉措設在英國的慈善機構收到的捐款超過二百八十萬美元。二〇〇八年，北京對西藏難民升高壓制，匿名捐款湧入新噶當巴傳承，達到四百多萬美元。紐約州北部的一個噶當巴靈修中心，在二〇〇八年報告多出一百一十八萬美元的額外收入。[14]從美國或英國的稅務申報書看不出是什麼人或什麼來源捐贈這些錢，但是藏人和西藏事務學者認為中國可能慷慨解囊。[15]根據路透社二〇一五年的一項調查：北京如果不是直接的資助者，新噶當巴傳承的支持者也是「不知情的北京代理人」。[16]

矛盾的是，在中國控制下的西藏，更容易追蹤中國和雄天宗的關係。澳洲國立大學政治學教授班・希爾曼（Ben Hillman）曾經在中國研究寺院政治。他寫道，北京的中央政府立即試圖利用達賴喇嘛此一事實上的禁令，撥出「不成比例的大量經費」，在東藏地區（包括今天四川和雲南的部分地區）重新修繕支持多傑雄天的寺院。二〇〇三年，地方政府跟進；在希爾曼訪問的一個藏人寺院，來自雄天宗相關行政單位（稱為khangtsens）的僧人申請到印度學習所需旅行文件的案件大增。「同樣地，在二〇〇四年，寺院最小的和以前最窮的『khangtsens』，開始為其少數成員建造一個精緻的全新祈禱室和住所。透過和最高階層官員有關係的支持雄天宗喇嘛的網絡，從北京取得財務支援。」[17]

官方偏愛在此後幾年變得更加明顯。二〇一四年初，西藏自治區共產黨官員發布指令，詳細說明西藏人應該如何「正確」地看待這個問題：支持崇拜多傑雄天。[18]在這個議題上與達賴喇嘛站在一起，而不是和中國共產黨同一邊，將導致刑事控訴或坐牢監禁。

到了十二月，中國言出必行。十二月十五日，自由亞洲電台報導，來自東藏地區昌都的七十七歲藏人江揚・哲林（Jamyang Tsering）被判入獄十八個月，因為他建議一群學生聽從達賴喇嘛的建議，不要崇拜多傑雄天。[19]三天之後，自由亞洲電台報導了一個類似的案件，但是結果截然不同：六十歲的尤雅・吐庫・洛桑・丹增（Uyak Tulku Lobsang Tenzin）被判徒刑十年。[20]

*****

二〇一一年，中國駐尼泊爾大使楊厚蘭抵達加德滿都任所後訪問的首批藏人中，有一位長相天真無邪、禿頂的喇嘛甘珍仁波切（Gangchen Rinpoche）。他笑容可掬、五短身材，與中國的笑面彌勒佛驚人的相似，甘珍恰好也是極力反對達賴喇嘛抵制多傑雄天神靈的僧人之一，他是達賴喇嘛導師赤絳仁波切的另一個弟子。

二〇一一年八月二十一日，楊厚蘭大使和甘珍仁波切在這位喇嘛的加德滿都中心會面，時間僅僅幾分鐘。中國外交部發布的照片顯示，楊厚蘭和他的妻子接受甘珍祝福時，大使略微鞠躬。甘珍標誌性的大光頭和濃密的鬍鬚，與這對中國夫婦的克己自制表情，形成強烈的視覺對比。[21]這位外交官的脖子上披著長長的白色祈福圍巾，手腕上也掛著象牙念珠。甘珍顯然正在講話，右手食指舉起，好像在強調佛教教義的一個關鍵點。

照片說明宣稱楊厚蘭大使「前往加德滿都的藏人社區探訪，了解當地藏人生活」。他還與「活佛進行親切交談」——「活佛」是北京用來指稱轉世喇嘛的術語。西藏喇嘛。（自從一九九〇年代以來，中國共產黨要求所有被認定為轉世的藏傳佛教教師必須取得批准；使用「活佛」這個字詞表明北京核准了甘珍仁波切的地位。）

過去十五年，我去過尼泊爾，首先是學生身分，然後是遊客，後來是記者，我和尼泊爾的

「藏人社區」成員的對話次數多到無法計數。我遇過學生活躍份子和學者，前游擊隊戰士和地毯編織者，店主和家庭主婦。在這些年裡，沒有人曾經提到過甘珍的名字。我認識的大多數藏人寧願改變談話的主題，而不願公開承認與雄天宗有聯繫或親近。即使是在親密的朋友群中，這個話題也很少被討論，而且崇拜多傑雄天的信徒即使跟自己家人絕口不提此一信仰，也並非罕見。

甘珍仁波切公然不服從達賴喇嘛的指示，不僅在格魯派藏傳佛教內部引起分裂，也使他本人在尼泊爾、印度及其他地區的西藏難民中遭受普遍的譴責。在如此強力促進多傑雄天之下，甘珍和像他這樣的老師基本上是在推動佛教徒捨棄達賴喇嘛。在西藏流亡人士當中，這些努力已經失敗，甘珍的主要支持來自印尼、泰國、巴西和整個歐洲的非藏人佛教協會。他目前正在他的網站上進行一天一歐元的籌款活動。縱使如此，中國將他視為尼泊爾藏人社區的支柱。

甘珍喇嘛與中國有深厚的關係。已經七十多歲的甘珍從他設在義大利米蘭的基地，在世界各地經營著數十個靈修和密宗的自我療癒中心。但是他也是北京的常客，更是中國共產黨核准的佛教論壇中公開受到中國領導人歡迎的嘉賓。他與一些共產黨最重要的政客，從領導西藏政策制定的朱維群，到中國前任總理溫家寶和胡錦濤主席，都能勾肩搭背。[22] 甘珍和其他雄天宗藏族大師，大體上被西藏流亡人士漠視，可是他們卻成為中國共產黨的最愛。

事實上，他們甚至可能已經成為中國的員工。路透社二〇一五年十二月的一項調查發現，中國統戰部支付雄天宗的成員經費，在海外組織此一教派追隨者的活動，包括抗議、反對達賴喇嘛。澤他喇嘛（Lama Tseta）是雄天宗運動原本的重要成員，他告訴路透社，中國付錢給他，要他在海外組織雄天宗的活動。他說：「中國人利用他們作為工具，讓達賴喇嘛看起來像是偽造的，以達成他們本身的目的，破壞藏傳佛教，並且分裂西藏社會。」[23]

甘珍與中國共產黨的關係至少可以追溯到一九九七年，當時他公開向中國任命的班禪喇嘛堅贊・諾布（Gyaincain Norbu）表示祝福。[24]公開展現向中國選定的班禪致敬，而非向達賴喇嘛選定的轉世為班禪之靈童更登・確吉・尼瑪（Gedhun Choekyi Nyima）致敬，在許多西藏難民眼中更確認了甘珍對中國效忠的印象。同年，甘珍支持中國任命班禪喇嘛，甘珍的組織幫助在西藏日喀則歷史悠久的扎什倫布寺（Tashilumpo）興建一所新的密宗學院，扎什倫布寺是歷代班禪喇嘛駐錫之地。[25]沒有中國的「祝福」，不可能有這樣的接觸。

這種關係引起了主流西藏難民的譴責，以及相當多的神話製造。住在尼泊爾，長期研究西藏問題的學者修伯特・狄克里爾（Hubert Decleer）有一次在晚餐中向我講述一個故事，據說甘珍試圖鼓勵噶瑪巴喇嘛（Karmapa Lama）向中國選出的班禪致敬，就像甘珍一樣。狄克里爾告訴我，噶瑪巴是藏傳佛教最重要的人物之一，也是噶瑪噶舉派（Karma Kagyu sect）的宗長，「當場刮了甘珍一巴掌。當時噶瑪巴只有十二歲。」

受到中國外交官擁抱一位有爭議的西藏宗教人物的刺激，在二〇一二年初，即我訪問錫朋寺之前的幾個月，我著手尋訪流亡海外藏人的這位「支柱」。

甘珍喇嘛靈修中心（Gangchen Lama Meditation and Retreat Center）位於巨大的布達納特佛

塔陰影下的一條狹窄巷道裡，並不容易找到。

守衛這個建築群的綠色鐵門沒有貼上任何標誌，也沒有霓虹燈揭露它的位置。當地人稱之為甘珍拉布楞（Gangchen Labrang）的這個靈修中心大隱隱於市，似乎隱藏在光天化日之下：即使有藏人的經幡和大圓柱形狀的勝利橫幅（象徵佛陀啟示的圓錐體），就在周圍的低層公寓樓和網吧上方飄盪，我雇的計程車司機都沒能夠找到它。我一連兩天花了一些時間，走了很長一段路，不知敲錯多少門。

最後，我終於找到了，比中國大使晚了幾個星期。推開大門，是一個寬敞的庭院和無人看守的守衛亭。左邊有一個小棚屋，黑暗而安靜，甘珍喜馬拉雅手工藝品中心（Gangchen Himalayan Handicraft）的尼泊爾員工，在裡面製作佛教祭壇和神社。尼泊爾的人權研究人員告訴我，甘珍的主要資金來源是通過出售和運送西藏小飾品賺來。不過，在這一天，庭院卻寂靜無聲。

一位年齡較大的藏族男子，看上去已經五十多歲，他放下手機，問我是不是迷路了。他穿著一件黑色的羽絨夾克，袖子已經破了，也沾滿加德滿都持久的汙垢灰塵。他禮貌但堅定地問：「我可以幫你嗎？」

我回答說：「這是甘珍拉布楞嗎？我有興趣請教西藏醫療諮詢；有人告訴我這裡有一個醫療中心，不曉得是不是？」

這是真的。我對諮詢很感興趣。但是我也被警告說，甘珍可能會懷疑一個不速之客的記者闖入他的庭院，想要見到他或他的心腹的上上之策是把記事本放在包包裡，直接請教中心提供的醫療服務。

他簡短地說：「喇嘛不在。」似乎沒什麼好再說的。我的任務失敗。

但是當我一瞬間感覺失敗了，轉過身，預備離去時，那位拿著手機的警衛卻要我等一等。他消失在一個小樓梯上，片刻之後再次出現，揮手要我走到俯瞰庭院的小陽台上。我照他的意思做。

來到樓梯上方，我被介紹見一位坐在白色塑膠桌旁的僧人，他正慢慢地從碗裡挑起一塊切好的木瓜。手機迎賓員說，他是甘珍喇嘛的堂兄弟，也是全時間住在拉布楞中心的八名僧人之一。

這位堂兄弟問：「你是從哪裡聽說這個地方的？」對於我會站在他面前，感到很驚訝。我心想，我在中國外交部的網站上讀過關於你們的訊息。誰沒有聽說過加德滿都的藏人社區有位支柱呢？

我回答說：「從朋友聽來的。」

顯然，中國對於藏人社區中心的想法並沒有傳遞到經營它的人員這一端。

過了幾分鐘尷尬時刻，我猜他們試圖找出該拿我怎麼辦。結果發現，我錯過甘珍仁波切大約兩個星期。他曾經在加德滿都參加西藏新年（Losar）節慶活動，但旋即前往印尼講經三個星期。我被告知，他每年在尼泊爾停留的時間不超過幾個星期，主要住在義大利和東南亞，尤其是泰國。

閒聊幾分鐘之後，就在我即將離開的時候，一名穿著毛氈背心和牛仔褲的西方男子從中心的主要用餐區現身。他放下手中的一碗木瓜，伸出一隻手，熱切地打招呼。安東尼奧・畢揚奇（Antonio Bianchi）是甘珍最親密的助理之一，正好到加德滿都避暑。

畢揚奇和我聊了一個小時。討論這個中心，他的上司與尼泊爾的關係，以及他們與中國的集體關係。畢揚奇說，他和許多西方人一樣，受到甘珍這一派對哲學和密宗傳統的關注所吸引，投向甘珍的藏傳佛法；畢揚奇本人鑽研佛教教義如何影響西方科學。

我沒有看到「憤怒之神」多傑雄天的照片或雕像，也沒有跡象顯示這是一個雄天宗信徒經營的中心。我們坐的主餐廳配有彩色壁掛和明亮的錦緞，這是任何西藏寺院的標準配置。狄克里爾告訴我，甘珍為多傑雄天設置了一個占卜大廳，俗世的媒介在這兒進入恍惚狀態，直接與神靈交流。狄克里爾說，這個大廳類似於達賴喇嘛經常去祈求神諭的乃瓊寺（Nechung），但是我沒有看到這個跡象。（我沒有要求看到它；也許所有這些神話都讓我失望，我也不想太過咄咄逼人。）

我請教畢揚奇，他對甘珍經常訪問中國有何看法，以及對他的老師與中國外交官關係親密有何看法。他說：「這是一種必要的夥伴關係。」他指的是進出西藏境內的藏人地區；很少居住在外國的藏人享有這種機會。譬如，甘珍的中心最近獲准使用捐款來更新日喀則附近的黃帽派扎什倫布寺的浴室設施。畢揚奇說：「我們到達時，他們甚至連淋浴的蓮蓬頭都沒有。」

畢揚奇繼續說，這只是甘珍和他的學生幫助過的眾多項目之一。根據甘珍的慈善機構「行動援助基金會」（Help in Action Foundation）的網站，自從二〇〇三年以來每年夏天，基金會前往「乾旱、多岩、冰冷的」藏族村莊，為年輕的僧人和兒童提供食物、衣物和教學用品。他們回來後，整理發布「照片報告」證明他們幹了不少事。

但是畢揚奇總結說，進出西藏是有代價的。他很務實地承認：「甘珍仁波切在這裡的藏人社區並沒有受到很好的尊重。但是我們與西藏流亡社區沒有相干，所以在西藏辦事情也變得比較容易。」

我的腦海回到了中國外交部發布的甘珍仁波切和楊厚蘭大使的照片及其圖片說明：「楊厚蘭大使前往加德滿都的藏人社區探訪，了解當地藏人生活。大使還與甘珍活佛進行親切交談，雙方表示將為祖國的繁榮做出不懈的努力。」

換句話說：甘珍進出中國付出的代價是，承認中國的故事情節。

畢揚奇吃了最後一口木瓜。我們的談話告一段落。收拾好我的包包，我站了起來，感謝他撥冗和我交談，然後走向樓梯，經過其他僧侶和堂兄弟，他們仍坐在二樓陽台的塑膠桌旁。

走到一樓，我轉過身來瞧瞧，以手工雕刻的木製櫥櫃、青銅雕像和新錦緞布置的陳列室，這些產品要送到國際市場。我現在明白了甘珍的手工藝品業務的收益要如何運用：可能用來支付淋浴間和一袋袋的食品，所有這些都是以「祖國的繁榮」為名義而進行。我不知道有多少買家明白，買了甘珍的產品之後，他們的錢的去處。

和畢揚奇揮揮手，最後一次微笑，我推開綠色的大門，走到街上。

第七章
BLESSINGS FROM BEIJING

轉世的政治

雄天宗的信徒可能祈禱第十四世達賴喇嘛早早去世，但是達賴喇嘛去世之後會發生什麼狀況，卻不是他們能夠回答的問題。在中國的西藏，輪迴轉世涉及更多政治，而不是信仰。

宗教在中國並不一直都是如此受到質疑。在中國長久的帝國歷史中，至少西方意義的「宗教」根本不存在。各種儀式和禮拜源自迷信和宇宙論，譬如拜灶神和門神，它也作為皇帝合法性的基石。只有天子才有權直接與眾神溝通。

但是這種自上而下，與信仰的家父長制度關係在十六世紀開始發生變化，當時通過翻譯中文文本，耶穌會對宗教的詮釋被引進中國。隨著時間的推移，中國的宗教觀念從支持帝國權威的儀式體系轉變為更符合西方超驗觀念的事物。到了十九世紀末期，中國的改革派將西方的信仰與現代化聯繫起來，試圖以有組織的信仰取代邪魔歪道。一八九八年的百日維新運動是一個大動盪的時期，其目標是重振中國的教育、經濟、軍事和文化體系。

自從一九四九年中華人民共和國建政以來，中國共產黨對有組織宗教的觀點並不一致，搖擺於不情願的接受和破壞性的蔑視兩者之間。在文化大革命期間，中共對宗教信仰的破壞達到了頂峰；對於毛澤東來說，除了階級鬥爭之外，任何事情都是群眾的資本主義鴉片。但是，在一九七六年毛澤東去世後的幾年裡，有組織的信仰，特別是基督教、伊斯蘭教和佛教，再次繁榮起來。

在接下來的幾十年中，寺院和教堂以令人眼花繚亂的速度建造或重建，今天中國的大部分地區既認同精神面，也認同國家。[1] 基督教是中國最受歡迎和發展最快的宗教之一；根據一項估計，中國境內有超過一億以上的基督徒，比起整個共產黨的黨員人數還多（中共今天的黨員約有八千九百萬人）。[2] 如果不是要求所有新黨員和現有黨員都需保持無神論這一規定，教會成員數量可能還會更高。[3]

但是，北京原則上與宗教和解，並不意味西藏佛教徒在實踐中的經驗發生激烈的變化。反之，宗教仍然是藏人與占領它的敵人之間摩擦的關鍵點。美國人類學家馬文．高士坦觀察到，對於西藏人來說，「他們的文化和生活方式的價值，以及他們民族認同的本質」，是藏傳佛教，「正是這種感覺使他們的社會與眾不同」。[4]

在一九五〇和五九年的西藏起義之間，北京「解放」西藏的行動並沒有立即轉化為對佛教實踐的直接檢查。但是在一九五九年西藏人起義，達賴喇嘛出亡印度之後，中國對西藏的寺院核心展開全面攻擊。根據當時還留在西藏的最重要的精神領袖班禪喇嘛，於一九六二年寫下的一份祕密請願書，毛澤東的運動已將西藏宗教搗毀，變為瓦礫。

班禪喇嘛寫道：「在民主改革之前，西藏有超過兩千五百個大、中、小型寺院。民主改革之後，政府只保留七十多座寺院。無論是人為還是其他方式，都造成極大的損傷和破壞，它們（寺院）被破壞到了瀕臨崩潰，或甚至更不堪的地步。」

由於發表了他的觀察，班禪喇嘛被貼上黨、人民和社會主義敵人的標籤；他在接下來的十四年裡一直被監禁坐牢或軟禁在家。

在一九五九年後的動亂期間被監禁的僧人和喇嘛，後來在鄧小平的改革開放期間獲釋。班禪喇嘛於一九七七年十月恢復自由。寺院得以重建，而根據伯明翰大學的哲林．托嘉（Tsering Topgyal）的說法：「中國共產黨放棄了文化大革命時期的暴力同化政策，回歸到中國傳統想法，即邊境蠻夷會自願採用漢人『優異』和『先進』的文化。」[5] 毛澤東時代對佛教的限制在青藏高原的藏人地區再次放寬。

外國資金的激增導致許多寺院得以重建。即使中國的首要目標仍然是在西藏地區展開社會經濟轉型，中國政府還是自掏腰包進行一些重建工作，包括重建拉薩的大昭寺。[6] 但是，當民主抗議活動於一九八九年在全國各地爆發時，中共在西藏地區宣布戒嚴，西藏的宗教信仰也再度遭到布幕遮住。佛教被鎖定為嚴打的目標，僧人和尼姑被迫公開貶斥已經失去共產黨寵信的老師，尤其是達賴喇嘛。

到了一九九一年，北京開始更直接干涉西藏宗教事務。當年的一項指令給予中國共產黨，而不是西藏人，最終決定選擇和冊封轉世喇嘛的權力，轉世喇嘛經過確認並接受培訓後，將繼承已逝的前人執行宗教教化。中國國務院的一項命令的結論是，雖然允許藏傳佛教「轉世」，但轉世的人數將受到控制，只有經由宗教事務局核定的喇嘛才會被認定為真正的轉世靈童。[7]另一道命令詳細說明誰有權尋找「活佛靈童」，以及如何解決有關轉世喇嘛宗教分量的爭議。

中國國家新聞機構新華社寫道，新規定旨在「依法維護中國公民宗教自由」，已經「得到藏傳佛教界和中國信徒的堅定和廣泛支持」。

一九九二年九月二十七日，中國首次運用它核定「祖古」（tulku，譯者注：轉世化身）的權力，政府承認伍金・欽列・多傑（Ogyen Trinley Dorje）為第十七世噶瑪巴（噶瑪噶舉派的最高領導人）。[8]對於中國來說，這是一個奇怪的舉動，因為兩個月前達賴喇嘛也做了同樣的事情，當時他被要求解決關於噶舉派領導人是誰的爭議（還有另一個轉世靈童被認定才是真正的第十七世噶瑪巴，迄今仍繼續挑戰達賴喇嘛的選擇）。

但是，一九九五年五月，中國介入西藏宗教事務的情況發生了變化。五月間，達賴喇嘛宣布選擇一名來自西藏西北部的六歲男孩更登・確吉・尼瑪為第十一世班禪喇嘛之後，中國宣稱達賴的選擇無效，逮捕了這名靈童及其家人，並將他們送進祕密監獄。六個月後，在西藏首府拉薩舉行的儀式上，中國官員選擇了他們自己的「偉大的學者」轉世，甚至從吉祥的「金甕」中取出中國認可的班禪喇嘛的名字，上次使用這種神祕裝置是在清朝皇帝時期。

今天，「中國班禪」，即堅贊．諾布，正在中國密切監視下接受培養，預備承擔西藏宗教領導大權。而被達賴喇嘛選擇要接藏傳佛教最重要的角色之一的更登．確吉．尼瑪卻淪為「世界上最年輕的政治犯」。二十多年來，外界再也沒有他的任何音訊。

由於班禪喇嘛落在中國控制下，當那些祈禱達賴喇嘛早早死亡的人達成心願時，北京可能希望能夠掌握全局。依據傳統，班禪喇嘛歷來負責尋找達賴喇嘛的轉世靈童，反過來，達賴喇嘛則負責尋找班禪喇嘛的轉世靈童。雖然第十四世達賴喇嘛表示，他的繼任者可能出現在西藏或中國之外（蒙古是一種可能性），或者他可能根本不會轉世，但現實是第十五世達賴喇嘛，或更可能出現好幾位喇嘛，將是西藏歷史上最具爭議的「轉世」之一。

*****

過去的四分之一世紀，中國已經使用八百七十次核定「祖古」的權力。[9] 第十七世噶瑪巴伍金．欽列．多傑，是一個娃娃臉的哲學家僧人，被許多人認為是藏傳佛教的未來之所繫，也是歷次選擇中最重要的一次選擇。[10]

二〇〇〇年一月五日上午，噶瑪巴在少數幾名親信助手陪同下，坐在一輛計程車上，事先未經宣布就來到麥羅甘吉。九天前，這個小男孩借著夜色掩護，溜出他駐錫的寺院；那是在印度邊界另一邊的西藏境內，約九百英里路距離。正如達賴喇嘛四十年前所做的那樣，他既徒步又騎馬，穿越世界最高的山峰，噶瑪巴冒著死亡和被捕的危險來到印度尋求庇護。對於西藏難民來說，這是極具歷史意義的大事。

第十七世噶瑪巴代表了一個不曾間斷的繼承世系，它的歷史可以追溯到十二世紀，比達賴喇嘛的體系還更早大約四百年。作家米克·布朗（Mick Brown）寫了一本有關伍金·欽列·多傑的傳記。他寫道，噶瑪巴是「蒙古的大汗和中國的皇帝的精神教師」，並且被認為是「精通廣泛才能的奇蹟大師，能夠占卜、預言，能夠同時分身出現在不同的地方，也具有控制天氣的能力。」[11]

第十七世噶瑪巴出亡到印度，基本上演出了一場現代魔術：他雖被中國承認為噶舉派合法的領導人，卻逃脫羈押他的中共；現在他又同時被中國所憎恨的難民所擁抱。

噶瑪巴的出亡讓中國非常尷尬。他的逃脫意味著中國透過直接操縱藏人信仰實現的宗教和愛國灌輸形式徹底失敗。噶瑪巴逃亡後的幾天裡，中國試圖淡化他的離開，聲稱中國認可的這位年輕噶瑪巴只是暫時出國，去了他位於印度邊境錫金的隆德寺（Rumtek monastery）。北京方面說，他前往隆德寺，是要取回從前的噶瑪巴喇嘛主持宗教儀式所用的宗教文物、樂器，和一頂黑色僧帽。中國表示，最重要的是他「不是背叛國家和民族，背叛寺院和領導。」[12]

但是伍金·欽列·多傑在印度滯留的時間愈長，也愈頻繁出現在達賴喇嘛身邊，中國在他身上設定的計畫失敗就愈加清楚。根據中國學者方天志（Tien-sze Fang，譯音）的說法，噶瑪巴出亡「傷害到北京的假設，它原本認為當現任達賴喇嘛不復存在時，西藏問題自然會得到解決」。中國曾經希望「推動以噶瑪巴喇嘛取代達賴喇嘛，作為西藏人的替代領導者」。他的出亡不僅證明此一戰略的結束，也意味著一個由中國培養的噶瑪巴「無法被用作對付達賴喇嘛的工具」。[13]

不過，儘管他具有戰略價值，新德里並沒有普遍歡迎噶瑪巴抵達印度。這位年輕的僧人帶著中國護照，又有北京官方的承認；有些印度情報人員認為，他可能是「中國暗植的特務」。[14]二〇一一年，發現他的寺院裡藏了一大堆現金更加劇這種陰謀的揣測；寺方說錢是從奉獻者那裡籌集的，但是印度警方表示懷疑。

今天，大多數藏人和宗教學者接受了這個背景故事，爭議已經沉寂。另外還有一位靈童被認定是第十七世噶瑪巴、理應戴上黑色僧帽，但是至少在難民群中他已經失去信譽。不過，這項分裂確實暴露西藏人自身宗教系統內部的分歧。二〇一七年，在限制伍金・欽列・多傑近二十年的旅行之後，印度政府取消旅行禁令，允許噶瑪巴自由行動，不過中國和印度仍有爭議的地區錫金，他還是不准去。這個舉動顯示，新德里現在信任他們這位西藏客人。它也暗示噶瑪巴本身逐漸成為一個重要人物。

我第一次開始聯繫噶瑪巴的辦公室，要求採訪尊者是在二〇一六年秋天，離我預備再次前往印度提前了幾個月時間。但是在接下來的幾個月裡，我來來去去旅行了好多次，經過六次禮貌但堅定的拒絕之後，我開始不抱希望能夠採訪到這位代表藏傳佛教未來的僧人。

然後，在二〇一七年春天，在噶瑪巴辦公室宣布他將第一次訪問英國之後（這位年輕僧人的「國際形象正處於穩定向上的軌道」的另一個跡象），15「國際聲援西藏運動」組織正在協助安排訪英之行，任職於這個組織的一個朋友捎來好消息，終於替我安排妥當會面。

噶瑪巴的飛機於五月十七日降落在倫敦，我也計畫在幾個小時後參加活動，聽他演講。我並不孤單；在巴特西公園（Battersea Park）的演講會，估計有四千五百人擠進泰晤士河畔的一座宴會廳，聆聽噶瑪巴關於幸福、因果報應和苦難根源的分析。幾天後，在倫敦市中心的一次簽書會中，數十位受邀嘉賓聽到了噶瑪巴回答有關心靈本質、道德、相互關聯和同情心的問題。毫無疑問，話題似乎不受限制；一位年輕的華人女子想知道自己能做些什麼，才能讓她已故的父親能夠「重生為人類」，他也能夠作答。幾分鐘之後，他在台下單獨回答，從女子臉上的煥然光芒看來，顯然她對他的回答感到滿意。

每一站的情況大多類似：崇拜噶瑪巴的藏人和西方人士緊緊抓著念珠和象牙白色的哈達，有些人在他們活佛的光芒照耀下啜泣。噶瑪巴比不上達賴喇嘛的宗教搖滾明星地位；人群較少，華人抗議者也不存在。但是那些最接近噶瑪巴的人士強烈相信他的時間即將到來，藏人未來的奮鬥很快就會落在他的肩膀上。根據他為期十天訪問英國的官方報導，其中一個站出現「一條發光彩虹的雙拱門」，這個神話烘托他的地位。

五月二十七日是他在英國公開行程的最後一天，這一天上午我在距離倫敦市中心大約一個小時的路程，薩里郡（Surrey）一個度假中心天鵝徜徉的湖濱，採訪了這位開明、彩虹縈繞的僧人。夾在早晨祈禱和下午將與西藏和尼泊爾佛教徒對話這兩個行程之間，我有二十分鐘時間可以採訪尊者。

這是一個灰濛濛、起大風的上午，我在十點左右抵達時，已經有幾千人排隊等候通過安全檢查；由於前幾天在曼徹斯特（Manchester）發生恐怖襲擊事件，安檢措施特別加強。護送人員在停車場和我會合，然後帶領我經過全身掃描儀和攜帶槍支的英國特工，帶到了舞台後面的一間小屋，當天下午噶瑪巴會在這兒演講。

這個場景與我八年前遇見達賴喇嘛的那個類似堡壘的環境相去甚遠。在麥羅甘吉，印度哨兵和西藏官員翻我的包包，用金屬棒掃描我，檢查我的相機，似乎要徹底研究我的意圖。在薩里，我可以說是大搖大擺就走了進來。

我們談話的會議室同樣超現實。與達賴喇嘛使用的華麗接待室不同，當天上午噶瑪巴和我碰面的房間很空盪。湖濱國際飯店（Lakeside International Hotel）休息室的牆壁上，掛著世界飛鏢冠軍的照片。自從一九七〇年代以來，在軟木板上專業拋擲尖頭導彈的眾家英雄／英雌榜。每年一月，湖濱國際飯店是世界飛鏢競技的中心。在房間的一個角落是一個酒吧檯，我猜想這是為了讓選手們在追求榮耀之前（也可能在競賽期間）浮一大白的所在，它用一個滾動的鏈門關上了。

噶瑪巴的助理挑選在遠處角落的座位，靠近俯瞰湖面的一扇窗戶。在這位西藏領導人走進房間之前，我們盡力整理環境，讓它更適合這樣一位傑出的宗教人士出現。我們換掉一個被香菸頭燒破的豪華休閒椅，並且在桌子上放了幾瓶水，也避開看到酒吧檯。但是大體而言，雖有瑕疵並不完美的這個環境，也滿適合這位蒸蒸日上的西藏巨星。這個房間就像噶瑪巴的品牌一樣，還在繼續演進中。

時間很短，與達賴喇嘛一樣，噶瑪巴已經接受了印度和西方媒體足夠多的採訪，我希望避免重複他在別處已經討論過的問題。譬如，幾個星期前，他向一位採訪者提到流亡印度藏人生活的點點滴滴。他說，每年有多達五千名藏人離開，他們前往西方或回到中國，原因是在東道國缺乏權利和公民自由。[16]如果我有無限的時間，我會更深入地探討這些想法，因為大多數西藏領導人都不願對印度的難民政策表示不滿。但是我只有二十分鐘，我選擇利用這短短的時間來檢視一個他比大多數人都更清楚的地方：中國。

我問他，西藏人如何與中國人民（不是中國政府）聯繫，才能最終回歸西藏。我認為，對話是推動西藏問題向前發展的唯一途徑，但是要從哪裡開始呢？

噶瑪巴靠在沒被香菸燙燒過的椅子上，撫摸著下巴開始說：「西藏和中國已經有很長久一段時間的關係了。從西藏的鄰國來看，整個歷史上最具影響力的兩個國家是印度和中國。從精神的角度來看，最具影響力的是印度。但是從更世俗的角度來看，我們的食物、衣飾和許多習慣都來自中國。我真的看到藏人和漢人都是兄弟姐妹。」

我在想，把漢人視為藏人的兄弟姐妹而不是敵人，究竟有多實際？在過去八年裡，我遇到過的許多藏人都持有更為尖銳的觀點。

他直言不諱地說：「這段關係在近年歷史出現一些困難。由於這些困難，西藏人對漢人出現一點點壞感。但是，西藏人民和中國人民之間仍然存在著心靈的親近和內心的親密關係。這對我們來說是一個非常重要的聯繫，我們應該承認它、保持它，並繼續發展它。」

他說話的時候，我看著尊者的眼睛，觀察到我在達賴喇嘛身上沒有注意到的緊張。達賴喇嘛這位平易近人的格魯派領導人，站在午夜喜劇人員身邊、比和國家元首們並肩而立，更顯得輕鬆自在。噶瑪巴跟達賴喇嘛不同，他更加嚴肅，顯得陷入深思。有時候，他甚至顯得對自己的角色感到不安。這位門徒並不像他的老師那樣輕鬆、開懷地笑，而且他的一臉嚴肅可能會讓西方觀眾反感。但是他也發表非常嚴肅的觀點，讓人覺得他對剛被問到的問題多年來一直有縝密的思考。

他接著說：「就困難而言，你可以說在藏人和漢人之間，這並不是真正的困難。這實際上是西藏人民與中國共產黨政策之間的困難。當你仔細看待這件事時，會發現這不是個人關係出問題。因此，與漢人保持和諧關係，促進和諧，維護和諧，並在此一基礎上再接再厲，這對我們來說非常重要。」

他繼續說：「有些人提到從外部向中國施加壓力，以便改善西藏問題。但是我認為，最終我們唯一的希望就是，改變要直接來自西藏人民與中國人民之間的和諧。到頭來，沒有其他方法可以改善這種情況。在直接關係中保持和諧，並以和諧關係為基礎努力，是我們最大的希望。」

然後，噶瑪巴站了起來，表示我與這位西藏未來的領導人短暫但充滿希望的對話已經結束。當他的身影從酒吧檯和木板牆上飛鏢冠軍照片旁邊的側門消失時，我咀嚼他剛剛說的話。他似乎在說，若是和平的賜予祝福，是最好的。

第八章
BLESSINGS FROM BEIJING

帕拉與外籍水電工人

在印度、尼泊爾邊境，靠近印度這一邊一個簡陋的住宅區中，另一個西藏人力求找出他無國籍的生存之道。「帕拉」普蘭．多傑那位安靜、謹慎和保守的長子丹增．卓法，不願意嚴厲地挑戰自己的命運，或者宣揚他對回歸故土的看法。

反之，他選擇了一種策略，從長遠來看，或許會更有效：擁抱他的難民身分。在這樣做的時候，這位孝順的兒子、負責任的兄弟、慈愛的父親，以及敬業的政府職員，卻是中國可能無法容忍的西藏難民。

自從一九九七年冬天我借住麥羅甘吉巴格蘇路附近他家，我們同住一個房間以來，我就沒再見過丹增。因此，當我收到非正式邀請在二〇一六年新年假期期間和他家人共聚時，我立刻就接受了。達賴喇嘛原定於那個月從長住了一陣子的印度南部回到麥羅甘吉；雖然由於健康問題（西藏官員堅稱他只需要休息），他一整年的行程全部取消，但是他一回來，意味著一大群西藏人、外籍人士和學者都會來拜會他。丹增的邀請讓我更有意前往作客。和過去的訪問一樣，光是要到達麥羅甘吉就令人筋疲力盡。我從投宿的賓館租了一輛汽車，到新德里機場接我，假定十二小時的車程會比搭乘飛機和翻山越嶺的天氣更可預測。但是我那位四十多歲的藏人司機雖然一輩子都在印度的北方省分度過，大部分時間是印度藏人邊防部隊的士兵，從我們離開航廈的那一刻起，我們就迷路了（我們甚至連汽車都找不到）。從我們發動汽車開始，整整花了兩個小時才找到了往北部前進的公路。當汽車困在德里交通壅塞的車陣中時，厚厚的一層柴油廢氣掩蓋了引擎蓋，司機對他流亡、借住的這個國家的首都咒罵不已，似乎突顯出藏人在印度是永久的外來人。

然而，對於丹增而言，作為外來人卻具有優勢。

我們第二天在他的噶廈（Kashag）辦公室附近見面，噶廈是一幢四層樓，黃紅色鑲邊的建築物，作為流亡政府的議會大樓。我們都不用客套，當他看到我時，這個三十七歲的瘦弱漢子笑了一笑，但是他沒有跟我握手或打招呼，只是示意我跟著他，默默地上山。與他的父親相比，丹增似乎很靦腆。老人家曾經說過，麥羅甘吉的每個人都認識他，「因為我跟每個人都說話」。

二十年過去了，但是他看起來一點都沒變：圓圓的下巴和臉孔，高高的額頭，頂著一小撮黑色的頭髮，他看起來有點像上了年歲的查理．布朗（Charlie Brown）。

我們前往他的公寓，一間只有一個臥室的小公寓，座落於一棟燈光昏暗的混凝土建築物內，大樓裡全是西藏中央公署的員工及眷屬。這是一個暴露在外、大風猛吹的露台，面對著康格拉山谷。在前門廳，摩托車、踏板車和自行車全都靠在牆邊。儘管有小窗戶，卻沒有暖氣，中午時分坐在陰影下，大樓給人一種溫馨、安全的感覺，彷彿周遭只要有大人，都會替你關照小孩的地方。丹增走進去的時候，一個鄰居的孩子，名叫嘉波（Gyalpo）的五歲男童，正在停放的腳踏車旁追著一個球。

丹增的家布置成典型的藏族風格：一台小電視機在一個角落閃爍，轉為靜音；靠著牆壁，兼做沙發椅的床鋪蓋著手工編織的藏式毛毯。門上方掛著聖觀音、釋迦牟尼和吉祥天母等保護神的畫像，俯瞰著客廳。過去全家福度假拍攝的照片向著眾神微笑。平常日子裡，他的妻子和七歲的女兒有足夠的空間活動，但是在假日期間，房間和相鄰的廚房會感到粘稠和狹窄。我拜訪的那一天，一個侄女和這對夫婦的大女兒（通常在十二小時之外的一個小鎮的學校住宿）都在家，五個人擠在大多數紐約人習以為常的狹窄空間裡。

聊著、聊著，慢慢變成沉默。丹增建議我們沿著可拉散步。有其父必有其子。由於許多年輕的藏人難民已經放棄了佛教的儀式，丹增選擇的飯前活動使他在麥羅甘吉成為異類。[1]我急切地接受，穿上鞋子，跟著他後頭踏出門，往山上走。在清爽的晚間空氣中走了幾分鐘，丹增整個人活了起來，連珠砲般發出的問題比他和我當年整個冬天住在一起時的問題還要多。拜訪他當時，我住在阿拉伯聯合大公國，他非常想知道我在印度洋另一端的生活。

「阿布達比，那是在中東，對嗎？它是穆斯林國家嗎？什麼樣的政府？它不是民主國家嗎？

那意味著你不能說你想說的什麼，或者質疑政府嗎？總統，他就像一個國王，擁有充分的力量，完全控制嗎？」

我快速地以一個音節和兩個音節的短字回答他，部分原因是為了跟上他連珠砲發問的速度，但更主要是因為這個城鎮海拔六千八百英尺已經讓我喘不過氣來。我們往上坡走，我頻頻換氣、一邊答覆他：「是的」、「部落」、「不」、「對」、「有點兒」。

我們邊走、邊說話，同時也要躲避汽車和摩托車；隨著太陽落在地平線以下，迎面而來的車輛令人目眩的大燈，使我們在人行道上要小心保持平衡，以免從陡峭的懸崖跌落到黑暗中。我問起他的孩子、他們的教育以及他自己的教育抱負。他從未上過大學，但是現在後悔了。當年還在念高中時，他說，大學「沒用，只是浪費時間」。父親二〇〇〇年退休之後，身為父親長子的責任感促使他接管家族生意，經營五號商店。

我們經過尊者住所後面的安全門時，他問起：「伊斯蘭國在中東惹起的問題有多大？」當我們走過時，揹著AK－47步槍的兩名印度士兵停下談話，抬起頭來看著我們。我說：「它一直存在，但是到目前為止，強大的安全布署使得威脅遠離阿拉伯聯合大公國。」強有力的安全可能意味著有些人需要捨棄一些自由，這個想法當下似乎滿足了他的好奇心。「莫迪是一個自信的領導者；我喜歡這種特質。」他點點頭，但是這樣的說法似乎無厘頭。

我們繼續往上坡走，也繼續探問彼此的生活概況。二〇〇〇年，他從本地一所藏人高中畢業，開始全職承擔起店鋪職責。到了二〇〇二年，他結婚了（他在五號商店的櫃檯後面結識他的新娘，這一點和他父親一樣）。他不知不覺就「再也不曾認真考慮上大學」。當他二十三歲時，似乎已經鐵定要過一輩子永久難民店東的生活。

我很驚訝丹增會選擇這條路，因為我記得我們兩人同居一室期間，他的床頭櫃堆滿地理、數學和英語教科書。他曾經宣稱上學就是他的職責；他說：「我唯一的工作就是念書。在這方面，我盡忠職守。」可是到了二〇〇二年，他很滿意他的生活。

接下來，二〇〇四年冬天的一個晚上，在他們家商店上面的一家餐館電氣短路，變成一場大火，吞沒麥羅甘吉社區市鎮中心十幾棟建築物。具有諷刺意味的是這家餐廳取名「吉羅娑」餐館，以他的父親普蘭·多傑幼年生長的西藏西部山脈的名字命名。丹增說：「大火發生在半夜，大約十一、十二點左右。有人跑到我們家來，大喊失火了，我們趕緊趕到現場。當我們到達時，火勢已經吞沒所有的商店。全都燒毀了。我們無能為力。」

重建需要一年多的時間。在那段不穩定時期，丹增失業，需要有收入，遂在西藏流亡政府找到一份工作。他很聰明，也學習很快；儘管沒有接受過正規培訓，但是他還是獲得一份水電工的工作，以確保達蘭薩拉西藏政府官署的供水順利。這個職位提供的穩定性比他想像還更棒，工資好，工作時間短，又有養老金和公寓宿舍，所以他立刻就接受，掛上他的店員圍裙。他希望永遠不用再回到店裡工作。一年後，五號商店重新開業時，換上他的弟弟喀爾丹站在玻璃櫃檯後面服務客人。

當我們漫步穿過距離丹增告別的五號商店不遠的中央市場時，讓我感到震驚的是，他生長的這個城鎮看起來比以往任何時候都少了西藏風味，有許多印度人成群結隊地進來。幾天前，我在寺院路的孟皮克．塔利（Moonpeak Thali）餐廳喝茶時，一位與父母一起度假的印度少女說，當她在網路上查看達蘭薩拉和麥羅甘吉時：「我唯一想到的就是板球體育場。我不知道它就是在這裡。」她指了窗外一大群遊客、背包客和藏族家庭，穿梭在珠寶展示台、堆積的地毯、克什米爾錦緞和羊毛帽子陣中。二〇一五年開放一個五層樓高的停車場，以滿足預期的旅遊熱潮需求，目前也在規畫要把村莊的部分區域轉變為迪士尼風格的行人徒步佛教風味度假區，配上從達蘭薩拉蓋過來的纜車，每小時能夠移動一千多人。[2] 即使這些日子在麥羅甘吉販賣「西藏特製肉餃」的小販也是印度人。

我問丹增是否感覺他的出生地就像他的家一樣？

他說：「不，這不是我的家，但是沒關係；我很高興這個地方很有名。當我出外旅行時，人們問我從哪裡來。我說『達蘭薩拉』時，他們真的很驚訝；大家都知道我住的城鎮。當人們來自其他（藏族）安置區時，他們不知道那些地名。但是……大家都知道達蘭薩拉。這是一個小地方，但是一個著名的地方。」這要感謝達賴喇嘛。

我們完成環繞達賴喇嘛住家這一圈的散步之後，回到山下丹增家吃晚飯。此時天色已經完全漆黑，一邊小心翼翼的走著，別從斜坡上翻滾下去，我一邊問他是否考慮過成為印度公民。在印度出生的西藏人有權獲得公民身分，但是由於種種原因，很少有西藏人能夠行使這一權利。（在美國、加拿大和其他許多西方國家完全不同，能夠幸運遷移過去的西藏人比較容易申請到外國護照。）我故意激他，如果他對達蘭薩拉如此滿意，也許該是時候取得他在印度合法居住的權利，把不確定的生活換成更持久的性質。

丹增對這個建議很不以為然。丹增回答說：「達賴喇嘛說有些事情即將發生。」他說，所謂「有些事情」就是，所有的藏人都會在達賴喇嘛去世之前返回西藏。「我為什麼要拿印度公民身分？我們是西藏人。」

我問道：「你不能兩個都有嗎？你不能既保留自己的身分認同，又拿不是你出生國家的護照嗎？」

他不敢置信地問：「我們幹麼需要它呢？我相信我不需要。」

這時，他推開家門，我們坐下來吃飯。

*****

丹增對於藏人在印度法律地位問題的反應，在西藏流亡社群中並不罕見。印度政府不承認居留印度的藏人是「難民」、而認為他們是「外國人」。這項法律定義允許中央政府規範西藏人的行動，並要求他們定期向印度當局登記。

鑒於這項法律規定，在印度的藏人長期以來依賴印度政府另外發放的文件、即「印度藏人登記證」（Indian Registration Certificates for Tibetans, RC）。要申請另一份印度政府發放，類似護照的文件「身分證明」（旅行目的所需），需要有效的「印度藏人登記證」證明藏人的身分和居住在印度的權利。但是牛津大學的菲歐娜・麥康奈爾指出：「『印度藏人登記證』和『身分證明』只發給具有事實上『難民身分』的藏人，換言之，一九七九年以後抵達印度的藏人不能辦理這份文件，以及享有隨之而來的權利和福祉。」[3]事實上，印度的許多藏人生活在一個不斷變化的狀態，擔心他們會被逮捕、罰款，甚至驅逐出境，因為他們沒有適當的文件（驅逐出境雖然很少見，但並非聞所未聞）。

一名難民告訴麥康奈爾：「警察，他們來到我的地區，敲門要檢查『印度藏人登記證』。但是我還沒有登記證，因此每次我們都有爭論，每次我都要賄賂。為此，我很害怕。」

從技術上來講，在印度活了一輩子的藏人應該有更多的穩定性。根據一九五五年的印度公民法（Indian Citizenship Act），一九五〇年一月二十六日至一九八七年七月一日期間在印度土地上出生的任何人，「出生時就應成為印度公民」。丹增出生於一九七八年，至少從書面上來講，如果他想要印度護照，可以取得印度護照。但是印度的法律很少黑白分明，實際上的政策是否決大多數藏人的申請。試圖抗告的藏人說，他們遇到了聳聳肩、拖延戰術和官僚推拖。雇用一名律師來推翻這一現實，可能會花費十萬印度盧比[4]，對於平均家庭年收入在八萬盧比（約合一千三百美元）的西藏人來說，根本負擔不起。[5]

不過，即使有錢、有意願，丹增想要推翻他的客居身分，機會也很渺茫。只有很少數在印度出生的藏人能夠宣稱他們從印度法院手中成功搶到護照。其中一位名叫洛桑・旺嘉

（Lobsang Wangyal）很絢麗的藝術家和藝人——他投資的各項事業之中，有一項是主辦一年一度的西藏小姐選美大賽——於二〇一六年九月在德里高等法院獲得法律勝利。[6]

但是，絕大多數在印度出生的藏人都和丹增一樣猶豫，不願意公開打官司，以免招致各方矚目。儘管藏人素有愛好和平的聲譽，他們也可能無情地擅加評斷。在法庭上勝訴的第一批藏人之中，有一位名叫南雅・多嘉（Namgyal Dolkar）的雄心勃勃、身材矮小的年輕女子。二〇一一年，她剛剛二十五歲，在新德里挑戰司法體系，獲得了勝利。今天，她在麥羅甘吉的一個組織工作，為前西藏政治犯提供協助。雖然她堅持並不後悔自己的決定，但是到法院提告，已經使她在藏人社區裡被當作異類，避之唯恐不及。

她在法庭勝訴後幾年告訴我：「流亡社群很容易跳出來擅加判斷。但是如果人們發現它是錯的，他們其實可以……」她停了下來。

她繼續說：「你永遠不可能抹去你的根、你的血、你的骨，你永遠做不到。」即使有了印度護照，「我仍然是一個藏人，並且自豪地說出來。」

縱使如此，當其他藏人悄悄地尋求她的意見，是否做同樣的事情時（她說，人數其實不少），她總是問他們是否確定想要繼續前進。「這不是一條容易的道路。它涉及到以印度政府為被告、提起訴訟。這不是很舒服的事。」

公民身分不是印度藏人唯一一個必須鬥爭才能想辦法爭取到的法律已經承諾的權益。在省這一級，旨在保護西藏難民社區的聯邦法規的適用，譬如學校入學和房屋所有權，但實際上是相當可悲，並不平均。二〇一四年，印度聯邦政府頒布一項旨在縮小此一差距的法令。這項命令通稱為「藏人復權政策」（Tibetan Rehabilitation Policy），旨在統一西藏人的待遇，它呼籲各省政府確保西藏人享有與公民一樣的工作、投票、租賃土地，獲得公民身分和獲得聯邦福利的權利。

西藏流亡政府總理洛桑・森格堅持認為，印度政府的政策會讓西藏僑民在印度得到「清晰」的地位。他在二〇一四年十月告訴我，在復權政策推出之前，藏人「可能會對他們的身分、就業前景，以及類似的事情感到不安」。但是隨著此一規定的到位，「很明顯，（我們的）地位很清晰」。

*****

和丹增散步、聊天幾天後，我邀請帕拉的長子和我一起到他兒時的家去採訪他父親。表面理由是我需要一名翻譯員，其實我也希望丹增和他的父親在同一個房間裡，我才能了解他們一家的動態關係。吃了一碗米飯和小扁豆後，透過丹增的翻譯，我請教帕拉一些私人問題，譬如他的生活、家庭，以及這位大家長對子女們（包括盤腿坐在我對面的男子）的希望和夢想。

我大聲問，點頭示意丹增把每一句話都翻譯出來。「你對你的子女有什麼期許？你為他們感到驕傲嗎？」

大夥兒笑成一團。丹增的妻子跟我們一起來探望公公。他們倆不安地笑得前翻後仰，互相指著對方，好像在說：「我可不要問這個問題，你問。」這個問題顯然超越了管理藏人與父母關係那一道看不見的尊卑界線。

丹增並沒有替我提出這個問題，他試圖代表他父親回答問題。兒子代答：「我認為，所有的父母都期望相同的事情，希望他們的孩子好好念書。」

我催他問他父親：「對公民身分有什麼看法？你爸爸對你決定不爭取印度公民身分，有什麼看法？」

大夥兒還是笑成一團。

丹增好不容易壓下笑聲，再次替多傑回答：「如果尊者說『留在這裡』，那麼所有的藏人都應該留下來。如果尊者說所有的藏人必須回家，我們將遵守他的命令。」

事實證明，親戚在小拉薩是最糟糕的翻譯員。我感謝丹增和他的妻子幫忙，然後安排第二天再回到多傑的家，這次帶專業的翻譯人員，以便更容易探討他在流亡生活中對撫養子女的看法。隨後的談話只是略微更涉及私生活，但是他的回答突顯許多第一代西藏難民對於流亡生活中的藏人文化的看法：它還在演變，而且不是往好的方向演變。

我問道：「怎麼做，對你的孩子來說，會最好？留在印度，就像你的四個子女一樣，或者試圖到國外建立生活，就像你最小的女兒一樣？」（幸好這次只有沉思的緘默，沒有竊笑。）

「兒子，女兒，都一樣：留在一個地方，專注於工作，慢慢地，你會變得更好。如果他們選擇留在印度，那就紮根吧。但是無論在哪裡，都要待在一個地方，不要到處跑不同的地方。從一開始，我就在這裡，我在麥羅甘吉這麼多年了。他們應該跟隨我，在一個地方定居，然後把它變成自己的地方。」

通過這個標準，丹增（曾經認為上大學是浪費時間的這個自學成功的水電工人）超出了預期。

「對於西藏人來說，我們不像印度人或外國人，他們希望自己的孩子成為醫生，或者是律師；對我們來說，沒什麼大不了的。對我們來說，我們只希望我們的孩子是個好人。總有一天，當我不在人世時，所有這些財產都會送給我的孩子們。當我不在人世時，我只想要他們……成功和善良。」

*****

多傑認為，所謂「好」，他的孩子必須「留在一個地方」，聽起來這可能很簡單。但是對於在印度的西藏「外國人」來說，生活上那裡會有簡單這一回事。有時候，印度公民也會要求藏人離開。

二〇一二年四月，喜馬偕爾省的印度居民巴旺・庫瑪（Pawan Kumar）向位於西姆拉的高等法院提起民事訴訟，聲稱居住在麥羅甘吉巴格蘇路沿線的藏人盤據森林保護區。[7] 這項訴訟聲稱，數百名西藏難民，即小拉薩的宗教和旅遊命脈，違反了一九八〇年禁止大多數開發的「聯邦森林保護法」（Forest Conservation Act），非法占用土地。拆遷人員已經動員起來。根據設在美國的「西藏司法中心」的說法，這些通知是利用印度法院挑戰西藏人在次大陸居住的努力之一部分。

丹增從小長大的房子，也就是我在一九九七年冬天借住，那棟粉紅色的混凝土牆、藍色的陽台和蹲式廁所的房子，是預定拆除的房子之一。這棟房子座落在難民居住的混凝土海洋中，唯一外表近似「森林」的元素是少許幾棵緊貼在山坡上的針葉樹。一九六〇年代初期，西藏人開始在喜馬偕爾省贈送的土地上建造房屋。他們用錫和篷布搭建棚屋，可是到了一九八〇年代，大部分被鋼鐵、磚石和混凝土建築所取代。今天，它們完全沒有什麼暫時的風味。

審理庫瑪請願書的法官寫道，聽取兩造辯論後，法院「不僅關心藏人侵占林地的情形，也關心印度公民侵占的情形」。法院命令區域林業部門製作「一份詳細清單，列出所有侵占者」。法官們還要求地方官員確認，「他們採取了哪些措施來確保岩石和大石塊沒有被破壞，而且那些在岩石上雕刻或塗繪的人都被按照法律規定處理」。[8]

接下來的一個月，法院報告發現「令人震驚的事態」，因為進一步的調查顯示，大約一千零九十戶房屋竊占州政府數千英畝的「森林」土地興建起來。[9] 當局針對大多數個案，簽發了驅逐令。推土機開到現場。藏人奉令在二〇一三年三月三十一日前遷出。

這應該是巴格蘇路藏人家庭的末日，包括丹增為了他的前途，關在裡面苦讀的那戶棕色金屬門後面的寒冷、黑暗的四樓房間，也在拆除之列。應該拆，但沒拆。地方官員設法推遲了拆遷，而在二〇一五年初，省政府下令無限期停止執行驅逐令，[10]推翻了下級法院的裁定，並且確認這是因為藏人是「外國人」，而不是公民的身分救了他們。一份媒體報導的結論是，喜馬偕爾省政府不想完成驅逐動作，「因為它們可能會造成法律和秩序問題，而且這個爭議可能會產生嚴重的國際影響」。[11]趕走藏人固然可能對中國有利，卻會給新德里帶來嚴重的麻煩。

西藏流亡政府的官員認為，藏人為客人，不具法律地位，具有諷刺意味的是，由於這個原因得以延緩不執行。數以百計的房屋被鎖定要拆除，包括印度人擁有的一千多戶住房。許多印度人擁有的建築物確實被拆除了。可是沒有一個藏人居所被碰觸。在達蘭薩拉主管安置區的藏人官員索納．多吉說：「如果這二百一十八個藏族家庭是印度公民，那麼法律將平等對待他們，他們將會被驅逐。但是因為這二百一十八個藏族家庭是『難民』，具有特殊地位，不允許他們遭到驅逐；西藏人被視為這個國家可敬的客人。」

索納．多吉的分析隱含著相信驅逐會給印度帶來政治代價，但也意味著西藏流亡政府無法保護自己的人民，它反過來又對達賴喇嘛及其西藏中央公署的合法性產生懷疑。這是西藏人無法承受的失敗，新德里必須表態支持。

索納的結論是：「涉及到藏人擁有印度公民身分時，你會發現個人會受惠、有益處，但是對社區來說是不利的。我們就是如此看待它。我們不反對，但是同時，我們也不鼓勵藏人取得公民身分。」

換句話說，如果西藏人集體放棄「印度藏人登記證」，換成海軍藍和黃金色的印度護照，西藏政府的損失將會最大。

*****

我們下次再見面時，丹增處於更加健談的情緒，我們在幾天前散步的小路上找了一家山上賓館吃飯。在我們點餐之前，他已經慢慢地對著我的麥克風講話，回答了一些他一直害羞，不敢問他自己父親的問題：關於他的夢想、激情、恐懼，以及對他的家人和西藏人民的希望。我們邊吃素蒸餃子、餡餅和檸檬蜂蜜薑茶，邊聊了好幾個小時。

他熱情地談論朋友、家人和身為父親的感受。他的小女兒和我們一起吃晚飯（大部分時間都用牙籤吃番茄醬，用手從餃子裡挑出奶酪，在她父親的手機上玩一種討人厭的骰子遊戲），是讓他既驕傲又沮喪的源頭。丹增就像全天下的父親一樣表示他的關切：「她不聽我說的任何話。總是跟我吵架。」

但是他對她的未來卻具有堅定的承諾。他說：「我對兩個女兒負有責任。我的職責是給予她們良好的教育。無論她們想成為一名歌手、工程師，都由她們自己決定。我的職責是幫助她們接受教育……最好的教育。她們將來要做什麼，由她們自己決定。」

我問他，現在要實現他嚮往的未來，是否比他設法擺脫他父親的商店，在西藏政府找到一份好工作，來得容易？

「為西藏中央公署工作？很好呀。我們有薪水，我們不是志願工作者，最重要的是，我在為我的國家做點事。我的意思是，我沒有為西藏自焚；但是在西藏中央公署工作，我在為我的國家做點事，為人民提供基本需求……這是從我這兒能提供的小小貢獻。」

最後一盤蒸餃送到餐廳角落我們桌上時，我最後一次刺激丹增，問起他的長期計畫。西藏流亡政府對印度公民身分這個議題有他們的看法，但是個人安全肯定是像丹增這樣的藏人父母至少必須替他們的子女考慮的事情。我暗示，一旦達賴喇嘛去世，中國肯定會推動印度與西藏僑民保持距離。取得印度護照能不能保護他的家人避免這種命運？

我承認：「我擔心這個小鎮在尊者去世後會有什麼發展。你難道不擔心接下來會發生什麼嗎？」

「是的，當我想到尊者不與我們在一起時，有時候我也擔心。究竟會發生什麼變化？會變得更糟，還是會變得更好？我認為不會更好。但是我不想老是想它。不會有事的。畢竟，尊者已經說過事情會發生變化，而我完全相信在他在世時會發生變化。我們將在他在世時回到我們的國家。」

他繼續說道：「尊者會見各地的世界領袖，所有的領導人。他與他們交談，他知道他們對西藏問題的看法。因此，如果達賴喇嘛說事情會發生變化，他這麼說，會有理由的。我們不知道明天會發生什麼。沒有人知道明天會發生什麼。但是當尊者說事情會發生變化時，是的，事情就會發生變化。」

「我希望他是對的，」我站起來找服務員付帳，我說：「我希望你們兩個都是對的。」

與尼泊爾不同，北京似乎沒有插手指示新德里的移民政策，而在印度的藏人不能直接責怪中國造成他們目前在印度法律上的含糊地位。但是，西藏人對領導人的政治手腕的堅定不移，加上北京不願意通過外交手段溝通，卻造成了危險的僵局。由於西藏人傾向於和北京和解，而不爭取印度公民身分，他們冒著將無國籍的徽章傳遞給下一代子女的風險。將這些事情交付給信仰，恐怕這些難民會後悔。

第九章
BLESSINGS FROM BEIJING

火熱的分裂

我採訪達賴喇嘛大約一年之後，西藏境內的藏人展開自焚以示抗議。到了二〇一一年三月，中國對宗教的限制，以及禁止在學校使用藏語等問題，迫使一些藏人尋找新方式來表達他們的憤怒。對很多人來說，火和YouTube是醉人的一個組合。

我當時住在距離印度首都短短三小時航班的阿布達比當新聞記者，我任職的阿拉伯聯合大公國報紙的編輯，看到了西藏人的自焚事件與當時中東地區「阿拉伯之春」運動的焚燒事件之間的相似之處。他們想知道西藏和中國是否會走向不穩定的「春天」。我也想知道增長速度放緩，已經邊緣化的少數群體的這種抗議是否會弄巧成拙。[1]二〇一二年二月，我回到麥羅甘吉調查這兩個走勢。

這一年冬天最新的自焚而死事件，涉及到一名還俗的年輕男子洛桑・嘉央（Losang Jamyang）。二〇一二年一月十四日，在東藏城市阿壩縣（Ngaba），洛桑將自己鎖在公共廣場附近一間灰濛濛的浴室裡，從大衣裡取出一瓶煤油，喝了一口酒。他把煤油潑在衣服上，幾秒鐘後，當他從廁所走出來時，火焰包裹了他那二十二歲的身軀。當他跑過阿壩鎮廣場，狂呼達賴喇嘛萬歲、安全返回西藏時，錄影機偷偷地錄下這一幕。點燃自己不到一分鐘，洛桑已經跪倒在地，喘不過氣來。大火吞沒了他。

藏人目擊者描述了接下來發生的情況：中國公安警察包圍了燒焦的人形，但是他們沒有使用滅火器或毯子滅火，而是帶來上了釘刺的警棍。當旁觀者上前想搬走洛桑已經無生命跡象的屍體時，當局卻擋路。一下子示威轉趨暴力，數十名阿壩鎮居民在隨後的混戰中受傷。據報導有兩人被警方開槍打死。[2]

幾個星期之後，網路上出現洛桑生命最後一刻的錄影帶。[3]影像不穩定，音效很差，上傳到YouTube的片段其真實性無法驗證。（它是由位於英國的維權組織「自由西藏運動」取得並發布。據報導它是三個月前在西藏所拍攝。）支持者說，它描繪了洛桑的最後時刻，是從阿壩鎮主要廣場一棟建築物的高樓層拍攝。隨著攝影機的移動，食品小販和商店主人在上午的寒風中顫抖。螢幕上，週六出來散步的人們慢慢進入鏡頭中。當一群人聚集在一個繁忙的十字路口附近時，一名穿著栗色衣服的僧人推著一輛蔬菜車停下來，伸長脖子顧盼。另一個穿著粉紅色外套的年輕女士也擠向前，以便看清楚情況。

洛桑出現在螢幕時，已經是人型火球。錄影播到五秒鐘，出現一輛警車。八秒鐘，推著菜車的僧人停下步子。再過兩秒鐘，街上升起一道橙色和黑色光芒，穿著粉紅色外套，背對著鏡頭的女士靜止不動，被人群吞沒。

*****

幾千英里之外，在世界上最高峰的另一邊，一個和洛桑年紀相仿的年輕人等待著他朋友命運的消息。現年二十二歲的難民丹增・諾布（Tenzin Norbu）在二〇〇四年逃到印度，他和洛桑在西藏同一個城鎮長大。[4]二〇一二年的冬天，丹增代表他最近去世的朋友，有個訊息要傳達給全世界。

當我到達麥羅甘吉時，丹增已經準備好要談論他朋友的犧牲。他問本地一個人權組織，是否有任何外國記者在鎮上。我先前合作過的一個維權組織的媒體主任把我的電話號碼給了丹增。通了電話之後幾分鐘，我已經坐在距離我賓館僅有幾步之遙的一家餐廳，和一個年輕人對面而坐。

我和丹增坐在咖啡廳前門附近的一個低矮的木卡座裡。一個臉頰紅潤的年輕女服務員，端著美麗拉花的熱滾滾拿鐵，穿梭在座位之間。幾個座位之外，一個年輕的西方人戴著iPod，他的頭埋在一台電腦和一盤雞蛋中。外面，在如畫的窗戶外，景色展開來，一片鮮紅的金盞花海：攜帶相機的遊客和長途徒步旅行者與印度朝聖者和佛教僧人混在一起。

我們喝著一杯又一杯的檸檬蜂蜜薑茶，在相當平靜的氣氛下，我可以透過這位代理人感受到洛桑的憤怒。丹增說明了為什麼他認為他的朋友那一天會點火自焚。

丹增說：「他為什麼要自焚？我不認為他覺得有任何其他的選擇。如果你提高聲音，你就會被打倒。如果你說實話，中國將把你關進監獄。沒有其他辦法可以高聲講話。」丹增說，在洛桑看來，死亡是為西藏「做一些特別的事」的唯一途徑。

丹增透過與老家的一些朋友交談，把他朋友最後幾天的活動拼湊起來：微信對話、電子郵件，偶爾通電話，全都是不安全的通訊方式，對於在西藏境內的人會有極大的風險。洛桑的故事有很多漏洞。丹增不能回到西藏填補這些漏洞，而原本可以進出此一地區的外國記者，自從二〇〇八年的騷亂和隨後的鎮壓以來，已經受到限制。甚且，洛桑沒有告訴任何人他打算犧牲自己肉身的計畫，只留下片片段段的話要人們在他犧牲之後跟進奮鬥。有些人認為他的自焚是抗議中國禁止講藏語。也有人認為這是年輕人的一種反叛行為。其他人則認為他以前在寺院修行的經驗是他點火自焚的燃料。

然而，可以肯定的是：二〇〇九年二月至二〇一五年九月期間，一百四十三個藏人自焚，只有少數人的故事受到報導，洛桑是個例外。他的名字在美國國會傳播，在阿布達比到華府的報紙上刊登，並且在世界各地的電視廣播中出現。[5] 洛桑的抗議行為永存。他的朋友丹增‧諾布就是重要關鍵。

*****

洛桑在兌現他為西藏「做一些特別的事」的承諾那一天，早早就醒來。黎明前，他請鄰居開車送他到鎮上，途中經過他過去修行的寺院。他喋喋不休地提到在中國不斷壓迫下，保存西藏文化活力的重要性；他特別關注藏語口語的未來。當他們停下來伸伸腿時，洛桑還勸最近離婚的一對夫婦復合。下午一點三十分左右，他的同伴在青藏高原東部邊緣，一個僧侶和游牧民族匯集的市鎮阿壩鎮的餐廳吃完飯時，洛桑說他要去洗手間。片刻之後，他猛烈地衝向這座城鎮的主要廣場。

洛桑並不是第一個來自阿壩鎮自焚而亡的藏人。他是第十二個。但他是第一位來自四川省中部、年逾二十歲的非僧人，為了抗議中國在西藏的政策而自殺（雖然他青少年時期曾經當過和尚，前幾年才還俗）。在他去世後，人們開始從數百英里外的地方來到他家表達敬意。丹增說：「他的家人收到來自康巴地區的禮物，甚至有人遠從拉薩前來致意。」[6] 從拉薩到阿壩鎮車程足足四十小時，會讓骨頭累壞。丹增認為，他的朋友的犧牲激發了人們的團結意識，才會不惜跋涉千里前來致敬。在西藏，暴力死亡變成一種讓人團結起來的香膏。

洛桑．嘉央並非生來就是烈士；他是被打造出來的烈士。他在喜馬拉雅山東部白雪皚皚的山峰下面，一個簡陋的泥牆、木屋長大，童年時期就在田裡勞作，幫家裡額外賺點錢。夏天，大麥高可及腰，溫暖的山風吹走了雪，洛桑和他的三個兄弟姐妹會和他們的父母一起到村子上方的草原，住在犛牛毛帳篷裡，採集藥草賣給漢人商人。大約一百五十個左右的家庭組成他們與世隔絕的社群，他們的家庭跟多數人一樣，相當貧窮；採集藥草是全年的主要收入來源。

身為男孩，洛桑骨瘦如柴，彎腰駝背、瘦弱，與他的父親嘉措截然不同，他老爸是一個身高超過六英尺、虎背熊腰的粗壯農民。洛桑在自焚之前不久拍攝的一張照片顯示，他跨坐在一輛櫻桃紅色的本田摩托車上，沒有安全帽遮住他的一頭黑髮。他的體重不可能超過一百二十磅。

當他十一歲的時候，父母親把他送到距離村莊幾個小時摩托車車程的格魯安杜寺（Gelug Andu monastery）修行。就和所有出家當和尚的藏族男孩一樣，他大部分時間花在挑水、奉茶，並冥想學識淵博的大師父的經文。五年下來，專注於最高戒律。

但是十六歲的時候，洛桑掛上僧袍，還俗當學生。他逐漸被世俗的追求吸引，不再那麼專注正念和冥想。有一段時間，他和朋友住在阿壩鎮，相較於和老家村莊的距離，離他的新學校近多了。由於不必再遵守寺院生活嚴格的時間表，洛桑可以自由地漫遊。晚上，他會和淘氣的小和尚們一起躲到村裡一間小劇院，觀看偷偷放映的成龍電影。洛桑有生以來第一次真正過著男孩的生活。

然而，這段自由是短暫的。二〇〇八年三月，交女朋友、看電影和上學這些平淡的日常生活再次被掩蓋，這次是一波席捲青康藏高原強大的西藏民族主義大浪潮。此時此刻，西藏人利用北京奧運會引起各方關注中國統治下的藏人生活。洛桑和其他年輕人，只從他們父母聽到過去全民反抗運動的故事，現在被新的團結和抗爭意識所激發。北京當局對於西藏語言、文化、宗教和政治的限制是這一年春天示威活動的燃料，中國舉辦的奧運則是火花。

隨著奧運聖火火炬在中國各地傳遞，它愈來愈接近西藏首府，西藏人的挫敗感也逐漸增強。數千名老少西藏人走上街頭，形成一九八九年以來西藏境內最大規模的遊行示威。北京作出了強有力的回應。離洛桑家人村莊不遠的地方，中國警方和安全人員出動起來平息動亂。頭戴盔甲的士兵和鎮暴警察並肩沿著鄉間街道布防。阿壩縣的格爾登寺（Kirti Gompa Monastery）興建於十五世紀，曾經有約二千五百名僧侶現在被持警棍的公安人員團團包圍。隨著春天的進行，大規模的逮捕、槍擊、毆打和公開羞辱會議都在加劇。有些傷亡人員是洛桑舊日的同學。

那一年春天，藏人不滿意的事項非常的多，譬如：禁止擁有達賴喇嘛的照片；漢人控制西藏寺院；強迫將遊牧民族從西藏廣闊的草原遷移到沉悶的公共住宅小區。但是，對於包括洛桑在內的許多年輕藏人來說，最不能忍受的政策是，北京開始實施限制西藏語文使用和學習的計畫。在洛桑成長的華西藏族地區，公立學校裡，普通話逐步取代藏語。二〇一二年十一月的一次抗議活動中，青海省同仁縣的一所醫學院，一千多名學生領到中文教科書後大譁，因為教科書的序言聲稱藏語在現代中國「沒有相關性」。[7]

「國際聲援西藏運動」的政策分析師凱特．桑德斯（Kate Saunders）說，許多自焚者「提到語文問題是他們不滿的根本」。來自青海的一名二十二歲自焚者阿旺．諾斐（Ngawang

Norphel），說出了一個世代的心聲。他在二〇一二年六月二十日臨終前宣稱：「我們人民沒有語文自由。每個人都混用藏文和中文。如果我們沒有自由、文化傳統和語文，那對我們來說就會非常尷尬。每個國家都需要自由、語文和傳統。沒有語文，我們算是哪一國……中國還是西藏？」[8]

死亡並不是洛桑對這些問題提出的第一個答案。二〇一〇年，他和一群朋友開始一項計畫，鼓勵藏人在日常生活中多說藏語。這是一種具有實際吸引力的公民不服從。講普通話長大的朋友們重新使用古典藏文。在洛桑的幫助下，小學生努力學習祖先的語文。在洛桑以非暴力方式促進西藏傳統的啟發下，多年來不再使用傳統藏語的老太太、老先生們，開始淬礪他們的詞彙。

丹增說：「他們舉辦說純正藏語的測驗，活動變得非常有名，許許多多人跑來參加測驗，即使我六十多歲的母親，也嘗試講純正的藏語。這個計畫的影響非常巨大。」

但是這時出現不利的效應，計畫愈成功、麻煩就愈大：有些藏人重新與他們的語文遺產聯繫起來之際，洛桑發現在中國控制的西藏，他成為一個被通緝的要犯。

中國法律的官方說法是保護少數民族的語文，包括西藏方言。在西北的少數民族自治區（漢人在華西和華北並不是多數民族），這意味著在書面上，中國的少數民族在制定教育、商業的語文政策方面應該有更大的自由度。「中華人民共和國憲法」第四條宣布，各種不同背景的人都有「使用和發展自己的語言和文字，並保護或改革自己的方式和習俗之自由」。光從這裡看，可能暗示中國比先前的許多現代化國家更為開明。譬如，美國的印第安人事務局在十九世紀和二十世紀期間禁止在聯邦管理的學校使用原住民語言，而土耳其政府直到一九九一年還在國內的庫德族地區禁唱庫德歌、禁用庫德語。

但是，一九八二年憲法第十九條削弱了第四條似乎提供的許多保護措施。第十九條宣布以北京語為基礎的普通話應該在全國推廣，[9] 有些人把這句話解讀為是鼓勵在全國建立「『中國公民』的超族群認同意識」。[10] 正是這項法律透過語文的「沙文主義」，把少數民族方言推向邊緣。[11]

早在秦漢時期（西元前二二一至西元二二〇年），中國的統治者就在華南和華東的非漢族地區，大力推動居主導地位的漢語和儒家思想。在共產黨執政的初期階段，最初也鼓勵少數民族語文，只要講這些方言的人仍然積極參與社會主義項目即可。但是到了一九五〇年代末期，少數民族語言被毛澤東視為是妨礙統一的事物。當時的宣傳宣稱少數民族掀起「學習漢文的新熱潮」，他們試圖泯除「學習先進方式的語言障礙」。[12] 一九六〇年代和一九七〇年代文化大革命時期的同化政策，對少數民族文化、認同和語文祭出進一步的壓力。

今天，官方對普通話的偏愛意味著其他語文不言而喻處於不利地位，特別是具有政治意義的語文，如維吾爾語和藏語。對於西藏語文傳統的存續而言，最大的挑戰尤其可能是實際的。哥倫比亞大學西藏事務專家羅伯・巴奈特說：「能說一口流利藏語的西藏人很難找到好工作，即使在青海也是如此。」青海有很多的藏人居民。[13]「因此，從長期來看，這可能會成為對藏語未來的普遍性經濟抑制因素，除非採取進步的政策，否則當前的復興將面臨嚴峻的風險和挑戰。」

在西藏自治區以外的歷史性藏人地區，藏人享有的法律保護很少受到關注，他們更努力振興文學和口語傳統。西藏詩歌、音樂、宗教文本、文學和電影，甚至在一九九〇年代出現一段復興時期。但最近，漢人移民到西藏自治區的人數大增，而且在整個藏族地區強制規定學校課程都需使用普通話，它對藏人的母語能力產生寒蟬效應。中國教育部二〇一五年規定，「要確實讓少數民族學生精熟和使用基本的普通話」，此舉更進一步激怒許多年輕的藏人。14

這是洛桑發起藏語教育工作的背後脈絡。

後來，他的計畫變得太危險、而無法繼續下去。丹增回憶說，他舉辦的測驗和課程被認為是非法的，有關人員遭到警察的跟蹤和威脅。隨著壓力增加，朋友和家人也被鎖定為目標。原本並無惡意，只想把人們與母語根源重新聯繫起來的努力，卻成了另一個以非暴力手段回應中國節節進逼而失敗的例子。由於他的「純淨藏語協會」關掉，當時二十二歲的洛桑面臨一個選擇：承認失敗或繼續領導。在他看來，死亡是繼續進行的唯一途徑。

*****

如果自焚的目的是激勵他人採取行動——社會學家說這是可能的——洛桑可以說是取得了

決定性的勝利。超過一百二十五名藏人追隨他熾熱的腳步，使得二〇〇九年二月至二〇一五年九月期間自焚的人數達到一百四十三人。其中有四十五人來自洛桑老家：中國四川省阿壩縣。大多數是僧人，洛桑是第一批非僧人的自焚者。[15]

但是母親、父親、山羊牧人、綿羊牧人、店主和高中生，都參加了此一藏人死亡遊行。最年輕的死者是一個眼神清澈的十五歲少年。最年長的是一個六十多歲的農民，在繞行西藏最神聖的寺院之一時自殺身亡。[16]有人留下遺書解釋他們的行為。譬如，住在印度的二十六歲藏人難民強白・益西（Jamphel Yeshi）寫道，他選擇死亡，以便讓全世界醒悟到藏人遭遇的痛苦。益西在二〇一二年三月寫下：「西藏人民在二十一世紀點火自焚這一事實，是要讓全世界了解他們的痛苦，是要告訴全世界基本人權遭到否定。如果你有任何同情心，請為西藏人民挺身而出。」

人們犧牲他們的軀體以捍衛信仰已經有幾百年以上的歷史。在希臘羅馬神話中，海克力斯（Heracles）和狄多（Dido）被認為用火終結自己的生命，傳說也認為安納托利亞（Anatolia）古國利底亞（Lydia）國王克羅伊斯（Croesus）在西元前六世紀敗給波斯人後也自焚而死。在中世紀時期，世俗和高度明顯可見的自我犧牲也很常見，當時的士兵和配偶、男爵和侍衛都在他們的國王和統治者的火葬儀式中，縱身跳進火堆。相信他們的效忠誓言超越今生，延伸到來世。[17]在古代印度，印度教婦女以類似的方式在丈夫的火葬儀式中跳入火堆自焚殉夫以示忠貞，這種習俗稱為娑提（sati），現在已經廢棄。近年來，貧困的中國工人也以自殺來引起外界關注，他們在惡劣的工廠環境中生產產品供應西方市場之需。[18]

把激烈的自殺抗議完善為一種公民不服從形式的卻是佛教徒。現代佛教徒自焚令人印象最深刻的一幕發生在一九六三年，越南僧人釋廣德（Thich Quang Duc）燃燒自己，抗議吳廷琰總統反佛教的政策。美國支持的這位總統偏袒在越南居於少數的基督教徒。然而這種策略已經流行了很長時間。在帝制時代的中國，自焚事件受到宣傳，官員和群眾出席、歡呼、旁觀。僧人們殉難以抗議外國人入侵，或是對統治階級降低支持表示不滿。有些人會吞下香火，以緩解他們的靈魂進入來世。[19]

研究西藏歷史的中國學者認為，自焚與佛教的非暴力教義背道而馳。但是，藏傳佛教有著豐富的自我犧牲的神祕傳統。當只有自焚者受到傷害時，死亡可被視為一種高度的宗教虔誠。大乘佛教的神聖經文《妙法蓮華經》解釋說，只有最有學識的大師為了保護佛法而自我犧牲。《妙法蓮華經》有一整章專談自焚；早在一〇二六年，所謂藥師王的故事就激發了日本佛教徒的自焚。

《闍多伽》（又稱《佛說本生經》）是講述佛陀前世故事的一本梵文書，也是達賴喇嘛每年春天在麥羅甘吉的寺院講經說法的主題，敘述一個化身犧牲自己以餵飽飢餓的老虎和她的幼虎。根據傳說，尼泊爾東部的南無佛寺（Namo Buddha）建立在虎群吃飽後留下的骨頭和毛髮上面。它每年吸引成千上萬的藏人朝聖者，其中包括許多人偷偷跨過西藏和印度邊境，只求有機會在此禱告。

今天的西藏難民同樣非常尊敬自焚者。在達賴喇嘛住所附近的烈士紀念館，犧牲性命的西藏男女名字都鐫刻在石頭上。在附近，藝術雕塑展示西藏人舉起拳頭、長袍起火的反抗形象。整個城鎮，僧人走在街道上，他們的提包縫著「西藏正在燃燒」的標誌。它們集合起來提醒大家，流亡藏人與在邊境另一頭的弟兄之間血肉相連。

然而，在大多數情況下，西藏境內的自焚事件一直被低調處理，遠離照相機，幾乎看不見，沒有像古代那樣成為群眾娛樂。突尼西亞的穆罕默德．鮑阿濟茲（Mohamed Bouazizi）二〇一一年自焚而死，被數十架照相機拍攝下來，引爆阿拉伯之春。與這種情況不同，大多數藏人都在極小的喧囂中死亡。二〇一二年一月洛桑．嘉央自焚時，只有幾百名目擊者。中國從未正式承認發生過這起事件。阿壩縣格爾登寺流亡在外的住持克提仁波切（Kirti Rinpoche）告訴我：「分享訊息可能會導致西藏人喪生。中國地方政府將分享訊息的人判刑坐牢。即使只是涉嫌分享訊息，也可能被監禁。」

*****

情況怎麼會演變成這樣子？為什麼西藏男人、女人和青少年會以如此可怕、絕望的公開犧牲來嚥下他們的最後一口氣？西藏內部生活的真相究竟怎麼了，會使人認定生不如死？

西藏人在現代的憤怒植根於受到中國共產黨幾十年的壓迫。一九五〇年十月中國入侵東藏之後，藏人論人數、論武力都抵擋不了中國部隊，派遣一個代表團到北京談判投降條件。西方民主國家和聯合國已經背棄了它，未支持西藏合法的主權主張，到了一九五一年五月，中國政府和達賴喇嘛代表達成一項名為「和平解放西藏十七點協議」的協定。從很多方面講，它都是「紙老虎」。

從表面上看，這項協定似乎對藏人的要求很敏感。它要求繼續保存西藏傳統的社會、政治和宗教治理制度，但是要求藏人承認西藏是中國「祖國」不可分割的一部分。然而，協定的崇高言辭幾乎立刻就失敗了；中國透過「民主改革和社會主義改造」以控制西藏的計畫暗示了北京的真實意圖。[20]

首先，這項協議允許人民解放軍在西藏境內設立軍事和行政委員會，似乎就與先前承諾西藏自治相互矛盾。協定還將自古以來的西藏地區分割合法化，把東藏（包括安多和康巴）的大片土地分別畫入青海、四川、甘肅和雲南省轄下地區，對於西藏人而言，這是代價高昂的誤判。

儘管有這些早期的訊號，毛澤東和他的共產黨同僚繼續向西藏人保證，中國駐軍不具入侵性質，是互補互成的。但現場的實際情況則絕非如此。西藏地名被改成普通話定名。官方歷史重新改寫，以顯示在共產黨人到達之前，西藏是封建的「地獄」。諸如報紙、雜誌、書籍和免費戶外電影放映等宣傳工具，統統動員起來，重新建構西藏的宗教歷史。在毛澤東的新中國裡，階級而不是宗教，才是群眾的定性特徵。[21]

然而毛澤東安撫群眾的計畫：透過揭示新的階級意識來向他們證明他們的佛教方式是錯誤的，卻嚴重失敗。藏人民族主義的情緒飆升，在東藏康巴區的部分地方，出現有組織的抵抗，反對中國駐軍。一九五六年春天的一次對抗中，在理塘縣（今天的四川省南部），中國企圖逮捕當地一間寺院的宗教領袖，導致了激烈的對峙。在戰鬥中，中國軍隊召來飛機空襲，摧毀寺院，殺死數百名被圍困的僧人和人民。一名西藏反抗者後來回憶起這件事，藏人和漢人之間爆發了「大規模的戰鬥」，使河水「染紅了血」，天空「因爆炸和槍聲變黃」。[22]

理塘縣事件讓藏人堅定反抗之心，到了一九五〇年代末期，拉薩以東地區開始起義。[23]領導起義的是四水六崗衛教軍（四水六崗是康區的傳統名稱），這支西藏戰士主要得到東藏居民和僧人的支持，但也得到來自少數前國民政府部隊、間諜，甚至少數新疆維吾爾族人的支持。[24]在美國中央情報局的祕密支持下（美方起先提供通訊訓練，後來擴大到提供武器、醫療用品和無線電），西藏戰士進行游擊戰，對抗實力十分優勢的人民解放軍。

早期，西藏戰士取得一些成功。但是到了一九五九年三月，潮流轉向對中國有利。三月十日，中國邀請達賴喇嘛參加在解放軍軍營舉行的戲劇表演，引起西藏民眾的恐慌。謠傳達賴喇嘛如果接受中方邀請，中國計畫綁架這位西藏領導人。為了確保達賴喇嘛的安全，大批西藏僧人和俗眾包圍達賴在拉薩的夏宮羅布林卡宮。藏人連續守備了六天。三月十六日，中國軍方向示威者開槍，造成數千人死亡。暴力蔓延，在混亂中，達賴喇嘛化妝成俗眾，被護送跨越喜馬拉雅山，逃亡到印度。引導他投奔自由的人員包括和中國進行作戰，以捍衛信仰和土地的這支康巴族藏人游擊隊。他們極力抵抗毛澤東所擬想的社會新秩序。

一九五九年起義後，中國的立場變得更加強硬。改革的步伐加快，在起義之前被視為盟友的傳統菁英，現在遭到邊緣化。資深宗教領袖，特別是班禪喇嘛，被更加懷疑。隨著共產黨對傳統西藏價值觀和制度的攻擊愈演愈烈，北京對達賴喇嘛的誹謗也日益升高。一九五九至六二年，隨著起義失敗的塵埃落定，並且隨著全中國各地實施社會和經濟改革，北京以鐵拳方式開進西藏。寺院在一九五九年三月起義所扮演的角色：僧人最先跳出來守衛羅布林卡宮，而且是最後離開者，無疑是中國重新制定政策時的重要考量。

一九六六年六月席捲中國中心地帶的文化大革命，於當年八月來到西藏的門口。數十萬紅衛兵衝進青藏高原，預備「破四舊」：打倒舊思想、舊文化、舊風俗和舊習慣。十年之後中國歷史這段黑暗時期結束時，西藏的宗教和文化機構全部化為廢墟。數目不詳的僧人和俗眾被殺或自殺。研究這段時期的一位歷史學家指出：「人們在街頭遭到身體攻擊，只因為他們穿著藏人服裝，或者留了非漢族的髮型。官方試圖摧毀每一件宗教物品。除了少數幾座寺院和廟宇之外，全部（數字估計從兩千所到六千五百所之間不等）都被摧毀，許多寺院被逐磚拆卸，拆得完全不留痕跡。」[25]

毛澤東一九七六年去世，西藏人的命運稍有改善。西藏人再度被允許稍有宗教自由。一九五九年起義後被囚禁的僧人獲得釋放。文化大革命期間被毀壞的寺院廟宇重新修建。中國領導人向達賴喇嘛展現善意，開始就他是否可能回歸展開談判。[26]接下來的十年中，由於鄧小平政府承認過去的政策失誤，西藏經歷了一段深刻的政治和經濟變革時期。政府補貼湧入西藏，在其他地方實施的農業生產配額，在西藏則免除，稅收凍結，旅遊業也受到鼓勵。

到了一九八三年，達賴喇嘛受到與中國人談判的鼓舞，表達有信心他很快就會回到西藏，「親眼看看情況如何」。[27]但是樂觀情緒很快就消失，一九八七年九月，西藏僧侶和喇嘛再次走上街頭抗議在中國人控制下的西藏生活。這是二十八年來在西藏境內首次公開示威。[28]十月一日中國國慶日的一場大型示威活動以流血畫下句點。一九八九年夏天，在北京和天安門廣場爆發要求民主的抗議活動時，北京的強硬派已經呼籲對西藏恢復更加強硬的立場。

此後的幾十年裡，先是開放、繼之抗議，最終出現鎮壓，這個循環持續不已。一九九〇年代末期，我以學生團體一員身分短暫訪問西藏時，西藏人似乎至少在外表上仍然控制著他們的宗教命運。我能夠前往訪問正是另一次關係解凍的證明。雖然閉路電視攝影機追蹤我們的一舉一動，士兵經常在拉薩布達拉宮前開闊的廣場巡邏，西藏人或多或少還保持自決的氣氛。在我們訪問首府之外的寺院時，西藏人會把我和我的同學拉到一邊，詢問西藏在國際議程中的地位，或是祕密地向我們展示達賴喇嘛的小照片，他們謹慎地把這些照片藏在他們露天的祭壇裡。

但是到了二〇〇八年三月，一股政治寒風再次吹過世界屋脊。西藏人在北京奧運會之前走上拉薩街頭示威，由此引發的暴力事件導致數十家漢人商店遭到破壞，二十幾名漢人喪生。作為回應，西藏自治區當局派出數千名軍隊，在街道上布防，並且派出武警部隊包圍寺院，更在拉薩一些最神聖的地方安裝更多的錄影監視器，派遣持槍哨兵布防。官方宣布的戒嚴，迄今仍然有效。

對於許多中國人來說，西藏人持續不斷騷動形同打了北京一記耳光。在經濟上，西藏在中國是一個罕見的例外。這個相對落後的一灘死水，受到政府慷慨解囊補助。根據中央政府的數據，自從一九五〇年代以來，中國在西藏的開發上投注金額動輒數十億美元，譬如二〇〇一至一〇年，為了改善西藏自治區的基礎設施，估計投資了四百五十四億美元。[29]連接拉薩與中國其他地區的火車線路，為藏人和漢族移民帶來更便宜的商品和服務。另外還有鐵路線正在興建中（其中有一條將抵達普蘭．多傑的家鄉）。[30]中國領導人指出，「經濟奇蹟」把原本封建的神權政體推向現代。直到今天，北京的外交官們還在到處宣揚中央政府慷慨建設的訊息；二〇一七年四月，全國人民代表大會一個代表團訪問英國，與大學生和國會議員討論中國的西藏發展戰略。[31]

儘管花了這麼多錢，西藏人還是沒有被撫平。經濟史學家安德魯．馬丁．費雪（Andrew Martin Fischer）說，部分原因在於北京忽視了文化的價值以及融入其發展模式的重要性。西藏僧侶和尼姑一再被迫譴責達賴喇嘛，費雪說這一要求「等於犯下滔天罪惡，會害人淪入『金剛地獄』、永世不得超生」。想把西藏遊牧民族從敏感的放牧地遷移的動作也同樣激起了憤怒，另外，非正式政策在就業市場上也偏袒非藏人。但是費雪認為，北京在西藏內部採取「從上而下」的發展方式，是讓人脾氣暴躁的最主要原因。他認為，開發的「邊緣化」是西藏人沒有被中國大撒鈔票所平息的一個關鍵原因。

近年來，自焚的速度已經放緩，但並不是因為西藏人已經被安撫。其實，安全措施反而更加收緊。二〇一二年，中央政府將「組織、策畫、煽動、強迫、引誘，或者幫助他人實施自焚」定為刑事犯罪，根據中國法律可判處「故意殺人罪」。根據美國國務院二〇一六年的人權報告，某些地區的地方官員甚至「扣留了自焚者家屬的公共福利，並責令朋友和寺院人員不得參加自焚者宗教葬禮儀式或哀悼活動。」將近一百名藏人因涉嫌與計畫或實際的自焚事件有關而受到懲罰。

到了二〇一五年，自焚事件的速度已大大放緩：這一年有七個俗眾和西藏僧人自焚而死。和二〇一四年有十一個人自焚做比較，數字已經下降，若是和二〇一二年相比，更是大幅下降，二〇一二年包括洛桑·嘉央在內的八十三名藏人，以這種方式結束了生命。

*****

丹增·諾布本身從一個默默無聞的少數民族轉變成為一個死者的發言人，這段旅程始於二〇〇三年初，當時他十四歲，和妹妹達娃（Dawa）開始策畫他們離開阿壩的行動。貧困和政治壓迫是促成他們出亡的動力，但是在西藏境外能夠接受西藏式教育的應許更是促使他們離開家人，前往印度的主要因素。

像洛桑一樣，丹增是農民的兒子，農民勉強維持一家溫飽，但是對孩子的前途則無能為力。和洛桑一樣，丹增和他的妹妹必須爬上山丘和崎嶇多石的牧場，到村莊上方的草原去尋找中藥師珍視的冬蟲夏草。對於一些人來說是風景如畫、詩情畫意，可是阿壩是一個夢想家的死胡同。

但這不是一個不可能離開的地方。他們在當地寺院認識的一位僧人告訴他們，有一個地方在喜馬拉雅山的另外一頭，那裡不僅夢想可以實現，而且還是免費。在印度，西藏式的教育，包括學費、住宿、食物，甚至藍色長褲和灰色毛衣的制服，都是免費的。西藏小孩想受惠這種慷慨只需要想盡一切方法，跋涉到離家一千五百英里的這個地方。

這位僧人還告訴他們：他可以引導他們。

在他們之前已經有許多人夢想過這個美夢。自從一九六〇年代以來，印度和尼泊爾的西藏難民營為每一個到達他們門口的藏族兒童提供就學機會。這項安排吸引各方廣泛的注意；數萬人穿過白雪皚皚的山峰和冰冷的河流，爭取有機會在高中學習，然後在印度上大學；印度設立配額制度，使西藏難民擁有相當的競爭優勢。根據美國駐新德里大使館獲得的數據，一九八〇至二〇〇九年，有超過八萬七千名藏人離開西藏。[32] 固然他們中有一半以上的人在短暫的朝香和見過達賴喇嘛後，最終又返回西藏，但是大多數留下來的人都是在學校就讀的孩子。[33]

印度不是年輕藏人尋求教育機會的唯一選擇，它甚至可能也不是最好的選擇。專家表示，中國的教育機會已經突飛猛進，超越印度的緊張體系。然而，對於中國西部的許多少數民族來說，上學是不可取的，代價高昂，缺乏文化和語言的沉浸感。小學通常只用普通話授課，大學的錄取名額有限。高昂的學費和甄選過程有利於漢族（中國占主導地位的族群），即使是最有天賦的藏人，機會也低。甚且，在西藏最貧困的地區，大學學位幾乎沒有實際用途。對農民來說，他們的孩子是免費的勞動力；花時間在教室上課，會造成收成時的金錢和食物的損失。

但是這位僧人在丹增和他妹妹心中種下一粒種子，隨著春去夏來，它日益增長。

到了二〇〇三年九月，離開阿壩的心念日益強大。不只是推犁車、當農民的生活前景，迫使丹增必須另謀出路。在他居住的西藏角落，酗酒、吸毒和暴力吞噬了年輕人。他記得在他離開阿壩的那一年，由於生活無聊而發生的拳鬥、爭吵和動刀子，造成十多個年輕人喪生，其中有許多人是他認識的人。丹增立志要避免類似的命運。

二〇〇三年從西藏偷渡出境的費用為每人四千元人民幣，相當於當時的五百美元左右。青少年或成對偷渡並沒有折扣。丹增的父母花了將近一年的時間才存到足以讓子女偷渡到自由樂土的錢。丹增說，他不確定為什麼父親同意出錢幫他出亡。也許他在自己兒子身上看到了一點自己，並且推斷自由是他能給予子女的最好禮物。或許他也曾經夢想過逃離中國控制的西藏。現在他要出走已經太老了，他能做的就是確保他的子女過上更好的生活。丹增有一次和我對話時說道：「我父親是一個非常堅強的人。當我們要離家時，他告訴我，如果我能在印度闖出來，那就去吧；『一個人在山上死掉，和在山谷中死掉，沒有兩樣。』」他父親說，差別是你在嚥下最後一口氣之前做出什麼事情。

二〇〇三年九月的一個星期天早上，和父親擁抱、告別之後，丹增和他十三歲的妹妹離開了阿壩，此去很可能永遠不會再回來。身上揣著一點零用錢，背包塞著幾件換洗衣物，兩個孩子搭乘公共汽車，花了六天時間前往拉薩。公車穿過昌都和那曲，兩人盯著窗外，西藏逐漸拋在後頭。雄壯的山脈，一望無垠的遠景，融雪的藍綠色湖泊和鹽田，在他們的腦海中留下了不可磨滅的畫面。除了偶爾遇上犛牛群阻擋道路，這是一趟平安無事的旅程。二〇〇三年，中國在川西很少設置路障，藏人在拉薩和它東部地區之間往來稀鬆平常，不需要中國護照。

拉薩證明更具挑戰性。頻繁的抗議活動考驗著本市的安定，北京方面密切盯住居民的一舉一動，以保持控制。到了二〇〇三年，這個西藏首府處於二十四小時遭到監視的境地。原本強悍保護這座聖城的藏人已經成為關在籠中的少數民族，行動遭受密切監視。丹增回憶說：「當我們到達拉薩時，我們必須非常謹慎。如果我告訴任何人我要去印度，我們一定會被抓住，可能就關進監獄坐牢。我們必須展現出我們沒有打算離開的跡象，假裝我們就住在拉薩。我們不敢跟任何人說話。」

他們在拉薩逗留了兩個星期，小心翼翼地行動，試圖融入人群，不招惹注意。丹增的僧人朋友另外搭車從阿壩來到拉薩，丹增和他走遍拉薩，拜訪偷渡者和偽造文件者的手下；這些人促成旺盛的人口走私貿易。拉薩是中國最頑固和嚴密戒備的城市之一，現金仍然可以買到偽造的許可證和旅行證件，足以唬弄中國移民官員。透過這些文件，丹增和他的妹妹將能夠穿過拉薩和德拉姆之間無數的檢查站；德拉姆這個單調的邊境小鎮，座落在連接西藏和尼泊爾的友誼大橋東邊的一條深河峽谷的角落。

從過去的歷史看，希望逃離中國占領的藏人由於害怕被發現，多半躲開大路。但是，步行穿過山區隘口，挺過暴風雪和冰原這條路並不安全，特別是孩童根本吃不消。一九五九年三月，第十四世達賴喇嘛當時二十五歲，需要將近一個月的時間才完成旅程。他後來描述箇中艱辛，「一連好幾天的惡劣天氣，在我們踉踉蹌蹌前進時，暴風雪和雪眩光輪番向我們襲來」。[34] 丹增和他妹妹可沒有達賴喇嘛那麼強壯或裝備精良；在喜馬拉雅山上徒步走一個月肯定會要了他們性命。透過偷渡客、硬闖檢查站似乎是比較安全的選擇。

他們抵達拉薩十五天後，也就是離開阿壩三個星期之後，丹增兄妹再次動起來。僧人安排妥當他們和其他四名藏人一起偷渡進入尼泊爾的手續之後，和他們說再見。連續三天，他們擠在一輛白色的豐田汽車的後座，只有很少的食物、盡量少停留休息，極力打破車外金灰色草原的單調。這幾個準難民奔向尼泊爾之際，丹增兄妹竊竊私語排練，一路上有那麼多的路障，萬一被中國公安攔下問話，要怎麼編造故事。

丹增記得：「我們預備說我們要去德拉姆接洽一個小生意。」他承認他們竟然從來沒有討論過他們假想要做的是什麼生意。「顯然，我們並沒有想得那麼周到。」

這個藉口一直沒有派上用場，他們在拉薩購買的文件足以說服每一個檢查站的中國士兵，揮手放行。

他們的豐田汽車轟轟作響開進德拉姆時，太陽剛升起。丹增、達娃和其他四個人匆匆走進一個沒有窗戶的房間。這個房間是由替他們拿到偽造文件的那個商人所擁有。他們被告知不要離開，也不要為任何人開門。

德拉姆看起來和發展中國家的其他任何骯髒的邊境小鎮沒有兩樣，有幾家撞球店、陰涼的酒吧、妓女戶和警察局。一九九七年，我從拉薩回到尼泊爾時曾經經過這裡。當年稍早時，我參加西藏研習計畫來到麥羅甘吉。同一團學生稍後也到拉薩參訪。這個邊境城鎮上空籠罩著一層烏雲，駕駛人在這兒加油、買零嘴，或喝一罐中國境內最暢銷的美國藍帶啤酒。德拉姆在我的記憶中沒有留下任何不可磨滅的印記。

然而，對於一個非法之徒來說，這是夢想死亡的地方。這兒是一個安全的雷區，拐錯了彎或時機不當的遭遇，往往就是監獄和自由之別。

晚上九點司機回來了，六名藏人在夜色掩護下被帶出房間。他們向北步行走出鎮外，爬上一座小山丘，然後向左轉向波特科西河（Bhote Koshi River），這是一條三十英尺寬的洶湧的融雪激流，形成尼泊爾與中國控制的西藏之間的天然邊界。地形險峻；一座小山，起先逐漸上升，來到懸崖上，然後陡峭地向河谷下垂。丹增的妹妹一度滑倒，差點從懸崖上掉下去，幸好其他一名尋求庇護者抓住她的手。丹增回憶道，爬上岩石山頂之後，他們停了一下，「再也看不到小鎮」，離他們出發的地方大約兩英里。

這是會合點，他們默默地躲在岩石堆中，等待尼泊爾那一方的偷渡客現身，幫助他們過河。

第一天晚上，沒有人出現。

夜色逐漸變為黎明曙光，從阿壩出發以來的興奮和滿懷希望，現在慢慢浮上恐懼會失敗的心情。看不到德拉姆鎮，六個逃亡者及嚮導沒有食物或水，除了保持低位避免被發現之外，別無選擇。河水嘩嘩作響掩蓋了他們的聲音，但在懸崖峭壁上，兩英里的距離不足以遮掩他們的身形不受太陽升起所照射。

丹增來回思索各種可能的情景。他們被欺騙了嗎？他們會被出賣、交給中國公安嗎？他們的救星會出賣他們嗎？他們現在該怎麼辦？逃跑嗎？

「我很擔心，因為這傢伙說只需要一個晚上。我心想：『或許這傢伙拿走我們的錢，然後把我們丟在那裡。』我帶著我的妹妹，我們已經付了八千元人民幣。我想我掉入陷阱了。」

他並沒有上當。在大岩石上挨過第二個晚上之後的黎明前，一個年輕的尼泊爾人出現在河對岸的陰影中。他把繩索的一端固定在一棵樹上，然後用彈弓把另一端射向河這一面的黑暗中。它砰的一聲落在距離丹增兄妹蜷縮取暖的地方不到幾英尺處。西藏方面的嚮導把繩子這一端打結固定好，幾分鐘之後，繃緊的繩索跨越了波特科西河。這條繩子將引領他們奔向自由。一小時後，丹增和他的妹妹已經穩穩地站在尼泊爾土地上。生命中的第一次，西藏已經拋在他們身後。

新難民在河岸邊舉步維艱時，德拉姆的中國公安在晨光中發現了這群人。公安半心半意地開始向橫跨喜馬拉雅山融雪激流的友誼橋跑過去。但是六名藏人爬得更快，轉入樹林，不見蹤影，公安也就慢慢收隊。丹增轉過身最後再望一眼故國。中國公安停在橋中間，不跑了。

他說：就這樣，「我們自由了。」

*****

我們在麥羅甘吉喝過茶後，丹增和我保持聯繫。他在準備大學入學考試和申請印度大學時，和我通電話。我們在他學校休息期間和公共假日期間透過Skype聊天。多年來，在我們交談的過程中，我看到丹增對他未來的夢想開始出現變化，彷彿有責任與他已經去世的好朋友一樣，對於人生應該有所貢獻。在我們初期談話中，他告訴我他準備申請到美國的一所電影學校進修。後來他又說他最迫切的目標是成為一名經濟學家，以便回到西藏，幫助同胞在中國統治下變得更加繁榮。這是丹增版本的「做一些特別的事」。

丹增和洛桑在同一個村莊長大，有相似的嗜好，最重要的是，他們都渴望離開阿壩。然而，他們通往自由的道路卻和生與死一樣截然不同。隨著丹增對自己未來的願景日益成熟，身為一個流亡中的自由人，他與選擇在西藏殉難的朋友形成鮮明對比。如果丹增走的是阻力最小的道路：絕口不公開談論他朋友的死亡，以及是什麼原因驅使他自焚，中國的控制和壓迫體系可能永遠不會給他家人蒙上陰影。他的父親每次騎摩托車到城裡去載取農場用品時，也不必不時回頭注意是否有人跟蹤。他的兄弟們可能永遠不必擔心會「被失蹤」。

但是，如果丹增保持沉默，洛桑的救贖之路就會隨他而死。世界永遠不會知道，在他應該學習如何生活時，卻有一股力量促使他自焚而死。

第十章 BLESSINGS FROM BEIJING 翠鳥牌強勁啤酒

我所認識的西藏難民大多數都和丹增．諾布一樣經歷過同樣的道路，在同樣的洞穴茶攤裡喝過茶，呼吸同樣新鮮的山間空氣，在同樣的寺院拜拜，也在同一個商店購物。但是他們的經歷與邊境另一邊的弟兄們的經歷大不相同：來自印度和尼泊爾的藏人自幼即被灌輸希望，他們不但是政治難民，也是文化移民。在西藏境內出生的人，和完全在不是正式家園成長的藏人，兩者之間存在這種西藏歸屬的灰色空間。西藏流亡人士愈來愈依此界定。

二〇一四年十一月我再次回到麥羅甘吉；幾個星期前，我偶然找出一張我在第一次逗留小拉薩期間經常攬和在一起的一位年輕朋友的照片。我從父母親家的閣樓找出一堆五英寸乘七英寸的照片，裡頭有以前的女朋友、大學派對照片，還有一張是一輛橙白色的福斯汽車，我和我哥哥在我們二十歲出頭時開著它橫貫美國大陸。至於這張勾起我回憶的照片已經褪色，上面的一個男孩子帶著他的狗，站在剛融雪的河流附近。我在一九九七年初於麥羅甘吉多傑家附近拍下這張照片。

伍多．嘉措（Ngodup Gyatso）[1]的父母在多傑商店同一條街上經營一家布料店。那一年冬天每天放學後，他會帶我去附近的村莊散步；這張照片拍攝於附近一個名叫巴格蘇那格（Bhagsu Nag）的地方。我透過多傑所隸屬的商人網絡認識了他的父母，而他們也鼓勵這個男孩利用空閒時間和我玩，還可以練習英語。因此，在大多數下午，我們倆會邊走邊聊，在公共汽車站右轉，往山上走，一直走到「地角」（Lands End）茶攤，這一個懸崖邊的小棚屋在一九九〇年代代表商業活動到此為止。當我們各自說著我們的第二語言時，伍多沿著巴格蘇路一路踢著石頭。他安靜沉思，且果決、天生善良。然而即使只有十二歲，他已經一身百無聊賴，懶懶散散的味道，踢石頭就是一個表徵。照片中，伍多睜大眼睛瞪著相機，但是他那雙棕色的大眼睛似乎專注於別的東西。

到了二〇一四年底，我再次看到伍多時，他的外貌幾乎沒有什麼變化：他的臉仍然圓潤、年輕，他的眼睛真誠。就和二十多年前一樣，他還是留一頭短髮。但是他的舉止更加頹廢，更加悲傷。童年時代踢石頭的無聊已經變成成年人可以感受得到的無精打采、昏昏欲睡。我沒有辦法立刻講得清楚，但是他保持距離，即使分離將近二十年的陌生人也能感受得到。雖然我那次訪問麥羅甘吉的目的是想要更深入了解，西藏社會在中國崛起的陰影下要如何適應大局，但是我還打算拼湊出照片遺漏的生活細節。

我們重新取得聯繫時，伍多已經二十九歲，已經接管他父母的店大約六年，和他父母一樣，賣著同樣的羊毛帽子和編織布給不同的老人和年輕的女士。他在二〇〇〇年代中期，也就是高中畢業後某個時候接掌店務，但是已經不記得確切什麼時候了。有一天，伍多一邊抽菸一邊說：「我從來沒有想到要離開這裡。我喜歡達蘭薩拉，和我的家人、朋友在一起。這兒就是我的家鄉。」

我停留的那兩個星期經常去探望他，很高興能與我在麥羅甘吉「家人」的一個遠親又重新取得聯繫。我們頭幾次談話中，他表現得似乎挺滿意目前的生活。老同學們川流不息跑到店裡哈菸，和伍多一起商量每晚八點左右打烊後怎麼消遣。有一天，一位舊日的同學踱進來，胳膊底下夾著一本藏文教科書。他預備參加孟智康醫學中心（Men Tse Kang Medical Center）入學考試。醫學中心要招考學生接受為期六個月的培訓課程；名額只有兩個，卻有來自印度各地的一百多名年輕藏人爭取。我想，至少伍多很幸運，已經有工作。

但是隨著時間的推移，情況更加清楚，伍多不會形容自己「幸運」。「黯然失色」、「窒息」和「卡住」似乎更適合界定他的世界觀。有一天他說：「變化這麼多；這麼多西藏人移居到歐洲、到美國。」而他還在麥羅甘吉，照顧一家塵土飛揚的商店，賣亞麻布和棉線給新一代的流離失所者。從實際上和象徵上而言，伍多步上他父母的後塵。

那年秋天，伍多只要是醒著，大部分時間都守在商店裡。他坐在堆滿一箱又一箱商品的小房間中間一張小木凳上。從他坐的位置，他可以看到街上尊勝菩薩佛塔（Namgyalma Stupa）的輪廓，它那鮮紅色的轉經筒和彩色經文建於一九六五年，以紀念爭取自由失敗，在戰鬥中被漢人殺害的藏人戰士。在伍多的腳下，一台調到印度肥皂劇的電視機躲在角落裡轉為靜音，默默地閃爍著。難民圈布料業的生意顯然不是大好，就是大壞。

伍多小時候話就不多，長大成年後更是悶棍子，不愛說話。我去探望他的時候，往往一連好幾分鐘靜悄悄的，只有印度電視死氣沉沉的播放，通常是因為要抽香菸或下一個客戶出現才打破沉默。有一天下午，一位英國藝術家踱了進來，後面跟著一名藏族翻譯員，他請求伍多和我在索引卡上寫下「給世界的訊息」。伍多聽從他的要求，用英文寫下盼望「世界和平」（我寫了一行字，希望各方擁抱多元化）。藝術家請我們把索引卡放到胸前，他一邊掏出照相機拍攝，一邊說：「我的目標是完成這個項目，在二〇一五年格拉斯頓伯里節（Glastonbury 2015）展出。達賴喇嘛將出席這個活動。總而言之，那是我的目標。」伍多和我沒有反對，順著他的意思做。

連續將近兩個星期，我上午和下午的探訪情況大都如此，每一次探訪，我都更深入了解在印度北部一個小村鎮難民店東過的是什麼樣的生活：漫長的一天，糟透了的電視節目，喝了一大堆茶，抽了許多香菸，朋友們有他們的工作和夢想，而這個城鎮一成不變。

伍多就困坐在這個永恆的變動和單調裡。他身邊地上的一個瓶子，是他應對生活的法寶。

*****

公共汽車和摩托車堵塞了從麥羅甘吉鎮中心出來的主要道路，店鋪牆面盡是出租民宿、賣飲料、宣傳「自由西藏」電影之夜和正宗西藏食品的廣告，爭相吸引遊客注意。但是，就在距離通往伍多商店的狹窄小巷只有幾步之遙的位置有一道門，上方掛著一塊綠白色的廣告招牌，它突顯出今天小拉薩年輕藏人面臨的挑戰。招牌上的文字是：「昆芬（Kunphen），根據一八六〇年結社法第二十一條註冊。」這是麥羅甘吉唯一一家治療濫用和依賴藥物成癮的民營勒戒中心。這些日子它一直生意興隆。

與伍多重新聯繫上之後的幾個月，我前往巴格蘇路這家小型諮詢中心查詢它對驕縱任性的西藏人能提供什麼樣的幫助。我從它門口走過的大多數日子裡，昆芬漆黑的辦公室總是關著門，躲在一道金屬捲門和一個大掛鎖後面。但是好不容易，在一名每天都在附近擺攤的旁遮普人修鞋匠的幫助下，我終於與中心唯一的工作人員聯繫上了。他是一名來自東藏的兼職老師，名叫阿旺・索南（Ngawang Sonam）。阿旺起先很緊張，不願多嘴，但是最後敞開來，和我分享他對藏人濫用藥物，依賴藥物而成癮的看法。

我去拜訪的當天下午，昆芬的辦公室亂七八糟。提供藥物治療方案建議和「關於愛滋病的基本事實」的小冊子已經積滿灰塵，散落在小房間的一個角落。印上反毒品口號：「打開音樂，關掉毒品」的海報，旁邊貼著標語，詳細說明「關於酒精的基本事實」和喝醉酒的五個階段（快樂、興奮、迷茫、麻木，以及昏迷）。辦公桌上，一堆未經歸類的紙張和一個用英文和中文標注「捐贈」的破爛盒子競爭空間。在門口，一張達賴喇嘛的舊照片凝視著房間；在他的照片旁邊，一塊小牌匾刻著國際互助戒酒組織「匿名戒酒會」（Alcoholics Anonymous）的格言，砥礪閱讀它的人要從內心裡向自己求助：「我不需要太專注世界需要什麼改變，只需要注意我自己和我的態度需要什麼改變。」

就一個從事令人沮喪的、孤獨的工作的人而言，阿旺散發著熱情。他有一副杏仁臉龐和柔軟的眼睛，身材瘦弱但很嚴肅，儘管話題並不愉快，他仍表現出積極的基調。他說，儘管存在明顯的挑戰，麥羅甘吉和達蘭薩拉實際上正在大掃除。在一九九〇年代末期和二〇〇〇年代初期，這個村莊幾乎被夜間聚會、喧囂的音樂和頻繁的販毒所淹沒。但是到了二〇一四年，外向放蕩的人減少了。由於吸毒者晚上都在林間睡覺，被當地人取了「森林人」的綽號，許多最嚴重的罪犯離開城鎮，有的人進城，到治療中心接受勒戒，有的人搬遷到更容易接近毒品的地方。然而，目前還不清楚，藏人癮君子是正在清理他們的集體劣行，還是把他們的癮頭向外輸出。

阿旺無論走到哪裡都帶著一本保護女神吉祥天母的祈禱書。他說，根據他的統計，麥羅甘吉在二〇〇〇至一三年期間有四十五名藏人，因毒品或酒精相關原因而死亡。他又說，從那時起，死亡率已經放緩。「它有點下降。三年前，有許多年輕人使用毒品和酒精，許多人露宿街頭，到處都是。但是現在，減少了許多。」

然而即使在今天，遊客走在大街上櫛次鱗比的咖啡館和茶攤附近，不需要多久，就會有個鬼鬼祟祟的年輕男子找上來，問你要不要「哈一口、吹一下？你有什麼需要？」還有人可能已經喝醉、無法走路，在大街上或在樹林中張開身體就睡，不過問題並不因此就完全消失。

談到毒品和酒精成癮，西藏難民有太多難兄難弟。幾十年來，研究人員已經畫出自願或被迫流離失所對年輕人選擇產生的影響，研究難民人口的健康專家說，從香港的越南難民，到美國麻薩諸塞州的柬埔寨婦女，被強迫淪為難民人口者幾乎一直處於精神和心理障礙的高風險群，它反過來又與更高頻率的藥物濫用有關。[2]二〇〇三年由埃默里大學（Emory University）一名大學部學生進行的一項研究，記錄達蘭薩拉的藏族吸毒成癮者的觀察報告。她說，年輕藏人在印度成長的背景，與他們所採認的家園文化兩者之間的衝突造成的影響，在西藏家庭中造成了緊張，它反過來又加劇了對藥物的依賴。

其他研究發現，跨國人口中的世代衝突會使家庭關係緊張，使兒童和父母兩極分化，「這可能會導致犯罪、吸毒和進一步疏離」。[3]這也是為什麼在印度出生的西藏人，和他們在西藏出生的父母之間會出現類似的挑戰，產生相互衝突的文化認同。

流亡藏人把中國視為是造成他們痛苦的根源，至少是間接的根源。北京對他們的精神領袖展開無情的誹謗，以及持續拒絕考慮以政治方式解決他們的地位問題，導致西藏流亡人士的孤立和絕望感。但是，對於任何社會的結構而言，藥物成癮都是重大傷害，它卻可能是中國戰略的福音。西藏事務學者華倫・史密斯（Warren W. Smith Jr.）指出：「最終，中國認為沒有必要與西藏流亡人士談判，因為它已經透過（在西藏內部的）政治鎮壓、經濟開發、殖民化和同化來解決西藏問題。」他說：「許多中國人似乎相信西藏政治問題將與第十四世達賴喇嘛同時消亡。」[4]

從這個角度來看，任何能夠從內部削弱西藏流亡社區的行為，都將有利於北京採取的觀望策略。

與昆芬中心主任的討論終於朝著這個方向發展，轉向中國。二〇一一年，一位年輕的西藏電影製片人丹增・謝西（Tenzin Seshi）告訴人權活動家茂拉・莫寧漢（Maura Moynihan），西藏難民正出現海洛因成癮的上升，中國特務有時冒充僧人，傳送海洛因和針頭給在尼泊爾的藏人。[5] 對於日益強悍的中國，這等於是罵它卑鄙無恥。我所見過的西藏官員還沒有如此露骨的暗示。

阿旺很快就駁斥這個理論。他說，藏人必須對自己的吸毒成癮負責。「在西藏境內和西藏境外，情況完全不同。在西藏境內，確實如此，香菸價格便宜，而且烈酒更是非常便宜。但是在印度、尼泊爾和不丹，這一切都不是受到中國的影響。」他說，在印度，西藏人應該自己照照鏡子檢討。

他針對麥羅甘吉提起：「你知道嗎，這個地方有點瘋狂。許多外國人來這裡住個兩、三週，在這段時間他們很享受，而在這段時間裡，這些孩子也和外國人一起享受，藉外國人幫忙拿點好處。這就是問題所在……他們吸食印度大麻、海洛因。在這裡很容易拿到它們。西藏人，他們從外國人那裡拿了一點錢去購買，然後再嘗嘗。」

社團人士說，烈酒和菸草是西藏流亡人士最常過量的物品之一，但是處方止痛藥、大麻、海洛因，以及愈來愈多的吸入劑，都在爭相侵蝕年輕人的腦細胞。

阿旺說他要處理的最大禍害，即「狂吸」（吸入煙氣）。他說，小拉薩的學齡兒童很容易受到廉價，會上癮的強力吸入劑的誘惑。「從立可白修正液和橡膠膠水（就像鞋匠用來修鞋的膠水），到汽油。它們是如此的強勁。」阿旺也在鎮上一所私立小學兼職，他在課堂上可以看到吸毒的狀況。他說：「有些孩子會把衣服浸泡在汽油裡，然後在白天狂吸特吸。」我曾經從一個西方人那兒聽過類似的吸毒故事；他與西藏政府官員就難民援助計畫密切合作。

達賴喇嘛經常強調需要用教育（而不是宗教）來對付毒癮。二〇一三年底有一項為期五天的會議，探討渴望和成癮，尊者談到如何調整心靈以抵禦會導致物質痛苦的慾望，包括對毒品的渴望。他解釋說，學校應該充當教育兒童聯繫和目標、激情和自豪感的環境。他說：「我們必須讓孩子們對這個世界感到驚奇，而不是那麼多的消極情緒。我們必須帶來更多的單純。」[6]

然而，當教育失敗，或者更糟糕的是，當學校成為毒品濫用的中心，即使鼓舞人心的言論都要失敗。南榭・奇岡贊（Namshey Chigangtsang）原本是一名學校輔導員，曾在藏人安置區與吸毒成癮者一起工作。她說，在藏人地區很大比例的小學生正嘗試毒品和烈酒。喬吉恩達納加爾（Jogindernagar）是在達蘭薩拉東南方向車程兩小時的一個城鎮，她發現當地一所藏人學校裡，六到十年級的學生中有多達四分之一的人嘗試過抽菸、喝酒、吸入劑，或毒品。

她說，更令人不安的是學校管理人員在她提出數據之後的反應。她說：「我與學校當局討論了調查結果，我對他們的反應很不滿意。他們根本沒把它當一回事。他們並沒有認同我的看法。」當她提議在學校布告欄上公布調查結果，提醒其他老師「我們學校發生的事情」時，校長說：「不，大大的不可以。我感覺這樣不好。」

不幸的是，奇岡贊在尋求解決辦法時找不到人支持她。西藏社區缺乏經費和缺乏治療藥物濫用的選擇，意味著許多藏人必須自求多福。西藏流亡政府確實為尋求治療的人提供支持，但是卻缺乏管理計畫的人員。治療師說，在印度缺乏康復後的治療中心，意味著成癮者雖然勒戒，但是再犯率很高。缺乏中央的支持，代表私人診所有機會提供服務，可是大體上這方面也沒能做到。昆芬是小拉薩唯一提供支援的民營治療中心；它主要由未受過專業訓練的志工組成（這一點的確招致批評），它的作業經費拮据，仰賴捐款挹注。[7]第二個非政府組織名為「選擇」（Choice），主要關注愛滋病，卻在二〇一三年八月關門大吉。官員們說，「缺乏人力資源和資金來源減少」是它關閉的一個原因。[8]

*****

如果我投入更多時間和精力減緩伍多的崩潰，恐怕也太遲了；我在二〇一四年十一月與他首度重新取得聯繫後，於二〇一六年初回到麥羅甘吉時，朋友們已經介入了。由於他不願意自動參加治療計畫，他們強迫他去。到了一月份，他在台拉敦（Dehradun）一家印度人經營的治療中心接受為期六個月的勒戒，已經進行了好幾個月。

事實上，在我初次訪問期間，我沒有意識到伍多成癮的嚴重程度。我甚至還買他最愛的印度釀造啤酒「翠鳥」（Kingfisher）送他，這種啤酒視酒精成分分為「優質」或「強勁」兩級。但我現在很後悔送他這種禮物。直到與那些和他非常熟的朋友談過話之後，我才回想過來我錯過的一些明顯跡象：白天就聞得到氣息有啤酒味，經常宿醉不醒，眼神呆滯，空洞的凝視和突然間精神亢奮。很多時候，尤其是下午才剛開始，他已經喝醉了。

昆芬中心的阿旺告訴我（顯然不理睬西方同行遵守的患者與治療師保密規則），伍多・嘉措「老是喝個不停。與其他人相比，他的家境不錯，有錢。我告訴他，如果他需要幫助，我可以安排他去治療中心，在那裡待上六個月，然後回來。但是他根本聽不進去。他告訴我：『操你，我不想去那裡，你幹麼跟我扯這些？』然後我就放棄了。」

但是他的朋友並沒有放棄。一位希望保持匿名的老同學回憶說：「我們必須強迫送他去勒戒。當他回來時，我們會接受他。我們不會忽視他或不理他。我們將盡全力改善他，讓他恢復正常。」

另一位老朋友同樣非常關心。她住在紐約市，我們通電話時她很快就說出伍多的困境。「我們總是建議他應該怎麼辦？我告訴他，如果他要去法國或去瑞士」，會更好。「他只是說，『不，我不想搬到任何地方。我喜歡這裡。』他就是這樣想。我問他，你腦子裡有什麼想法？他說，『不，我沒有任何問題。』我說，『如果你沒有問題，為什麼你喝這麼多酒？』」

她又說：「我會幫助他。如果他需要錢，我會寄給他錢。他需要任何東西，我都會替他辦到。我希望我們能向他展示好的方式、好的道路。我也希望有一天他會改變。我期待那一天的到來。」

干預和愛的策略是否會有效，還有待觀察。阿旺說，即使用心最為良善，印度的治療中心往往也是不會有效果的。他說：「大多數中心只顧做生意。如果你的兒子吸毒，你將他送到治療中心，付錢給他們。但是兩三天後，當你打電話時，他們可能會說，『哎呀，你的兒子失蹤了，我們不知道他跑到哪裡去了。』他們只關心生意（不是治療）。大多數治療中心都是這樣的。」

即使伍多進去的中心確實合法地運作，一旦他回來，他被西藏流亡社區全面接受的機率也不會很大。麥羅甘吉這種小鎮，沒有一個人的生意完全是他自己的，要保持強大並不容易。

這位昆芬中心主任說：「在我們的社會中，這種想法有點不對勁。他們認為，吸毒者可能正在享受，也認為這些人生活富裕，但是他們從來沒想到這是一種疾病。但是，我們總是告訴別人，請不要太溫柔跟這些人交談。幫助他們。他們很容易受到傷害，然後他們再次愈來愈更吸毒。這就是我們西藏人的社會。」

至少現在伍多正在充分利用他的第二次機會。二〇一七年初，他完成了勒戒課程，回到麥羅甘吉照料他父母交下來的小型布料店。最重要的是，他擊敗了機率，仍然挺住。

*****

其他許多西藏難民，特別是那些在西藏境內出生和長大的難民，在染上癮頭時，境遇特別艱鉅。面對語言障礙、沒有家庭支持系統、嚴重失業，以及由長期定居者主導的難民結構，新近由西藏到來的藏人（以西藏流亡人士的說法，就是所謂的新移民），面臨的成功機率比起他們早先到來的兄弟更加困難。

《達蘭薩拉的日與夜》（*Dharamsala Days, Dharamsala Nights*）是詳細記載西藏藏人和印度藏人彼此之間，在過去幾十年中出現巨大的社會和文化鴻溝的罕見作品之一。作者是一位加拿大維權人士和作家，長年研究西藏藏人融入印度流亡生活的議題，她發現「新移民」經常在經濟和社會方面陷入苦苦掙扎，以至於許多人自願返回中國。那些留下來的人則受到抑鬱、絕望、藥物成癮，或更加嚴重的影響。

作者以筆名寶琳．麥唐納（Pauline MacDonald）寫作，她在二〇一三年自費出版的這本書下了結論：「失業，以及無法獲得高等教育和其他機會，把某些最聰明的新來者逼到瘋狂的邊緣。其他人展現出安逸，有時候甚至是傲慢的公眾形象，但是私底下，他們偶爾會承認感到絕望和羞辱。狂飲和酗酒現象十分普遍。沒有人可以諮詢化解，但是有人告訴我，流亡政府很樂意支付返回西藏的公共汽車車票。」

從中國或印度移民到西方的藏人，也面臨類似的融合挑戰（儘管中國幾乎完全封鎖西藏與尼泊爾或印度之間的陸路逃生路線，但西藏人繼續透過空運離開，使用偽造文件和虛假藉口蒙混過關）。一位西藏學者二〇一六年夏天在巴黎與流亡藏人密切並肩工作，他說，雖然講英語，由印度出來的藏人經常能夠適應新的環境，但是直接來自西藏的藏人，他們的調適卻要困難得多。他說，在法國，來自西藏的新移民在他們的群體動態中陷入「完全孤立」，對於他們的新環境「零融合、零同化」。這些剛來自西藏的藏人設法尋找能講法語的同鄉藏人，或者能說藏語的法國人，來過日子。他們可以說是完全依賴他人過日子。如果他們找不到這些關鍵助力，他們最終可能會陷入非常黑暗的地步。

這位學者告訴我：「我有一些能說藏語的法國朋友，他們晝夜不停協助這些藏人解決醫療問題、護照問題、工作問題、心理問題，因為這些藏人根本不與社區互動。上週，我在這裡能說一口流利藏語的同事……她遲到，不能參加會議，因為她必須去太平間，試圖幫助法國殯葬人員處理一個藏人死者，這個人自殺身亡。可是沒有人認識這個人。他們不知道此人自殺的原因，也不知道他的朋友是誰。他似乎是一個完全孤立的人。他未能與西藏社區保持聯繫，最後自殺了。」

這位學者補充說，這不是一樁孤立事件。「這只是我們所知道的，關於西藏人無法適應流亡生活，而發生的可怕故事之一。」

第十一章

BLESSINGS FROM BEIJING

豐卓克林的狙擊

西藏詞語「豐卓克林」（phuntsokling）意思為「豐饒和幸福的居所」。一九六〇年代，取這個名字的西藏難民營誕生時，豐卓克林的確物產豐饒、居民幸福快樂兩者兼具。位於加爾各答西南方四百英里的印度奧里薩省（Orissa）的叢林深處，營地的紅色土壤和一排排精心栽培的玉米，烘托著大約四百個錫鐵皮的木棚屋，這兒居住著一千九百名藏族難民。但是在二〇一二年的春天，這個田園詩歌般的環境中長期醞釀的土地糾紛公諸於眾時，西藏人接到一個尖銳的提醒，即使在印度已經住了六十年，他們仍然處於非常不穩定的狀態。

奧里薩省剛開始是一個幸運的綠洲。營地最早的居民大部分來自於印度北部恰姆巴（Chamba）、達爾豪斯（Dalhousie）和邦狄拉（Bomdila）等地區從事道路、水壩和建築物等興建工作的藏人，或是來自中國占領的藏南和藏西的山谷和城市之難民。[1] 達賴喇嘛政府意識到興建道路的工地營區不是解決他們流離失所問題的長期可行辦法，他們向印度政府尋求取得半永久性，能夠自足的安置區土地。因此，擁有大片相對未開發的土地之農村省分開始允許第一波藏人定居下來務農。[2]卡納塔克省的拜拉庫比、中央省（Madhya Pradesh）的緬巴特（Mainpat）和奧里薩省的豐卓克林，這三個難民安置區應運而生。

早期，西藏人在印度炙熱、乾旱，低窪的叢林中掙扎。加拿大作家兼歷史學者喬治·伍考克（George Woodcock）指出，對於第一批藏族開墾者來說，氣候只能說是一個小小的挑戰。在叢林裡流竄的野獸才難以駕馭，這是住在印度內陸會涉及到的「種種特殊困難」。譬如，在拜拉庫比，早期作物被大象破壞，幾名藏族開墾者企圖驅趕大象時反而受傷而死。[3]

到了一九六四年，外國援助和瑞士農業專家團隊抵達拜拉庫比。在這裡，成績幾乎立竿見影：更優質的作物、更健康的人民，更少與大型哺乳動物衝突。相比之下，包括豐卓克林在內的另兩個早期安置區，外國農業支持直到一段時間後才到達。那裡的藏人繼續稀里呼嚕過他們的日子。伍考克在一九七〇年得出結論：「在這兩個安置區，居民仍然依賴於配給口糧和金錢補貼，與拜拉庫比的藏人相比，他們心理上都很沮喪。」[4]即使在今天，這些安置區也是孤立在偏遠邊鄉，與印度鐵路或航空服務的連結非常差。

隨後，瑞士專家也抵達了豐卓克林。[5]進行了土壤測試和當地市場研究，也進行了水利灌溉和機械化的研究。玉米是世界上消費最多、種植最多的穀物之一，它易於種植，也有良好的利潤空間，最後經專家認定它是最適合奧里薩省叢林土壤的經濟作物。

到了一九九〇年代末期，原本緩慢發展的營地完全運作起來。廣大的番石榴、木瓜和菠蘿蜜果園依伴著一排又一排高聳的玉米。原本沒人居住的森林開闢出兩所小學、一所中學、銀行、麵粉廠、手工藝品中心、製麵工廠、便利商店和醫院。當時，至少在表面上，對藏人的最大威脅似乎是在季風期間降雨減少。每天下午，天空變暗，厚厚的積雲聚集在一起，可能會出現雷雨，穿著泥濘的紗龍圍裙的藏人躲到柚木和竹子的簷篷下期待落雨。可是，通常天空硬是不下雨。6

但是玉米雖然好處多多，卻有一個缺點：它是大好或大壞。疾病或一場暴風雨可以摧毀一整年的收成，即使產量良好，它也只能每年收穫一次。當要採摘秸稈時，藏人要麼長時間閒沒事幹，要麼已經離開去尋找工作（在印度最大的城市出售手工編織的羊毛衫是西藏人的特殊專長）。一旦他們離開，永久離開的誘惑是不可避免的。當豐卓克林在一九六〇年代初開闢時，約有三千名難民登記居住在那裡。到了二〇〇九年，官方最近一次公布人口普查結果，這個安置區的居民人數已縮減至一千八百八十五人。剩下的大多數人認為種植玉米常碰上問題。7

正是在這種情況下，我在一九九七年三月到達豐卓克林，幾週之前，才剛在麥羅甘吉告別普蘭．多傑。我在那個春天前往印度農業地帶，研究為什麼藏人成群結隊離開農業安置區，以及思索有什麼方法可以扭轉遷徙趨勢。我花了一段時間參與一個實地工作研究項目，幫助西藏農民找到應付降雨不穩定的方法，以及改進土壤的新方法。

一個和藹可親的西藏官員名叫哲林．豐卓（Tsering Phuntsok）（他堅持大家喊他「叔叔」）

是我這個月的嚮導。「叔叔」有胖胖的臉頰和濃密的黑色山羊鬍，分明是電視和電影喜劇演員多姆・狄路易（Dom DeLuise）的化身。他成天笑咪咪，讓我們每天坐上他的恩菲爾德三五〇（Enfield 350）摩托車出外都很輕鬆愉快。我們一起探索營地的二千五百英畝土地，尋找在哪兒適合安裝高架灌溉噴水系統。我們的想法很簡單：找一些生鏽的水管、橡膠軟管，或者我們可以找得到的任何東西，沿線安裝一個可行的澆水系統；在瑞士製造的灑水噴頭的幫助下，它可以使農民能夠一年到頭都留在豐卓克林。一旦玉米收穫完成，能夠頂擋乾季缺水，澆灑第二季的作物。

四個星期後，在眾人屏息期待下，第一道水濺灑到焦土上。那是一九九七年四月十四日。水道一頭的幫浦猛烈地抽動，向等候著的管道輸送水流。一層泥濘的薄霧輕輕地在已經枯萎的一排又一排蕃茄、辣椒和馬鈴薯上閃爍。這是我在豐卓克林的最後一天，也是為期一個月的救援行動的成果。它的啟用讓我感覺就像在豐卓克林的西藏人半永久性的大牆上又添加了另一塊磚。

但是它就像西藏人的流亡生活一樣，根本就是海市蜃樓般的幻影。十五年後，一連串的報紙頭條新聞總結了奧里薩省難民處境沒有多少變化。有一個標題說：「西藏墾殖者被要求交還『占領』的土地。」另一個標題說：「部落人民攘臂而起反對土地遭到搶奪。」每一個新聞故事出現，西藏人的永久感就像耕作不佳的土地之養分那樣流失掉。但這一次是地方政治而不是大自然引發了風暴。

普蘭·多傑和印度北方的藏人，在他們的居住權方面遭遇到法律挑戰之際，包括聲稱他們占住「森林土地」，印度東部的藏族人也面臨更為直接的威脅。二〇一二年五月，數百名當地村民進入豐卓克林的營地，誓言在必要時將以武力收回出租的農田。抗議活動的照片顯示，婦女們裹著紗麗，揮舞印度共產黨的紅白色榔頭、鐮刀旗幟（與那些助長中國毛派領導的革命之貧困農民相似，發動了一場針對特權資產階級的階級鬥爭）。報導這場多彩多姿抗議活動的《印度報》（*The Hindu*）宣稱，「來自強德拉吉里（Chandragiri）地區二十三個村莊的數百名部落居民」，開進西藏難民地區遊行，並要求西藏人停止耕種。強德拉吉里是與豐卓克林毗鄰的印度人城鎮。他們帶來「兩百個以公牛拖拉的傳統犁具」。遊行者由當地和全國級的共產黨官員率領下抵達時，他們在西藏人的田地裡插下旗幟，開始犁地抗議。[8]

西藏人最初在印度南部和東部定居時，地方上的歡迎並不熱烈，但也沒有敵對意識。地方政界人士和地主期待，由於新移民的到來，將會出現黃金潮。許多印度領導人以為，他們的客人將在幾年後返回西藏，把他們清理出來的土地和他們開發的基礎設施留給本地社區。[9]隨著政府和捐助者的資金湧入印度一貧如洗的這些地區，西藏難民受到容忍。

但是當藏人還鄉的可能性日益降低，加上中國在西藏的地位日益鞏固，印度藏人面臨的緊張局勢開始惡化。

接下來的二月份，即二〇一三年初，離下一個生長季節開始還有幾個月，部落和共產黨政客再次威脅要收回藏人租賃的農地。[10]來自奧里薩省的共產黨員丹達潘尼·瑞塔（Dandapani

Raita）[11]告訴一位印度記者說：「我們不反對西藏定居者，但是我們希望他們每個家庭都應該按照規定擁有一英畝的土地。他們不能透過欺騙手段擁有土地，而本地的部落民和賤民卻仍然沒有土地。」《印度報》後來寫道，「具有諷刺意味的是」，阿達瓦希（Adivasi，即原住民）和達利特（賤民）在他們居住了好幾個世紀的地方沒有合法的權利擁有土地，「而西藏定居者繼續非法占有該地區的政府土地」。[12]一連兩個季節，豐卓克林的土地被強行休耕，被印度毛派的反西藏示威活動扣為人質。

最後，地方官員同意重新分配大約一百三十英畝由藏人耕種的農地。根據一則新聞報導，周圍村莊沒有土地的印度人被「安撫」，每戶可以分配到一英畝土地，政府也承諾讓更多的部落兒童入學，改善該地區的道路基礎設施，並加強當地的衛生設施。[13]挑戰西藏難民，藉以吸引媒體大肆報導的策略產生效果。二〇一三年五月，西藏流亡政府與奧里薩省地方官員達成協議，個別西藏農民再次獲准耕作。[14]藏人的租約再次續約，但在此過程中，豐卓克林已經萎縮。

玉米仍然是讓奧里薩省藏人頭痛的作物，但圍繞著種植玉米的政治戲劇似乎已經平息。西藏流亡政府內政部長索南．托嘉．柯拉贊（Sonam Topgyal Khorlatsang）在二〇一六年初表示，豐卓克林的故事「全部是地方政治」把西藏人捲入其漩渦。他說：「這起事件一發生，我立刻親自訪問該地區，在（省會）布巴內什瓦爾（Bhubaneswar）會見所有印度官員。除了（當地）共產黨之外，其他部門似乎都沒有任何影響力。」

西藏流亡政府派在豐卓克林主管安置區事務的官員卓諾・桑都（Chonor Samdup）在二〇一六年六月接到我的手機查詢時，同樣不以為意。雖然對當地社區來說這仍然是一個「敏感」的話題（他覺得不宜透過電話詳細討論它），最糟糕的情況似乎已經成為過去。他簡單地說：「你可以說它已經解決了。」

*****

流亡人士在印度居留的頭幾十年裡，藏人和地主國的衝突罕有，人類學家認為，相互的經濟利益「在發展印度人對西藏人更積極的態度方面，有長足的進步」。[15]譬如，一九八〇年代針對印度北部西藏人和印度人的調查，發現大多數人對彼此的態度是積極的、有建設性的。[16]緊張關係如果確實存在的話，它們是不明顯的，深藏在表面底下。

不過，藏人今天在印度的某些地區卻可能是引起怨恨的源頭。參觀印度的任何一個藏人城鎮，很容易就看到相對財富的差異：藏人有鍍金的寺院、翡翠珠寶和精細的羊毛編織地毯，藏人安置區與它們毗鄰的許多印度原住民社區，形成了鮮明的經濟對比。西藏官員有時說，這種差異使他們成為目標，特別是在法庭上遭到控告。

印度的藏人被起訴的涉嫌違法行為可說是五花八門，譬如錯誤地介入議會選舉（理由是西藏人不是公民，因此依據憲法不能投票）[17]；不當建造房屋（在普蘭・多傑的案例而言，在國家授給他的土地上不當建造房屋）；以及在岩石上刻畫與宗教有關的符號。我在訪問麥羅甘吉期間，請教達蘭薩拉安置事務官員索納．多吉，他認為是什麼原因，像這樣的案件層出不窮，以及可以採取哪些措施來緩解緊張局勢。當印度聯邦政府衝進來提供他們別人沒有的特殊保護措施時，藏人肯定得不到當地人的歡心。

他說：「可能會有一些印度人受到中華人民共和國的利用。或許某些案例是西藏人在商業、酒店和餐館方面做得很好，他們（印度人）不希望藏人如此成功。所以可能有很多原因。」

他的結論是：「印度人當中愈來愈有強烈的（反藏人）意識。」

這是否屬實，不可能做出客觀判斷。不過，顯而易見的是，印度的藏人把他們的未來寄託在一個並非始終擁抱他們的國家。印度只有一個省（卡納塔克省）允許藏人以自己的名義登記財產，這是相當新的發展。[18]二〇一六年，卡納塔克省最大的安置區穆恩德戈德的西藏高級官員表示，他樂觀地認為新的租賃協議將為藏人提供更多機會獲得印度資金來源，譬如農場補貼和貸款（大約三分之一的藏人安置區依靠農業謀生）。但其他人，包括當地農業合作社負責人，抱怨租賃期的長度（只有二十年）太短，會不利吸引對大項目或追求長期穩定的投資。

不過，任何土地交易都比本地區許多印度人有權獲得的待遇還更好。二〇〇八年底，當地出現一個印度人反對團體，要挑戰在土地問題上偏袒藏人的做法。「保護穆恩德戈德公民利益組織」（Nagarika Hritheyrakshana Vedike Mundgod Taluk）提出的請願書中，指稱西藏人得到的待遇超過當地印度公民享有的待遇。

這個組織用他們的母語卡納達語（Kannada language）寫道：「他們把他們的營地建成了一個迷你西藏。我們的鄰人給予這些外國人充分的幫助和同情。但是，從我們的幫助中受益的這些人卻忘恩負義，反過來虐待我們。他們原先的謙卑行為這些日子來已經看不見。每天都有新人來到這裡。他們買下我們的土地，和興建非法建築。問題是：誰給了他們建造的許可？如果我們看一下目前的情況，我們覺得和他們一比，我們自己已經變成了難民。」[19]

持平地說，在印度發生土地糾紛並不是藏人獨有的問題。天普大學（Temple University）地理和城市研究教授、印度土地利用專家桑傑・恰克拉佛提（Sanjoy Chakravorty）表示，印度農民持有的土地平均面積不到三英畝，而美國為四百五十英畝，歐洲為二百英畝。擁有如此小面積的土地，「實際上不可能靠土地謀生。這是印度貧困的根本原因，無法向城市經濟過渡」。

對於地方政客而言，尤其是農業地區的政客，他們的選擇顯而易見：支持你的選民，不管聯邦政府推行什麼政策。桑傑說：「你在印度不能說你反對農民，或者你不支持農民。這不是一個可行的政治立場。」你對農民有多大的支持，這才是真正的問題。毫無疑問，在地方上和國家層面上，土地政治是大政治，重大議題。桑傑說，在這種脈絡下，「如果西藏人遭受到擠壓，不足為奇，因為他們很容易被認定為『他者』，不是我們中的一員。他們是最容易組織起來作為對抗對象的團體。」

然而，為耕地起爭議、憤怒提告和對石板被塗鴉而爭訟，這些是可控制的問題。暴力雖然罕見，卻帶來了更細膩的挑戰西藏人的企業偶爾會直接成為目標。一九九四年，達賴喇嘛獲得諾貝爾和平獎五年後，由於一名印度青少年遭到刺殺而死，在麥羅甘吉營業的藏人商店成為暴徒暴力的目標。示威者放火燒了藏人店面和達賴喇嘛政府的辦公室，要求長住的客人滾蛋。[20]多傑的五號商店倖免於難，但是在持續兩天的騷亂中，還是有十五人受傷。

然後，一九九九年七月，距離達賴喇嘛住所七小時車程的馬納里（Manali）將近一百四十家藏人商店和市場攤位被燒毀，「被一群由數千名本地居民組成的憤怒暴徒夷為平地」。《論壇報》（*The Tribune*）報導說，這次事件發生在西藏和印度學生之間爆發另一次衝突之後，它造成警察局副局長要求增加警力來保護西藏難民。[21]在此一事件發生後，達賴喇嘛一度考慮將一些政府辦公室和他個人住所搬到德里郊區，「因為本地人和藏人之間日益緊張的關係令人擔憂」。[22]

達賴喇嘛留了下來，沒搬遷，但是近二十年來，緊張局勢仍然存在。澤巴・丹增（Tsepak Tenzing）是一位藏裔美國人，他的父母住在印度南部。他認為今天在卡納塔克省這個擁有最大西藏難民人口的南部省分，「有一股怨恨西藏人的情緒，因為土地現在非常稀少和昂貴」。[23]寶琳・麥唐納在二〇一三年自行出版的《達蘭薩拉的日與夜》這本遊記指出，本地印度人和藏人之間存在「極大的不和」，主要原因是「西藏人被認為經濟上比較繁榮」。

直到今天，「不和」依然沸騰。我在二〇一六年一月訪問時，麥羅甘吉對於一起謀殺案仍然印象新鮮。[24]在主街上，一堆石塊標示出幾個月前，一名年輕的藏族男子由於深夜與三名當地印度人發生爭執，腹部被刺傷，後來喪生的現場。網路上犯罪現場的照片顯示，路面染血，而且鮮血流入排水溝。這樣的事件甚至造成藏人問起過去不可想像的一個問題：「達蘭薩拉對藏人來說是安全的嗎？」[25]

*****

為了回答類似這樣的問題，二〇一四年印度聯邦政府公布了期待已久的「藏人復權政策」，俾便全國統一做法，為印度的藏人提供法律保護。[26]新德里希望擴大到國內每一位藏人的福利，包括享有醫療保健、有權獲得銀行貸款、能獲得教育補助金和食品補貼，以及傳統上保留給印度公民的省級和聯邦職位，如教育工作，也可考慮錄用藏人。在二〇一四年十一月公布此一復權計畫時，印度內政部長克仁．里濟朱（Kiren Rijiju）表示，把印度的「福利相關計畫和政策擴大到我們的西藏朋友」是正確的做法。

他說：「我們為印度公民設想的福利也應該推及到我們的貴賓。有時候我們需要更加超越。」

然而，儘管官方宣布了種種支持、延伸福利和承諾平等，藏人仍然面臨地方層級統合做法的困難。西藏人分散在印度十個省分，把非公民納入社會結構的法律差異很大。在二〇一四年十一月的同一場合，里濟朱和其他聯邦官員似乎是向各省政府推銷這項措施，而不是推出政令。出席是自願的，根據出席會議者的紀錄，具有西藏人口的三個省，包括豐卓克林所在的奧里薩省，根本沒有任何代表與會。

空蕩蕩的座位其實很尖銳的提醒人們，印度對藏人的政治支持是多麼的不均衡。

第十二章
BLESSINGS FROM BEIJING

遷進遷出

如果說南亞的部分地區厭煩西藏難民，西方首都喧鬧的城市叢林卻給予他們雖欠協調的大大擁抱。普蘭．多傑最小的女兒在巴黎郊區一家美容院工作，西藏移民與來自非洲、亞洲和東歐的其他移民分享狹窄的公寓。在德國、瑞士和捷克共和國，市政府會在敏感的週年紀念日升起西藏旗幟，以示與本地小小的西藏社區同聲息。在泰晤士河畔，倫敦的小規模但不斷增長的西藏人口，經常聚集在一起跳舞、唱歌，歡慶西藏重大節日。

沿著皇后區伍賽德（Woodside）一段繁忙的高速公路，距離聯合國總部只有很短的地下鐵車程，亞洲以外最大的西藏流亡人士社區正在花費數百萬美元要把一座舊成衣工廠改裝成為社區中心，舉辦宗教、文化和教育活動。

西藏人在過去幾十年來就往美國遷移，他們的存在於一九九二年更得到鞏固，當時美國國會核准一次性的重新安置計畫，一千名來自印度和尼泊爾的難民獲得了來美簽證。十多年後，這些關係良好的少數人保持著緊密的聯繫，和一個小型的社群關係。他們對所處的困境有深刻的覺醒，匯錢回去給他們的家人，並從遠方挑戰中國。

到了二〇〇〇年代中期，隨著最初一波移民在紐約的民族大熔爐站穩腳步，美國和整個北美洲的藏人透過家庭團聚的基礎，人數開始激增。到了二〇〇九年，依據流亡印度的西藏政府統計，超過九千名藏人居住在美國，其中大多數人住在康乃狄克州、紐約州和紐澤西州這三個州。[1]二〇一二年，由於紐約藏人社區人數增長但又分散開來，西藏領導人開始尋找建築物作為其人群、文化和信仰的聚焦點。

四年後，西藏人嶄新的凝聚中心即將落腳在一棟以木板封起來進行整修的成衣工廠。

我在二〇一六年三月、也就是它正式啟用之前許久，首次參觀伍賽德的豐卓德希西藏社區會館（Phuntsok Deshi Tibetan Community Hall）。我搭乘十五分鐘的R線火車，來到和曼哈坦中城的城市和國際大都會氣氛截然不同的皇后區工業地帶。低樓層的工廠大樓緊貼著二手車展示廳，繁忙的輪胎店從北方大道地鐵站一路延伸至第五十七街三十二之一號的社區中心。當我向東步行走過一個小型多明尼各熟食店和一個大門緊閉的深夜迪斯可舞廳時，飛機低空掠過，往附近的拉瓜迪亞機場（La Guardia Airport）前進，附近一排汽車修理廠也傳來電動工具的咔嗒咔嗒聲。

「紐約—紐澤西州西藏社區」（Tibetan Community of New York—New Jersey）會長索南・嘉措（Sonam Gyatso）在我到達時已經在等我。我們在一棟兩層樓混凝土和磚砌建築旁邊，堆滿垃圾的停車場碰面。一堆金屬橫梁和塑料桌面靠在遭人胡亂塗鴉的牆面上。他剛剛把鑰匙交給了承包商，所以我們進不了工地，但是從外表我可以想像出寬闊的混凝土空間和外露的電線，這兒過去擺放的織布機和縫紉機，曾經製作工人穿用的圍裙和制服。網路上的照片讓空間顯得很堂皇，巨大的、深紅色配金色的錦緞，覆蓋空曠的牆壁和明亮的橫梁，而在空蕩蕩的大廳的一端有一個小舞台，上面布置著紅綠色的彩旗、油燈，和一張拉薩布達拉宮的巨幅照片。但是從那個冬天索南所站的位置看過去，紐約藏人這個會館看起來更像是一個黑暗、單調、煤渣塊的板岩。

我們在停車場談話時，太陽慢慢滑落到地平線下。索南解釋為什麼紐約地區的藏人需要一個耗資數百萬美元的專用空間來聚會。他說，隨著與中國的鬥爭持續下去，「我們身為難民失去很多」，特別是在年輕一代已經逐漸不了解西藏語言和文字。保護這些資產的最佳方法是，務必讓紐約的西藏裔美國人擁有一處設施，作為文化和宗教活動的中心，等於是基督教會、猶太教堂和佛教寺院。一旦耗資約三百五十萬美元整修完成，會館將有一個八百座的劇院和設在一樓的永久舞台，以及十三個教室和設在較低層的一個廚房。他們計畫設立一所藏語學校，每週為大約五百名散處三州的學生提供服務。根據這個項目的網站宣示，會館將「作為所有藏人的支柱和／或支援系統……所有人都可以團結一致，互相學習。」[2]

流亡人士號召團結其實與藏人原始的狀況大相逕庭。古老的西藏，與歷史上不同時期的大多數社會一樣，是一個支離破碎、不平等的地方，宗教、地理和階級相互碰撞，產生一個社會摩擦和對立，經常不穩定的大雜燴。和好萊塢描繪的和諧與平等的天堂大異其趣，[3]西藏面臨許多挑戰。事實上，西藏是一個分裂、封建的社會，分成地主階級和無土地階級，這個現實為中國提供一個合理化占領西藏的藉口。按照中國版本的歷史，一九五〇年毛澤東部隊進入西藏，導致西藏「農奴」從寺院的壓迫中解放出來。中國早期在西藏爭取民心的大部分努力，都是要鼓勵西藏無產階級反抗其菁英，要「農奴」起而反抗僧侶、喇嘛和地主仕紳。

受過西方教育的觀察者使用的術語更加矛盾；有些人認為西藏實行「制度化的不平等，可以稱之為全面的農奴制」。[4]有些人認為自古以來的西藏更像是一個「種姓式的社會階層制度」。[5]但無論你怎麼稱呼它，毫無疑問的一點是，一九五〇年以前的西藏（與前工業化，以及大部分已工業化的歐洲、美國或中國並無不同），對於大多數居民一點都不公平。

當西藏人成為難民時，這種不平等並沒有消失。它反而與他們一起遷移到國外。[6]已故的西藏歷史學家達瓦．諾布（Dawa Norbu）在《紅星照耀西藏》（*Red Star over Tibet*）這本書回憶他全家人在一九六〇年代搬遷到印度的不愉快經驗。像他們這樣的貧困家庭被迫乞討食物，或出售他們最珍貴的財產以勉強餬口。他回憶說，特別難以理解的是，西藏最富有的人是如何應對最窮的流亡難民的需求。諾布對那一段日子有如下的描述：「我們小孩子因為營養不良而骨瘦如柴、肚子腫大、臉色蒼白、膚色黝黑。由於週遭環境不衛生，以及無法迅速適應我們的新環境，我們的身體全身上下都疼痛。」

「但是外國人像真正的父母一樣對待我們、照護我們，沒有高高在上施捨的態度，也沒有嫌棄我們衛生狀況欠佳的跡象；而我們自己的同胞，西藏貴族和西藏富人的子女，在大學念書或在大吉嶺工作，並沒有來幫助我們。或許他們也以我們為羞恥。」7

階級不是剛剛到達印度的西藏難民唯一的分界線。地理和宗教忠誠也考驗著流亡人士的團結。一九六五年出現了最重要的一項早期分裂，當時來自東藏的難民拒絕納稅或支持難民運動的合法性，從而抗議西藏流亡政府。不滿情緒部分源自於文化和傳統，它們因地區而異。但也有人擔心，主要由拉薩貴族組成的西藏中央公署，如果被鼓動，可能把東藏出賣給中國。

今天，西藏僑民在外表上比起歷史上的西藏更加團結和平等。對於年輕的藏人來說，他們的父母和祖父母那一代的裂痕似乎是遙遠的記憶，而且在大多數第二代和第三代難民中，「西藏民族」在文化、宗教和政治上都存在。歷史分歧：沿著地理、語言、文化或宗教方面的區隔，對現代西藏難民來說似乎並不重要。然而，揮之不去的挑戰是如何最好地建立一種跨國和有意義的西藏認同意識。

西藏人已經採取措施對付這一挑戰。自從流亡以來，西藏領導人勸阻他們遷出亞洲，在他們所居住的地方推動有限的文化適應，避免歸化為印度公民，一般也都看不起與非藏人通婚。住在倫敦的西藏學者狄拜希·安納德（Dibyesh Anand）說，這些做法和其他形式的種族認同都是一種「社區邊境巡邏」的手法，想要打造凝聚力，有如以色列和巴勒斯坦社區的狀況。8

在皇后區伍賽德的二手車經銷商和多明尼各熟食店之間建立的社區中心，或許是世界上最好的一個地方，可以看清理想與現代現實能夠融合到什麼程度。

*****

在我們參觀了社區中心大樓之後，索南帶領我穿過一棟相鄰建築物的後門，這棟兩層樓的白牆房子是北美洲西藏人的非官方總部。進到裡面，就很清楚為什麼西藏人要在隔壁興建一個新的寬敞的中心：他們的總部已經擠爆了。我拜訪的那一天，這棟房子雜亂無章堆了一大堆宗教文物，還有一些現代政治生活的雜七雜八東西。文化事務專員祖春・嘉措（Tsultrim Gyatso）坐在一張小辦公桌，埋首在一堆「綠皮書」申請書（流亡政府發給藏人的身分證明文件）和選民登記表中計數收據。再隔幾天，西藏人將要投票選出流亡政府的世俗領導人司政（Sikyong，譯者注：相當於總理）。他身邊一台電腦閃閃發光，播放來自印度的政見辯論會畫面，兩位候選人正在脣槍舌劍。

甚至宗教文物在這棟房子裡都沒有呼吸的空間。西藏「長壽」舞蹈中使用的一個木製面具，以及達賴喇嘛二〇一五年七月在賈維茨會議中心（Jacob K. Javits Convention Center）舉辦法會所坐的精緻雕繪的座椅，都被塞在不同的角落裡。這兩者通常都被視為聖物，但是在這個西藏俱樂部狹窄的空間裡，面具擺在一個積了灰塵的文件櫃頂上，寶座則隨便拿個紙板盒和一些破布覆蓋。

透過募捐和一百六十萬美元的抵押貸款[9]，對這個二萬六千平方英尺的昔日襪子和圍裙工廠進行翻新整建，並不僅僅是為了蓋一個空間，以供周末舉辦聚餐活動。它涉及到要管理下一波西藏人移民潮。

達賴喇嘛當時派駐在北美的代表格多．歐卡桑說：「我們現在所看到的是流亡社區內的第二次重大變革，對我們來說，這是一場大規模的人口流動，主要是向西方流動。我認為這既是積極的，也是消極的。從某種意義上講，如果我們在西方有愈來愈大的僑民群，它本身就是未來領導者的基礎，也是如何保存和維護我們的文化和身分認同的新能量和新思維，更是如何把運動更向前推動以求解決西藏問題的努力。」

他說，問題在於沒有實體的中心。在印度、尼泊爾和不丹，難民安置區最初當作是全由藏人居住的城鎮，由西藏中央公署透過政治任命官員管治。「這是一種非常直接和強烈的關係，」安置區官員以父母般的責任意識照顧他轄下的羊群。「但是現在，隨著社區變得愈來愈分散，它將要求達蘭薩拉的西藏中央公署重新塑造一種不同的關係和政府結構。」歐卡桑補充說，將來在西方把藏人凝聚在一起的紐帶將是社會建構和實體中心，有如在伍賽德所蓋的會館。

許多藏傳佛教最偉大的精神和政治領袖已經擁抱了這個重心的變化。色拉寺是西藏「三大」格魯派大學之一，它已經在伍賽德置產。[10]隨著藏人大量流入，藏人協會和組織的數量也愈來愈多，以滿足他們的政治和社會需求。二〇一六年初，紐約大都會區約有三、四十個西藏人的文化和政治組織，譬如西藏婦女協會（Tibetan Women's Association）、西藏青年大會（Tibetan Youth Congress）、美國西藏委員會（US Tibet Committee）和西藏行動研究所（Tibet

Action Institute）。

代表西藏歷史地區：安多、康巴和衛藏（Ü-Tsang），藏人的團體也正在迅速形成。這些被稱為「基多」（kyidug）的組織各自傳頌來自拉薩、吉隆縣（Kyirong）、聶拉木縣（Nyalam）、定日縣（Tingri）和協格爾鎮（Shelkar）等不同地區居民地理上截然不同的傳統。紐約已經有大約二十幾個基多，還會有更多的基多將陸續出現。

牛津大學的菲歐娜．麥康奈爾等學者已經假定，當第十四世達賴喇嘛離開人間時，難民的政治重心可能會從印度轉移到西方，西方長期以來一直是西藏「人才流失」的接受端。她想像的情況是，西藏流亡政府的「實體存在」甚至可能縮小規模，「由通過散布全球的中心和網絡論壇運作的網絡式結構所取代」。雖然這種轉變可能是一個長期的發展，儘管如此，任何類似於此的事物都會「揭開西藏流亡政府的合法性如何在這種情況下得以保留和重建的問題」。[11]它也將打開一個問題，即中國將如何回應一個大體上數位化的政府、它並沒有真正的地理中心。

不過，就目前而言，西藏人試圖第二次重建流亡社區時，社會組織扮演黏合劑的角色。歐卡桑說：「的確有完全同化入西方的真正危險。我們一再在談論西藏境內藏人遭遇的威脅和困難，」特別是由於中國的政策所產生的威脅。「但是也存在制度化的壓迫，也就是政策、環境。雖然在西方我們擁有自由和權利，但是僅僅通過現代的現實，也存在真正的風險，社區……也可能逕自就消失。」

*****

南亞的藏人社區正在老齡化、轉變、萎縮和重新構想。正如伍賽德的數字所顯示，許多西藏人正在選擇遷移到西方國家。

不過也有人選擇向東遷移，遷到中國和漢人控制的西藏。西藏流亡政府官員說，他們沒有追蹤統計有多少藏人自願返回中國，但是傳聞故事表明至少有少數一些人的確回歸。在新德里，二〇一五年底，中方宣布簡化藏人回鄉的簽證手續後，數百名西藏人在中國大使館外沿著一排排的磚牆和疾藜網排隊。[12]中國駐紐約、舊金山和多倫多的總領事館，中國政府雇用藏族人來加速簽證處理（當然也藉機偵伺他們的弟兄）。

認定流亡藏人的政治機構功能不彰，加上中國的經濟和政治崛起的優勢，也讓北京有了新論述來吸引藏人回歸，即使藏人的功能失調主要是中國造成的。[13]二〇一〇年，中國藏學研究中心（China Tibetology Research Center）工作人員劉斌（Liu Bin，譯音）促請中央統戰部加大對西藏難民（尤其是第二代和第三代難民）的「針對性工作」力度，以促進海外華人少數民族的統一。[14]擬議的「針對性的工作」宣傳活動——這個主張在網路上遭到支持西藏人士的強烈譴責[15]——其中一項是在加利福尼亞州成立「海外藏族友好協會」（Overseas Tibetan Friendship Association），以推廣中國版的西藏生活。據報導，二〇一二年西藏自治區也計畫設立一個專責辦公室，「與海外藏人溝通和服務」。[16]

從地位崇高的喇嘛到無法融入流亡經濟的新移民，來自各個不同政治立場的藏人們，回應這些召喚的人數都不多。[17] 與西藏難民共同生活多年的馬修・艾克斯特（Matthew Akester）說，中國利用各種誘惑來哄騙沒有政治傾向的藏人回鄉。譬如，在二〇一五年四月尼泊爾大地震之後，中國為了鼓勵西藏人回歸，「展開一系列運動。他們在尼泊爾展開一項活動，突然在駐尼泊爾大使館開設櫃檯，宣布住在地震災區的任何人都可以來，不會盤問問題，這可以說是公關演習。」自從二〇〇八年中國突然停止向國外藏人發放回鄉探親許可證以來，這是第一次來個政策大逆轉。中國基本上利用這個悲劇來鼓勵藏人返回中國控制的西藏，而且可能是永久留在中國。

對於許多流亡藏人來說，他們其中一些人數十年來已經陷在法律或政治的桎梏上，中國呼籲統一——這是解決西藏問題的關鍵戰略——似乎引起共鳴。甚且，有位西藏官員告訴我，西藏流亡政府「沒有阻止人們回鄉探親的政策。事實上，它有種理解，回鄉也不錯。我們必須保持這些聯繫。否則，西藏以外的社區是如此之小，我們愈是長久處於目前的情況，和家鄉的關係就變得更加脆弱。」

但是這並不意味著逆向的西藏移民不會給西藏流亡領導人帶來巨大的政策挑戰。同一位官員說，一位藏裔美國人或藏裔加拿大人申請到中國的簽證，必須經歷「一個非常侵犯隱私、複雜的過程。你必須列出你在西藏的所有親戚，你預備到哪裡訪問，然後他們真的去聯繫簽證申請表上列出的每個人。因此，這是一個非常值得關注的大問題，因為那樣他們就可以跟蹤人們，無論是在這裡還是在西藏。他們知道在某個村莊裡，扎西先生或丹增先生在加拿大有一個親戚。這些訊息顯然用於監控，我們知道中國政府有能力做到這些事情。」

*****

就像任何一個被迫離棄家鄉的難民一樣，西藏人為了追求更好的生活、更好的教育和更好的機會而移民。但是又和許多少數民族不同，通常少數民族招惹東道主國家的仇外排擠，譬如敘利亞人在法國、庫德人在土耳其，或巴勒斯坦人在以色列，都備受排擠，可是藏人仍然受到高度的支持，特別是在美國。網路上，美國移民律師幾乎都吹噓，如果經過適當的指導，西藏人是多麼容易獲得庇護。[18] 紐約慈善機構「西藏基金會」（Tibet Fund）負責人洛桑・奈達（Lobsang Nyandak）說，雖然他看到少數藏人沒有獲得美國庇護的案例，但是「這些案例的數量非常少……大多數藏人，他們似乎都得到了庇護。」（不過，這是川普當選總統之前；他的政策將會如何影響包括西藏人在內的所有類型的移民，還有待觀察。）

我訪問伍賽德後的第二天，西藏人聚集在聯合國總部附近的一個公園裡，紀念他們在一九五九年三月十日的起義失敗。傑出的佛教學者、「西藏之家」（Tibet House）的會長羅伯・瑟曼（Robert Thurman），勸告群眾中的年輕藏人「要努力學習，去追隨格西（geshe la，長期修習佛學而獲得學位的西藏宗教教師），並且學習你們的語文。」瑟曼告訴群眾，許多藏人已經在西藏境內放棄，他們抱怨中國限制他們說母語。「因此，你們年輕人，除了經濟學和政治學，以及你在學校學習的其他東西之外，還要繼續學習你們的西藏語文。」

瑟曼對年輕人的籲求可能是雞同鴨講，已經被置若罔聞。在聯合國總部附近的哈馬紹廣場（Dag Hammarskjöld Plaza）聚集的人群中，許多人在他講話時，自顧自地滑手機，或者互相聊天。它突顯世代分歧，而這正是西藏人、學者，甚至美國政府也擔心的現象，深怕會斷送掉西藏難民的實驗。根據美國國務院二〇〇八年對印度藏人安置區的評估，缺乏機會和收入能力正在推動年輕的藏人離開，並且對達賴喇嘛倡導的建立文化和傳統凝聚力的目標產生不利影響。[19]安置區官員警告說，由於許多年輕的藏人離開印度，「在這個國家的西藏文化可能在這一個世代就凋零」。

實際上它可能還會發生得更快。在一九九八年之後的十年間，印度、尼泊爾和不丹的六十個藏人營地的人口年增率只有區區百分之一點四；有些安置區，譬如座落在原本繁華的加德滿都市中心的一個社區，則下降了百分之十。甚至在人口數量似乎保持穩定的營地中，若是仔細觀察往往會發現令人沮喪的實情。印度拜拉庫比的洛松桑杜普林安置區，數字描繪的情況好壞參半。這個安置區成立於一九六〇年，最初人口約為三千人，到了二〇〇九年則有九千二百名藏人，比起十年前的七千五百人已經增加，平均年增率為百分之一點九。[20]但是在同一個安置區，死亡率卻超過出生率百分之三十，失業率徘徊在百分之四十上下，年輕人只有百分之九上大學，近三分之二（即百分之六十三）的人說，他們正要移居國外或計畫很快就要移民。[21]

紐約市皇后區繁華的族裔大熔爐，就是實現移民美夢的許多人最後落腳的地方。傑克遜高地（Jackson Heights）位於伍賽德社區中心會館以東兩英里，這裡有許多西藏和喜馬拉雅餐廳提供麵條和奶油茶。多年來，曾經以印度沙龍和紗麗商店聞名的這個地區，已經變成了「小西藏」，店面塞滿西藏旗幟、佛像和無盡的香火，還有些廚師叫賣西藏餐點。它甚至成為想吃西藏美食的時尚目的地：二〇一二年十一月，當地一位非藏族美食家籌辦了傑克遜高地的第一次西藏餐點節；這項活動現在已舉辦過四次。[22]

喀珊・旺莫（Kalsang Wangmo）是經歷這些文化重新詮釋的數千名西藏人之一。喀珊出生、成長於拜拉庫比的洛松桑杜普林安置區，她的父母則在西藏出生和長大。和她在西方的許多儕輩一樣，她努力工作，要讓孩子過上更好的生活。不是印度，當然更不是西藏，現在的家是傑克遜高地。

我第一次見到喀珊是在二〇〇九年，當時我在外交關係協會（Council on Foreign Relations）工作，為了一部紀錄影片採訪她。西藏流亡政府前任駐美代表介紹我們認識。她歡迎我到她家去談論她在印度和美國的生活，以及她在美國撫養孩子的恐懼，因為美國在無意中鼓勵文化融合。從表面上看，她日子過得不錯：明亮的三個臥房公寓，有一面牆邊擺著長毛絨沙發，她的孩子們穿著傳統的西藏服飾的照片掛在門口附近，還有一個電子琴鍵盤隨時準備好排練。她的女兒丹增正在練習唱歌。

小時候，喀珊家境很窮。她的父母在一九五九年達賴喇嘛出亡之後不到幾個月，也從西藏移居印度，此後一直住在拜拉庫比。她的童年生活幾乎全由天氣決定。「在印度，我們當過農民。我們種植玉米；我們有兩英畝地。你知道，成功取決於下雨。如果雨量夠好的話，我們就會有些收穫。如果不下雨，一切都盡付流水。」（我在豐卓克林幫忙建置灌溉管路時，親眼目睹這種困境。）大多數年份表現平平，但無論如何豐收，單靠玉米根本不足以支撐全家財務需求。在冬季，喀珊和她的兄弟姐妹要到街上販賣手工編織的毛衣。拜拉庫比沒有什麼所謂淡季工作，「所以我們的毛衣生意……只能賣三、四個月。如果天氣夠冷，我們的生意就不錯，如果不夠冷，那就沒有生意了。」

喀珊在二十多歲時厭倦了賣東西生活，改做當時在印度的年輕藏人常做的一行：加入印度軍隊當兵。幾百年來，藏人家庭都會把一個家庭成員送到寺院出家，今天在印度，特別是在北部地區，大多數難民至少都有一名家庭成員在特別邊防部隊服役，這是守衛錫金和阿魯納恰爾省山區印、中邊界的一支全部藏人部隊。[23] 喀珊在男性為主的特別邊防部隊中度過了五年。「我自告奮勇做所有的事。我跳傘、我攀岩、我登山。我爬的第一座山是帕吉勒提山（Bhagirathi）。帕吉勒提山分成一、二、三號三個峰頭。我爬的是第二號峰頭。它大約海拔二萬二千英尺高。我爬的下一座山是沙托潘斯山（Satopanth），二萬四千英尺高。我是唯一一個和男兵一起攀登頂峰的女孩。」

但是當兵畢竟不是長久之計，到了二〇〇一年底喀珊決定退役，並且移民到北美洲。她選擇到紐約定居，找到美國有人願意發給她邀請函，但是要求收取二十五萬盧比（約合四千美元）的驚人金額，比她賣一整年毛衣的收入要多得多。她從本地一家寺院借來錢，這是希望移民的藏人的慣常做法。

她在九一一事件之前幾個月抵達紐約，只有身上的衣服和家人的一些照片。她當了一年的住家管家，賺錢來償還向寺院借的錢，然後向移民官員陳述她的故事。她回憶說，美國移民官幾乎不介意事實真相是什麼，即使沒有多少事證支持她的故事，她的居留申請不到一百八十天就獲得批准。她於二〇〇四年把子女接過來，並且在上東城找到替一些家庭烹飪和清潔的工作，其中一位雇主是美國著名慈善家，在中國教育系統上投資極多（她告訴我他的名字，但是因為他還在中國工作，要求我不能提他的名氏）。二〇〇三年，她有了自己的公寓，第二年賺了足夠的錢把子女接過來，然後又把她的妹妹接過來。

「每個人都想來紐約，不僅僅是我。所有西藏人都想來這裡。他們渴望來這裡，紛紛排隊。美國就像一個完全不同的世界。」

「我們付錢，但是我不在乎，因為我們可以在這裡賺到錢。在這裡，我們有這樣的機會，有機會工作。我們可以證明我們的能力。」

今天，喀珊正在教養她的子女，要接受他們的西藏文化。「我的職責就是教好我自己的孩子，因為在美國，西藏人是少數民族。這兒只有少數幾千名西藏人，就這麼多。我們與來自其他國家的人混在一起。因此，對我來說，教他們我們是誰、我們來自哪裡，是非常重要的。你知道，我們是西藏人。」像伍賽德那樣的社區中心一開放，像她這樣的藏人將有一個相互學習的地方。過一段時間，它可能足以支持他們在美國生存。

如果喀珊到另一個國家尋求庇護，或是選擇另一個時間離開印度，她可能還沒有一個家。美國處理西藏移民的做法並不完美；儘管在政治上和經濟上都曾經支持藏人，但是想要把授予流離失所的西藏人簽證的程序正式化，卻在國會受到阻滯。[24]但是在歐洲部分地區，情況則更是糟糕，譬如德國、比利時和瑞士這些曾經在一九六〇年代為新抵達印度的難民提供農業和技術支持的國家，愈來愈冷落藏族移民。[25]

達蘭薩拉負責安置區事務的官員索納．多吉說，二〇一五年，多達一千名印度藏人被歐洲國家核發「黑皮書」，因為移民官員得出的結論是，印度法律的變動（包括印度內政部長誇耀的「復權」協議），意味著西藏人不能再在歐洲申請政治庇護。

*****

鑒於目前的情況，普蘭．多傑的女兒德欽（Dechen）當時能夠離開印度，算是幸運。二〇一三年十月二十七日，付給「代理人」相當於一萬五千美元的鉅款後，當時三十四歲的德欽在新德里的英迪拉．甘地夫人國際機場登機。她來到巴黎，不僅僅是想要看看世界、賺錢，而且也想拋掉在印度永久處於難民地位的乏味和法律上的不確定。一位表親到機場接她，幫助她安頓下來。

到了二〇一六年九月，德欽已經在首都郊外名為塞納河畔伊芙理（Ivry-sur-Seine）的通勤城鎮找到工作。根據西藏流亡政府的說法，她是當時居住在法國的區區五百名藏人之一，不過德欽懷疑自從上次政府進行正式調查以來，還有更多的無證藏人來到法國。她在通過海關入境之後不到幾天，就找到一份工作、一個居住的地方，以及全新的生活方式。德欽有過美容師的工作經驗，很快就在遠離市中心的一家沙龍找到工作，負責剪頭髮，替巴黎人美化指甲。

她說，她會要離開，是因為在印度生活太不穩定。當時是二〇一三年初，她和交往幾年的男朋友剛好分手，她意識到：「印度對我來說毫無發揮餘地。」

但是她要到哪裡去？「美國非常強硬，很難去。」與喀珊和其他數千名西藏人不同，他們這些年來把指南針定向美國；德欽認為她在歐洲會有更好的運氣。這是一個公認的危險舉動。當時，來自敘利亞、伊拉克和更東邊國家的移民，正激怒法國反移民的政客。與此同時，中國對歐洲有關西藏移民的決定，似乎比對華府的決定更具影響力。

就在她到達的前幾天，好像要給她下馬威，巴黎另一個郊區的警察拘留了一名年輕的、無證件的科索沃女孩，她與同學一起參加實地教育參訪。李歐納黛・迪布拉尼（Leonarda Dibrani）很快就被遞解出境，送回科索沃，這一來在巴黎全市引爆一系列學生主導的抗議活動。這只是法國移民人口被無休止的逮捕和驅逐出境的其中一部分，其中任何一個案例都可能讓一名年輕的藏族女子裹足不前，不再親自測試這條路線。[26]

不過，就德欽而言，移民卻奇蹟般地直截了當。她說：「有些人，他們覺得很難來到這裡。」西藏人與其他移民一樣，「必須到每個國家，到邊境，試圖入境。有些人必須跨過大海、穿過河流，但是我沒有遇到這樣的問題。」作為一個相當成功的西藏商人的女兒，籌集機票和辦文件的錢並不難。她只是付錢給「代理人」，取得旅行文件，然後就在行李領取處領行李。她靦腆地說：「也許我很幸運。不過我祈禱很多。」

今天她住在塞納河畔一間一個臥房的小公寓。她每週工作六天，從星期一忙到星期週六，在火車車程大約九十分鐘之外的沙龍工作，每天工作十個小時。店裡還有三名西藏移民與她一起幫客人剪頭髮，另外還有四名斯里蘭卡女生和兩名越南女孩為同事。上下班途中，她利用時間睡覺、閱讀，或在手機上玩「糖果傳奇」（Candy Crush Saga）。

在盯著法國鄉村景色從火車窗口飄逝的幾個小時之間，她想起另一種選擇：在她遷來歐洲之前的三年裡，她失業，與父母住在一起，也和一名藏族男子交往，可是她覺得不會有前途。這是她這個年齡的許多藏人，包括她自己家庭的成員，躲不了的陷阱。

儘管想家，德欽已經安定下來了。自從抵達法國後，她已經賺到足夠的錢搬進自己租的公寓，開始與她在巴黎結識的藏人建立新的關係，也定期匯錢回家給父母，以償還她離開時所借的錢。她說：「一切都與印度不同，法國的生活更輕鬆。太好了。我們想要什麼，都可以得到。」

「對西藏人來說，印度太艱難了。」

*****

回到伍賽德社區中心的停車場，索南以謹慎的方式完成了我們的參觀。像喀珊或德欽這樣的年輕藏人遷移到西方首都的浪潮或許不會停止，但是他們到達時會發現什麼都取決於藏人自己，無論是金錢和陌生人的城市，還是致力於繼承祖先傳統的社區。

與達賴喇嘛距離遙遠使得意見更容易分歧，而藏人擁有的相對言論自由也日益分裂，特別是在是否主張從中國獨立，或是某些更為妥協的方案上，日益分歧。鑒於中國不願意與尊者談判，許多外界人士認為論證無論如何都是無效的；但是對西藏人來說，即使不是行動，它目前是、將來也仍然是一個嚴肅的話題。

二〇一五年初在社群媒體上出現一次特別混亂的爭吵。在這一年三月十日紐約市舉行的抗議活動（這是我訪問伍賽德之前一年），西藏人彼此激烈爭吵，他們喊「中國滾出西藏」的口號或揮舞「自由西藏」的標語，是否違反達賴喇嘛妥協性的中間路線戰略（它主張與中國透過談判、達成解決方案）。一系列發布在臉書上的手機錄影顯示，抗議活動的組織者，包括社區中心的索南，要求警方禁止「自由西藏」這一派人馬參加遊行。警方援引美國憲法，禮貌地拒絕他們的請求。

當我向索南問起這件事時，他說這只是一個大誤解。但是他顯然相信支持在西藏享有「自由」的這一派人士，選擇錯誤的一天舉起他們的旗幟，播下不和諧的種子。

他羞怯地承認：「是出現了一點小戲劇。」他們的想法不是要禁止言論自由，而是希望用一個聲音說話。「每年都有一個舞台，一個演講者可以說五分鐘話，說『我們需要為自由西藏而戰，我們需要為自由西藏而戰。』然後，五分鐘之後，換別人說話，高喊『我們支持中間路線。』忘掉外國人或美國人；西藏觀眾本身：年輕一代、老一代，都感到困惑。『他們在說什麼？他們要我們怎麼做？』實在很困惑。」

他說：「尊者說明這些事情中間路線已經很多年了；人們必須了解它。但是人們並沒有真正的了解它，特別是年輕一代。」

然而就這個案例來講，估計錯誤的是索南。要求紐約市警察局阻止西藏人行使其憲法第一條修正案的權利產生反彈，在社群媒體上引起凶猛的反應。

當明顯想要箝制言論的錄影帶在西藏僑民中瘋傳開來時，有一位觀察家從印度大吉嶺表示：「我認為中華人民共和國肯定會喜歡我們西藏同胞的這些討論。我們喊的口號是：『團結就能屹立，分裂必定滅亡。』可是我們自己卻在搞分裂。」

另一則評論由一位參加抗議的年輕人貼文，更具感性。這位年輕女士寫下：「我今天心碎了。我這輩子第一次遇上，我們自己人試圖封殺我，只因為我挺身支持自由西藏。我眼睜睜看著西藏人民的團結，和我們的奮鬥，在我眼前坍塌。」她的貼文後來被分享了將近三百次。[27]

展望未來，可能不是如伍賽德正在興建的社區中心這種實體結構，把西藏僑民凝聚集在一起，而是下一世代領導人如何率領大家走過中國戰略性保持緘默，而在流亡人士社區產生的不和諧。

第十三章

BLESSINGS FROM BEIJING

最後一次和帕拉散步

二〇一四年十一月一個寒冷、清爽的早晨，我和帕拉最後一次散步。太陽從印度北部的喜馬拉雅山麓緩步上升時，我們在麥羅甘吉的祈禱路上相遇。我在巨大的香爐旁看到他，藏人把松針投進香爐拜佛。那天早上我們並沒有正式約好要會面，他的一個兒子告訴我，在何時何地可以找到他，但是他似乎並不懊惱或驚訝有人作伴。他微笑著說一聲：「早安。」

即使天未破曉，帕拉也是樂觀、充滿活力、專注、虔誠。他向我點點頭，親切地表示：「你好，OK，OK，OK。」然後送上他熟悉的笑容。他轉過身向山上走，示意我跟著他。他再次重複說：「OK，OK，OK。」然後就是他的西藏語口頭禪：「我們走吧（La-doh）。」

我們在沉默中緩緩沿著鋪平的步道往上走，就像十七年前我在他家借住時幾乎每天早上都一起散步一樣。我注意他雙手盤在背後，緊握木製念珠有節奏的翻動。後來，我在市場買了念珠，模仿他的虔誠，默默地背誦著佛教徒向大慈大悲菩薩說的六字真言。但是這一次，我的念珠放在我的大衣口袋裡，我更感興趣的是觀察帕拉的虔誠漫步，而不是專注我自己的虔誠。我必須承認，它已經停頓。

我們慢慢地向礫石小徑走去。數十名老年藏人男女加入我們緩步行進，有些人手上還拿著比他們的頭還大的手持式轉經筒。帕拉偶爾會停下來，旋轉沿著路旁擺置的轉經筒，深呼吸，或者向他認得的鎮民打招呼。藉著輕鬆的笑容和快活的風格，帕拉在登山時散發出市長的氣息。

到了上午八點，我們接近這條圈形步道的頂部，經過圍繞達賴喇嘛的寺院和起居區的高聳的鐵絲網。藏人似乎對於尊者是否在鎮裡有第六感（即使達賴已經八十一歲高齡，他每年仍有半年時間在印度和歐洲、北美洲旅行）。對於其他人來說，武裝的印度士兵沿著可拉的鐵絲網站崗，是達賴喇嘛從旅途返回的最清楚的信號。我繼續在帕拉背後往山上走，不安地盯著我們經過的那六個衛兵和他們的ＡＫ－47長槍（我總是覺得挺矛盾，全世界最著名的和平主義者卻被全副武裝的士兵團團包圍守護著）。

我們走過最後一個斜坡，距離作為路線終點站的計程車站還有幾百英尺，帕拉走向一個盤腿坐在泥地上、殘廢的乞丐。在我與帕拉重逢的日子之前，我曾經有幾次走過這條路，主要是為了運動也是為了憶舊，每次都看到這位中年印度男子坐在那裡。但是我從未停下腳步。我很久以前就有意識地選擇不給印度窮人錢，認定大多數乞丐都是騙子，或者受雇於其他人來行騙。印度因遊客受騙和乞丐詐騙而臭名昭著，我以前也無數次受騙過。髒兮兮的孩子假裝需要錢為姐妹買牛奶，或在火車站碰到流氓威脅，不給錢就要揍你。對我來說，坐在地上的這個人是印度不幸，但是可以避免的現實之一部分。

但是帕拉看到坐在泥地上的是另一個人。在他的眼裡，這個裝上髒兮兮義肢、拿著破錫杯的乞丐，與每天從他身邊經過、轉著轉經筒的數百個西藏難民並沒有什麼不同。和這個乞丐一樣，西藏人曾經身無分文，在政治上毫無地位，並且在很多方面仍然試圖在一個從未完全接受過他們的國家裡尋找自己的出路。甚且，這個乞丐——帕拉的兒子後來告訴我，是本地加迪族部落的人（Gaddi tribesman），也經歷他位在山區和山谷的家園被外國人侵占的命運。帕拉的祖國則被漢人侵占。這個乞丐和西藏難民並無不同。

帕拉一邊說一邊對那個男人躬身表示敬意：「我的朋友，我的朋友。」帕拉繼續說道，現在轉向我：「我們，我們都一樣。一樣，一樣。」

帕拉俯身在那個男子的空錫杯裡扔了幾枚硬幣，引來一個沒有牙齒的大笑容。我雙手合十為禮，不是為那男子，而是敬佩帕拉的慷慨。

帕拉和我又一起走了一會兒，朝著計程車站走過去。我稍微放鬆了我的步子，以適應他的節奏。在另一個角落又出現一個乞丐，這個人看起來像是藏人，他已經心領神會在等待。帕拉從錢包裡掏出一些盧比硬幣，然後彎腰把錢放進伸出來等待的手掌。他說他每天早上就像時鐘轉動一樣，給這兩個男子錢。我問他為什麼，他笑了笑，點點頭，一言不發地向前走。我猜這是他轉動業力輪的方式。

我們接近路徑的盡頭時，寺院路才剛剛醒過來。一個賣茶和蛋的店家正在升火燒爐子。賣一籃又一籃熱氣騰騰的馬鈴薯餃子的小販，把他們的推車推到定位。賣蔬菜和念珠的店家也正在擺貨，預備展開一天的交易。我們在一個骯髒的公共廁所附近停留（根據牆上貼的標誌，它由衛生部很自豪地負責管理），散步已經走到盡頭。帕拉調整了他的毛衣和針織帽。我們只繞了小徑一次，而我已經出汗，準備吃早餐了。帕拉面帶微笑，精神抖擻，準備順時針方向走第二圈。

我把手放在帕拉的肩膀上說：「再見，謝謝你陪我走了一圈。」

他再次喃喃自語，咧嘴笑著說：「OK，OK，OK。明天見。」然後消失在往山下走，牛屎散落一地的步道之起點。再見了。

*****

在我最後一次前往麥羅甘吉拜訪我的「帕拉」那段時候，我又聯繫兩位受人尊敬的西藏事務專家羅伯·巴奈特和馬修·艾克斯特；多年來他們從不同角度觀察西藏僑民。就像我第一次採訪中國軟實力鬥爭的核心之前一樣，我在最後一次探訪之前和期間，再次請教兩位專家，分享和驗證我將近十年來與藏人討論的心得；這些藏人在通常看不見的衝突之前線有相當豐富的經驗。

兩位專家都對西藏社區的政治軌跡感到悲觀，也都懷疑當前的領導班子是否能夠領導西藏社區及其大業。從本質上講，他們都認為西藏難民社區具有重大象徵意義，但是政治上卻處於靜止狀態。巴奈特說：「達蘭薩拉本質上是一個難以重新打造和重新構想的機制，部分原因在於它仍然以記憶和希望為基礎，而不是以倡議和成績為基礎。」這並不是說，無論是流亡者還是留在西藏境內的人，都不會向達蘭薩拉尋求政治指導；他們是仰賴達蘭薩拉給予政治指導。但是，當他們深入挖掘時，他們發現的是「在信譽、創新等方面都不是第一流的機構，至少在對中國政策方面是乏善可陳。」從缺乏遠見和創意，到會鑄下大禍的人才流失，「印度達蘭薩拉計畫存在著結構性問題，需要真正大膽的思考才能克服。」

艾克斯特更加謹慎。我們在羅布林卡宮的花園見面喝茶，那時我們每年碰面一次已經成為儀式，我一定向我的地緣政治大師請教。他的房子離我們所坐的地方不遠，距離西藏政府所在的建築群不到幾英里距離。我告訴他最近我在紐約、印度南部和尼泊爾，與西藏難民的談話，並分享我的東道兄弟對西藏領導人所描繪的方向，似乎有堅定不移的信念。

艾克斯特朝著麥羅甘吉方向的山頂比了一比，他說：「我怕這就是當地社區中許多人的聲音。在那兒，要麼是無能力，要麼是拒絕對未來展開進步的思考，特別是在流亡領導層方面。認為他們的鬥爭比起達賴喇嘛的世界和平外交還更重要。二〇〇八年西藏爆發抗議活動，但是流亡者未能抓住那股風潮，參與實際的議題，而且這裡的政治辯論已經墮落成為獵巫行動，任何人都被戴上不忠的帽子。我擔心這是一種絕望的跡象。」

*****

在這些可怕的觀察和日益下沉的趨勢中，我們不可能不去想當達賴喇嘛不在人世時，西藏僑民會變成什麼樣這個問題。艾克斯特說，藏人對此問題一直有欠思考。毫無疑問，它會有所不同，但在哪些方面會不同，取決於許多因素（譬如第十五世達賴喇嘛被認可在哪裡轉世，和由誰認可，以及國際上對西藏人的政治支持是否會在權力真空中減弱），我們也容易看到為什麼日常藏人寧願去想其他事情。甚至達賴喇嘛的私人辦公室似乎也沒有興趣參與辯論；我至少提出了六次以上的採訪要求，盼望能接續我們二〇〇九年的簡短對話，希望能和尊者本人或他辦公室的代表談話，但是都被告知，由於行程繁忙和年事已高，尊者無法見我。

達賴喇嘛私人辦公室祕書其美．仁增（Chhime Rigzing Chhoekyapa）透過電子郵件回答說：「我們雖然很希望安排採訪，但是目前由於尊者經常旅行，時程表非常繁忙，很難安排。你可能知道，尊者在許多場合就西藏文化和相關議題發表了詳細的言論，這些都是有記錄的。您可以考慮找出他的一些陳述，將它們納入您的書中。」

儘管他希望擺脫政治聚光燈，在二〇一一年也透過辭去西藏人的俗世政治領袖而表明堅定心志，放棄了四百年來達賴喇嘛兼為西藏精神和政治領袖的傳統，然而毫無疑問，達賴喇嘛這個機制繼續在流亡人士心目中高擎西藏的火炬，至少許多西藏人是這麼認定的。至於火炬要傳遞到什麼地方，則是普蘭・多傑和他的家人這些西藏人必須自己去找答案。

我曾經問過帕拉，他認為他家庭的未來會是什麼樣子。我們透過翻譯在他家聊天，就在同一個混凝土庭院裡，我們曾經圍在煤炭爐邊一起喝熱茶取暖。客人進進出出，他的妻子靜靜地坐在旁邊的門廊上，編織東西、準備晚餐，偶爾替我們重新倒茶。（我每次拜訪帕拉家，無論是一九九〇年代末期當房客，還是二〇一〇年代以作家身分來採訪，帕拉的妻子都在場，但大部分時間保持沉默。除了她在哪裡成長，以及她如何結識她丈夫，我從來不清楚太多關於她的事情。）我們談了兩個多小時，我們談話時，猴子在屋頂上跳來跳去，狗也對著天空漫無目標地嚎叫。

「你是否仍然懷抱希望，認為你能夠再次見到故鄉，或者至少你的孩子會看到？」

帕拉說：「我仍然充滿希望，因為尊者非常努力。我對中國政府抱有希望；他們政府每五年更換一次。所以我真的對達賴喇嘛抱有希望。政府並不好，但是我對中國人民有信心。」他說他只會回到自由的西藏，這表明他的家人中沒有人會上當，回到中國控制的西藏。（他也拒絕討論他在西藏還有什麼家人，擔心這樣做可能會給他們帶來麻煩。）

我問道：「你所寄居的國家有哪些大變化？」

「兩件事情。今天的年輕一代已經開始向西方遷移，而在達蘭薩拉正在建造的新房子是蓋給印度人住，不是蓋給西藏人住。」

「你希望你的家人有更多人能夠搬到西方去，就像你女兒一樣嗎？」

「我希望我的家人能夠全都住在這兒，住在達蘭薩拉。當我們獲得自由時，全家人從這兒搬回西藏會比較容易。但是當然，如果他們想到西方去，那是他們的選擇。」

我問道：「你有沒有曾經試過離開麥羅甘吉，搬到西方國家去？」

他笑著說：「不，不。印度有最好吃的烤肉。我為什麼要搬到西方去？說真的，在印度，我們全都是一樣的。」

帕拉暫時避開翻譯員，用他的破英語說：「五十、五十啦。我好。你也好。一樣、一樣。在達蘭薩拉，西藏人和加迪人，一半一半啦。西藏人受益，加迪人也受益。」

「你認為印度是你的家嗎？」

回到翻譯員，他繼續說：「我在這裡蓋了一棟房子……但是很難說。它沒有家的感覺。但是這取決於西藏流亡政府、西藏中央公署啦。無論他們說什麼，我都聽。我不想表明印度這個地方是否像家一樣。」

我問道：「你感到很幸運，能在達蘭薩拉嗎？」

「這不會錯啦；我很幸運能夠來到這兒，靠近達賴喇嘛尊者。能夠來到這裡是一種榮幸。因為尊者，我總是想到互惠互利。每個人都希望幸福快樂。作為一個和平的社會，世界會是最好的、適合每個人。由於尊者住在這裡，有更多的人來到這裡。更多的國際人士，更多的中國人。」

這時候，太陽開始下山，而我的「帕拉」普蘭．多傑也疲倦了。通過翻譯進行兩個小時的談話，讓他筋疲力盡。當我收起包包，闔上筆記本時，我向這位大家長再問一個問題，我想像他自己的孩子多年來也問過他，因為他們也逐漸接受了藏人在國際世界中身為無國籍人的地位。

我問：「經過這麼多年之後，你今天還氣憤中國人嗎？」帕拉迅速回答，帶著典型的希望、信任和信心。

「達賴喇嘛是大慈大悲觀音菩薩的化身。他提倡以這種中間路線處理中國問題，這是一種讓藏人和中國人都能受益的方法。如果發生這種情況，如果中國接受這種方法，那將是一件很棒的事情。藏人就可以返回西藏。」

「但是談到中國，它就像一片非常廣大的天空。我們沒有太多辦法；它太大了。但是我對中國沒有任何憤怒。憤怒也沒有用。這是我們的業。中國有十億人口，我們藏人只有六百萬，兩者之間差異太大了。我們沒有什麼辦法。這得看他們怎麼說。」

據我所知，帕拉仍然在環繞著他和藏人近六十年來一直敬拜的寺院群的可拉步道散步。如果他活到二〇一九年三月，藏人出亡六十週年，他將是八十四歲的老人，比他六十年前追隨跨過冰天雪地的喜馬拉雅山，而投奔自由的尊者大一歲。但是當他辭世的時候，他的遺體很可能會被送到印度北部這個他住了一輩子，也養育了一個家的村莊外頭之火葬場。他的肉身和骨頭將送進火堆焚燒，他的骨灰將隨風散落在一個他從未要求過，當然也根本不想要的家園上。

與世界上許多政治和宗教流亡者不同，這些人的痛苦只在全球短暫受到悼念，而藏人受到各方聚光燈的注意卻遠遠超過他們本身所預料那麼長久。印度和西方民主國家首居其功，在政治上和經濟上給予支持，特別是美國，它首先利用西藏人來推動華府的外交政策目標，今天則因人道主義原因而保持關係。西藏人已經成為一個典範，演員和音樂家、和平主義者和民主國家居民可以堅決認同它。儘管中國陰險，持續的搞詭計要讓大家遺忘他們。或許也正因為中國的欺壓，西藏人已經俘獲了全世界的同情。

當然，今天西藏流亡人士的奮鬥中，有許多令人沮喪的地方，本書的大部分內容都集中在這些挑戰上。西藏難民受到來自各方面的擠壓。首先，也是最嚴重的是中國緊盯著它，但是西藏人內部也分裂、爭吵、藥物成癮和政治失誤。艱難的跋涉和漫長的等待救贖，毫無疑問是相當複雜，並且由於種種挑戰而變得更加痛苦。

但是，令中國驚駭的是，西藏難民的陰霾也出現許多亮點。在我報導北京「祝福」的最初幾年裡，我採訪過的大多數藏人，都把他們在各個地方遭遇的困境歸咎於中國：中國搞間諜活動、操縱尼泊爾的邊境政策，以及削弱國際社會的支持決心。然而，今天這種指責似乎正在消退，換成新世代年輕藏人的自我反省，他們致力於針對中國的詆毀提出反制的論述。這一來，新思想和新能源正在注入已經長期窒息、愚蠢的政治運動。

二十七歲的年輕藏人丹增・塞爾登（Tenzin Seldon）住在曼谷，就西藏和其他問題向聯合國提供建議。她說，緩慢的「讓我們的大業沉默」將反過來成為各地西藏青年的警鐘。她出生於印度，在美國接受教育，是羅德學者（Rhodes scholar），也是第一位獲頒「美國大學三年級資優學生杜魯門研究生獎學金」的藏人。她對西藏議題的貢獻之一是舉辦西藏和中國學生的對話會議，讓來自對立兩極的人們坐下來討論他們共同的困境。[1]

達蘭薩拉的「九―十―三西藏政治犯運動」組織（GuChuSum Political Prisoners Movement of Tibet）*副主席南雅・多嘉，當年到法院控告印度政府勝訴而成為印度公民。這個在印度出生的藏人二〇一一年勝訴時，年紀才二十五歲，她成為第一個流亡的西藏人，通過法院裁示公開獲得這項權利。[2]她在勝訴後幾年回憶說：「當西藏人來到這裡時，他們不需要印度公民身分。但是現在社會正在變化，社區正在變化。愈來愈多受過教育的藏人正在從更多的平台上發言，這些平台在印度大多數都需要印度公民身分，就和世界上其他任何國家一樣。」

還有像次旺．南嘉（Tsewang Namgyal）這樣的藏人，他是紐約市的投資銀行家，早年在印度最大的藏人安置區，即印度南部穆恩德戈德鎮的多古嶺（Doegu-ling）長大。今天，他帶頭努力「重新構想」西藏安置區的概念，要為印度的藏人社區注入新的活力。這些社區的人口急劇減少，出生率低，年輕人才外遷。[3]次旺認為，重新構想多古嶺藏人安置區可以透過生態和宗教旅遊，帶來就業機會而扭轉這些趨勢。哥倫比亞大學佛學研究教授羅伯．瑟曼說，這個想法是透過行銷多古嶺是「休息和放鬆的地點，西藏藥師佛健康復原旅遊，冥想旅遊和精神靈修」，來吸引遊客到偏遠的印度南方。[4]

我對於次旺對多古嶺立下的願景感到好奇，也對於它得到瑟曼等學者的支持留下深刻的印象，我安排在二〇一六年底到這個龐大的安置區訪問，預備親眼看看印度的藏人社區是否真的可以「重新構想」。老實說，我從一開始就持懷疑態度。我去過印度的許多藏人營地，大多

＊根據維基百科，「GuChuSum」代表九、十、三，指的是現代西藏史上的三個重要月份：一九八七年九月、一九八七年十月和一九八八年三月，發生在西藏首府拉薩的鎮壓。（譯者注）

數地理位置偏僻，缺乏基本設施（如熱水和可靠的電力），除非獲得印度政府發給「保護區許可」，否則不對外國人開放。沒有獲得「保護區許可」，可以招惹來鉅額罰款，甚至監禁。

然而，當我從倫敦經過阿布達比前往印度，終於抵達時（在次旺的協助下取得入境許可），我最初的懷疑變得更加有衝突。一方面，印度的深南方有新鮮空氣，星空閃爍的夜晚，刻意的孤立隔離和精神上保持孤獨。在一個超連接的星球上，這是愈來愈少有的東西。經過一個星期探索安置區龐大的「喇嘛營地」的六座寺院，與西藏官員一起吃家常麵，又沿著塵土飛揚的寺院小巷和僧侶一起追著足球，很容易想像很多遊客參與瑟曼建議的「商品化孤獨」的可能性。

另一方面，任何尋求挑戰現狀的西藏人都面臨一個長期的困難。西藏難民官員可以很容易地解釋「重新改造」西藏安置區概念的必要性，視之為暗示達賴喇嘛率領的原始方法失敗。次旺已經發現，這種暗示並未受到歡迎。目前，西藏中央公署透過設在北部印度的各個部會，控制著安置區生活的方方面面，它的行為類似於國際援助組織採用的從上而下的模式。安置區——有些地區遭到忽視——通過投票和臨時稅收為西藏中央公署提供了政治合法性的主要來源。次旺認為，安置區中藏人真正需要的是，能夠規畫自己的前進道路，這是他所倡導的。但是對於達蘭薩拉而言，這並不是容易吞嚥下去的藥丸。

「我向他們提出的論點是，西藏中央公署的目標實際上是為西藏的藏人帶來自由；這更像是一項政治任務。如果藏人安置區做得好，它們將成為西藏中央公署的資產、而不是負債。」

雖然次旺在小拉薩獲得了一些支持，但進展緩慢，而且挑戰極為艱鉅。它們包括支持短期土地租賃，籌集資金投入，以及如何暫停印度核定的外國入境許可證，以便利非印度遊客更容易前往該地區。

在我訪問期間，我還發現了第四個挑戰：要如何說服數千名僧人和他們身穿深紅色衣服的管理者，讓他們相信，隱閉、神祕和深奧的藏傳佛教應該商品化。今天，多古嶺擁有西藏以外最具活力和積極性的寺院，包括強大的甘丹寺和哲蚌寺，這是達賴喇嘛黃帽派中最重要的兩座寺院。它們可以說是比現在在邊境另一邊的其他寺院更貨真價實，中國在西藏的控制可說無處不在。

但是藏傳佛教也是眾所周知的複雜，非寺院學生難以進入。僧人可以在沉思和訓練中度過長達三十年，更不用說還花幾個月時間獨處一室深思冥想。巴士車載來的眾多遊客是否可以或應該看到如此認真的研究，是這樣的社區爭論的一個重大話題。

甘丹寺住持肯仁波切．江珠．久登（Khen Rinpoche Jangchup Choeden）是「重新構想多古嶺藏人安置區」計畫的董事會成員；當我請教他有關重新構想計畫時，他答說：「寺院就像大學，我們在此培養專業人士，讓他們能夠教導和指導人們進行精神旅程。從長遠來看，重新構想多古嶺將對社會產生一種非常重要的影響，並且確保有很多積極的變化和改進。但是這需要時間。」[5]

隨著年輕，受過良好教育的藏人挑戰現狀的新方法，長期支持者也押注他們會成功，並且能夠對抗中國希望他們失敗的努力。自從二〇一三年以來，西藏人在美國的遊說活動導致聯邦政府慷慨解囊支持西藏難民。美國國會在二〇一五年撥款法案中，有史以來第一次撥出三百萬美元放在美國國際開發總署經費項目下，用於「促進和保護西藏文化、開發，以及西藏社區在印度和尼泊爾的彈性計畫，並且協助來自這些社區的下一代西藏領導人的教育和發展。」

在此之前，自從一九八〇年代國會首次指示國務院撥款補助西藏中央公署以來，美國聯邦花在南亞藏人的支出大體上保持不變。在大多數情況下，這些經費每年保持約二百萬美元的水平，用於資助難民和新移民的醫療保健、教育和安置區重建計畫。雖然國會還批准撥款辦藏語媒體，譬如美國之音和自由亞洲電台節目，一項名為「阿旺曲培獎學金」（Ngawang Choephel Fellowship）的西藏獎學金計畫，以及其他幾項一次性的活動，美國過去三十年的大部分經費大多投入西藏境內的項目。

二〇一五年的預算週期標誌著此一戰略的轉折。到了二〇一六年，難民專用額增加一倍，達到六百萬美元，此後一直保持穩定。[6]但是川普總統的國務院預算可能會停止此一向上調升的做法。

西藏人、西藏說客、學者和國務院官員，對於歐巴馬政府即將卸任，為何還會逐步增加對西藏難民的支持，存在不同的看法。有人說，這位民主黨籍總統利用西藏難民加強他所謂的「重回亞洲」之論述。一位接近藏人的顧問告訴我：「我們感到相當震驚。沒有人預期會這樣。」其他人則指向西藏人自己。幾十年來，「國際聲援西藏運動」組織作為西藏中央公署實際上在華府的遊說部門，其重點是促進西藏內部的民主、安全和開發計畫；印度和尼泊爾安置區的基礎設施沒有得到充分資金的優先考量。因此，歐巴馬撥給安置區的經費增加，可能意味著西藏人思想的轉變，默認在印度和尼泊爾可追溯到一九六〇年代的難民營地，無論他們的自由鬥爭有何成果，仍然是藏人未來很多年的居住地。[7]

*****

西藏難民在達賴喇嘛過世之後對付北京的「祝福」（以及華府的政治）的能力，將需要更多的創新。首先，他們若要成功地抵擋中國強悍的軟實力攻擊，將取決於西方和歐洲國家是否在財務和政治方面持續支持它。它也將受到中國對尊者逝世的反應的指引。許多人猜測，北京方面將冊立自己挑選的達賴喇嘛，導致出現兩位「受承認」的領導人的對峙局面。西藏領導人們如何在沒有一位全球偶像掌舵的情況下，找出解決這些問題的方法，將是對藏人決心的真正考驗。

要了解中國為什麼寧願等待達賴喇嘛去世的最好方法之一，就是參加達賴喇嘛每年在印度對虔誠的佛教信徒的公開講經。在一月到三月之間長達兩個星期，成千上萬的西藏僧人、比丘尼，俗眾和遊客自各個不同地方來到印度的各個角落，盤腿坐了好幾個小時，聆聽這位西藏精神領袖的每一句話。正是這種磁性，以及達賴喇嘛能夠召喚大量聽眾一連多天專心傾聽的能力，就是中國對西藏僑民展開戰爭所面臨的最根本的挑戰。

探索多古嶺的改造之後幾天，我收拾行李北上前往比哈爾省佛陀的出生地菩提伽耶*，想要親睹現任達賴喇嘛如何召喚他的群眾。兩年一度的「時輪」講經（Kalachakra Initiation）這一年將在佛教最神聖的地點之一菩提樹的樹蔭下舉行。印度當地官員預計來自台灣、澳洲、英國、中國大陸及其他地區的信徒將超過二十萬人。

過去幾年西藏境內也有大量藏人前往出席，可是這次不同。二〇一七年持中國護照的藏人很少。據報導，達賴喇嘛抵達前幾天，西藏共產黨當局沒收藏人護照，阻止藏人登機，並威脅無視禁令前往的人其家屬將被捕入獄。[8] 中國官員後來否認向已經出發的藏人施加壓力，要他們立刻回家，不過北京有一位高級官員宣稱這項法會是一種「政治工具」，旨在宣傳「仇恨中國政府」。[9]

由於西藏人十分容易混進眾多的全球支持群眾，我們很容易就忘記西藏人在邊境兩邊仍然是邊緣化的人群。但是時輪法會是由藏人負責一切。在二〇一七年一月的十二天裡，穿著色彩繽紛衣物的信徒在牛群、汽車、乞丐，和自行車的喧囂聲中辛苦跋涉，沿著擁擠的公路慢慢地前進，只為能看一眼他們的活佛。一位來自美國的年輕女子，她是卡爾梅克族裔（Kalmyk，譯者注：散布在俄羅斯西伯利亞南部和蒙古國的一支蒙古族）的佛教徒；她告訴我，她到佛陀悟道成佛的現地參加二〇一七年時輪法會，是要在此一聖地接受法會所帶來的額外業力（按照她的衡量標準，它是七倍以上）。傳說佛陀在摩訶菩提（Mahabodhi）樹下打坐四十九天終於悟道成佛；有一天上午，要進入摩訶菩提寺的路上被西藏人擠得水洩不通，排隊至少有一英里長。

我那一年一月份在街頭閒逛時，清楚地感受到，中國的靜觀其變戰略對雙方都有很大的風險。藏傳佛教遠遠超過任何一個男人或女人的力量；它是超乎經驗的，並且已經存在好幾個世紀。沿著法會場地外幾乎每條泥濘的小巷道都有僧人擺攤位，為在世界各地興建寺院、經堂和佛法中心，募集捐款。搶收現金和收集色彩繽紛的黃色或粉紅色付款憑證，似乎是神聖的狩獵；藏人大娘和老爹穿上傳統的華服，揮舞著各種各樣的收據，走在人群中，彷彿華爾街搶買股票的交易員。

坐在攤位上的一排排微笑的僧人，甚至非佛教徒也無力抗拒他們。兩位僧人注意到我的眼神，直到我為尼泊爾農村某處正在興建的寺院捐出幾百盧比才肯放我走。根據我收下的業力金券，一座「四十七英尺高的」和平佛塔和寺院將致力於「全世界的和諧，特別是尼泊爾的和諧」。兩位僧人向我保證，我的捐款不會浪費，我的善行甚至可以幫助我實現「成佛」。在流亡中，就像在西藏一樣，金錢與信仰混合在一起，保證他們目前的大家長離世之後，藏人的宗教信仰仍將長久存在。

即使如此，要在未來六十年保持全球仍然關注西藏問題，還不僅只需要更多金錢。當第十

＊釋迦牟尼的誕生地是藍毗尼，悟道成佛之處是菩提伽耶。（譯者注）

四世達賴喇嘛去世時，失去這樣一個西藏統一的重要象徵，將使西藏境內的藏人和流亡在外的藏人更難找到共同點。但一般人通常都沒有注意到，現任達賴喇嘛將印藏邊界兩邊自己同胞的宗教和政治分裂彌補在一起的貢獻。雖然達賴喇嘛堅稱他還將活很多年（他一再預言他將活到一百一十三歲）[10]，並且已經在他的轉世中扮演角色，[11]對藏人來說，現在開始思考如何在沒有他的情況下保持統一，並不算太早。

哥倫比亞大學的羅伯・巴奈特告訴我：「像我這樣的人來看，這是一個大問題。我們必須採取的第一步是，『嘿，這是兩個不同的群體』。」就流亡的藏人來說，「他們未來的生存能力和信譽，取決於他們是否能夠促進西藏藏人地位，甚至把自己擺在次要地位。賦予他們實質的地位，擔任政府、社會的領導者，而不是瞧不起他們。」

無論西藏難民的實驗會在何處結束，有效對付北京「祝福」的最重要因素將是保持西藏人民內部的團結、寬容和和平。巴奈特這樣的學者說，這不是必然的。他說，二〇一六年初發生在巴黎的一位西藏新移民自殺事件，突顯了一些藏人在加入流亡生活時所感受到的孤立感。據報導，多倫多發生西藏幫派暴力事件，[12]印度各地安置區的刀殺和打架事件，以及各地青年藏人的濫用藥物。很顯然，今天的難民儘管也有亮點，但有許多挑戰使得他們前進的道路充滿險阻。

幾乎打從一開始流亡，達賴喇嘛就懇求他的人民要有耐心、同情和信任。一九六一年三月十日，是他流亡五十多個年頭每年必定發表聲明的第一篇文告，尊者呼籲他的同胞們在印度、尼泊爾和不丹要堅守他們的西藏價值觀，同時準備好自己有一天能夠回到一個更自由的國家。他說：「我們全都肩負重責大任，要準備好自己有一天能夠返回祖國，建立一個更加幸福和更加獨立的西藏。新西藏需要數以千計訓練有素、技術精良的男男女女，必須使西藏與民主精神保持一致，同時又不失我們的文化和宗教遺產或靈魂。」

自從最初這篇呼籲耐心的文告以來，流亡藏人的情況發生很大的變化。然而，今天文告的部分內容還逐字逐句地重複傳遞給新來的大批年輕難民，引領他們在中國的軟實力戰爭中堅持自己的道路。

*****

達賴喇嘛派駐北美前任代表格多．歐卡桑曾經問我，我認為西藏流亡社區的最大優勢是什麼，最大弱點又是什麼。我對這兩個問題的回答是一樣的。我回答說：「信仰。」相信西藏人的宗教和政治領導人有朝一日能領導他們回家。

我這樣解釋我的思維：經過這麼多年與流亡藏人一起生活，以及寫出他們的故事，加上中國比起以往任何時候都更強大，我看不出有任何可能性，西藏人會以任何有意義的方式回到故鄉、治理他們的雪域，至少不會很快發生。然而，許多我這半輩子所認識的西藏難民，他們絕大多數人對於榮獲諾貝爾和平獎的這位年逾古稀和尚的宣示，仍然保持著幾近盲目的忠誠，相信他們的奮鬥將會有很好的結果。針對洛桑的問題，我無法不問一個我自己思索多年的問題：「西藏人對未來的信心是否變得盲目了？當第十四世達賴喇嘛去世時，這些信念要如何維繫希望呢？」

洛桑略微往後靠在椅子上，心有所感的點點頭。他讓我感到驚訝地說：「你說的沒錯。從西藏人的角度來看，我們也有同樣的感受。」

他繼續說道，當尊者去世時，「由於我們……複雜的宗教教派，西藏內的藏人不會同意一位新的唯一的宗教領袖。即使在教派內部，也很難就一位領導人達成一致意見。有一個像達賴喇嘛尊者這樣讓我們都信仰他的人，是非常非常困難的。在目前的情況下，在沒有了尊者的情況下，唯一能夠團結藏人的機制是民主制度，我們自己的政治領導層。這就是為什麼我們都在努力維持和促進這種方式。我們不是在談論個人，我們談論的是民主制度。」[13]

簡而言之，這種情緒正是為什麼中國如此關注當今西藏流亡社區內發生的事情的緣故：一個雖未被承認為國家，卻運作良好的機制，使得西藏人能夠在他們離棄的故土邊界之外，培育一個有朝一日可以回到邊境的另一邊重新複製或建造的機制。牛津大學的菲歐娜・麥康奈爾稱其為真正事務的預演彩排；雖然沒有被任何國家承認為一個合法的政府，但是西藏流亡政府卻設法建立一個實質上的國家：擁有憲法、收稅、管理土地、舉行選舉，並且照顧「公民」的福利。

雖然西藏流亡政府缺乏一支壟斷性的武力，這是偉大的德國社會學家馬克斯・韋伯（Max

Weber）所界定的現代民族國家的決定性因素，但是它確實在其人民心目中具有合法性。儘管看起來不太像，西藏流亡政府對於中國本身構成象徵性的，也是實際上的挑戰。它不依賴於單一的一個領導人物，即使達賴喇嘛去世，它仍有潛力繼續成為西藏野心、願望和自決的焦點。簡而言之，西藏流亡體制是中國對西藏所無法控制的因素。

這就是為什麼，即使第十四世達賴喇嘛不復存在之後很久一段時間，在新的年輕宗教和政治領導人通過記憶中無與倫比的文化和政治實驗崛起之後很久一段時間，北京還是會繼續「祝福」的原因。這就是為什麼各地的西藏人，帕拉（普蘭・多傑）以及他的子女們，儘管成功機率不大，卻仍然懷抱希望和信念，認為他們的奮鬥不會毫無結果的原因。

致謝

BLESSINGS FROM BEIJING

每一部非小說類作品都要歸功於其貢獻者的開放態度、精力投入和慷慨分享。最接近故事的人：大學學者、人道援助工作者、主角本身，指導作者從虛構的邊緣走向敘述事實。若是沒有主人翁的精神、知識和分享故事的意願，基於他人生活經驗的書籍就不會存在。

這個故事背後有數百名這樣的「專家」。某些人出現在隨後的書頁上，也有很多人根本沒有出現。但是他們全都允許一個陌生人探索他們的過去與見解，即使再簡短也窺視他們的世界。我感謝他們。

當代西藏事務的兩位學者特別值得一提。一九九七年，修伯特．狄克里爾和安德魯．昆德曼（Andrew Quintman）是我在國際培訓學院研習西藏事務時的學術指導。修伯特和安德魯對於西藏人民、地方和風俗散發有感染力的熱情，他們對自己研究主題的熱愛深深影響了學生，包括我在內。感謝他們的指導，我對西藏流亡人士面臨的現代挑戰發展出不可動搖的好奇心。

如果不是國際培訓學院，這本書就永遠不會出現。因為透過學校的安排，我第一次見到了普蘭・多傑，這位年長的商店店主的一生活化了本書敘事的許多方面。一九九七年冬天，普蘭引領我進入麥羅甘吉他的家，啟發我更深入了解他的同胞。我永遠感激普蘭，二十年前他歡迎我進入他的生活，從此以後也多次邀請我再去作客。

紐約西藏基金會前任會長仁欽・達洛（Rinchen Dharlo）和西藏基金會前任執行長羅蘋・布仁塔諾（Robyn Brentano）慷慨分享他們深厚的人脈和廣泛的知識。他們都很快向我介紹藏人消息來源，也比我想像開啟更多的門。若非他們鼎力協助，這本書是不可能完成的。譬如，二〇〇九年由於羅蘋的邀請，我才能夠與達賴喇嘛有過短暫接觸。羅蘋還審閱我最終手稿的部分內容，為當前事件提供寶貴的視角。

「國際聲援西藏運動」組織的凱特・桑德斯也非常慷慨騰出時間協助。她也審查了初稿的準確性，並且提出一些建議，加深了我對邊境兩側藏人面臨的挑戰理解。我特別感謝她協助，安排第十七世噶瑪巴接受我的採訪，他是最重要的西藏宗教人物之一，其歷史地位仍在撰寫中。

國家研究中心調查基金（Nation Institute's Investigative Fund）的伊瑟・卡普蘭（Esther Kaplan）是最早認識到本書重要性的人士之一。國家研究中心在二〇一〇年的補助款使我能夠在尼泊爾和北印度進行實地考察，啟動本書的報導過程。作為少數幾個仍然資助獨立調查新聞的組織之一，國家研究中心值得特別感謝。

由於大多數記者都是糟糕的歷史學家，我非常感謝那些肯花幾個小時親自見我、和我通電話，或者審閱我的手稿的學者和專家，他們引導我了解西藏現代史令人眼花繚亂且經常政治化的故事。哥倫比亞大學教授羅伯・巴奈特和西藏事務學者馬修・艾克斯特，對他們的時間最為慷慨。他們對西藏的過去和現在的綜合知識，為這本書的許多方面提供了寶貴資訊，我永遠感激這兩位西藏歷史大師。

我也熱切接受其他學者的學術見解，譬如牛津大學的菲歐娜・麥康奈爾；倫敦政經學院的克里斯多福・休斯、史帝芬・福奇旺（Stephan Feuchtwang）和安德瑞・皮亞（Andrea Pia），惠我良多；葛瑞・畢斯理對藏人內部宗教分裂的混沌世界的了解是無與倫比。這些專家每一位都對本書的關鍵部分進行了審閱，對中國歷史、外交政策，和藏傳佛教等廣泛主題提供專業知識。

在尼泊爾，兩位人權活動家正在開展辛勤的工作，以保護脆弱的西藏難民免受迫害。二〇一〇年，當我開始這項研究時，蘇迪・帕達克（Sudip Pathak）和桑布喇嘛（Sambu Lhama）似乎是絕無僅有致力於保護尼泊爾境內藏人，免受中國影響力不斷加緊壓迫的活動家。這幾位不屈不撓的人權維護者保護我，也介紹我認識尼泊爾的法律和人道主義社區，沒有他們協助，我是不得其門而入的。

紐約外交關係協會的麥克・莫蘭（Michael Moran）和羅伯・麥克馬洪（Robert McMahon）是很會啟發說故事的導師，也是善於鼓舞人心的上司，在我剛要開始這個寫作計畫時，允許我請長假到亞洲居住，採訪寫作。如果沒有他們的靈活變通和支持，我相信這項計畫永遠走不出第一步。

整個報導、寫作和出版過程中，我非常倚重朋友和前任同事審閱初稿、製作地圖和其他材料，以及提供道義支持。馬修・柯克蘭（Matthew Corcoran）和傑瑞米・薛立克（Jeremy Sherlick）特別花費時間閱讀，並提供有關節奏、結構和行文的想法。我確信，沒有他們的投入，本書的可讀性將遠遠低於今天的樣貌。瑪琳・狄文（Marin Devine）是一位天賦聰穎的平面設計師，整理出本書的地圖；我僅僅花了略為高價的杜松子酒的代價，就得到她的專業協助。而愛德華・布瑞奇斐德（Edward Brachfeld）為我追求這一主題提供了最初的靈感。

我的經紀人凱莉・佩斯崔托（Carrie Pestritto）在每個緊要關頭都是一位出色的支持者，她在本書中看到一個需要觀眾的故事。她不遺餘力找到一個讀者，並且在許多作者可能碰到的一個曠日持久拖延不決、甚至退稿的過程中，一再保持樂觀。她對提案草稿進行巧妙的審查，並且堅定地支持它，終於成功地找到出版商。

我在新英格蘭大學出版社（University Press of New England, UPNE）的編輯史帝芬・赫爾（Stephen Hull）和蘇珊・艾貝爾（Susan Abel），以及葛林・諾瓦克（Glenn Novak），以極大的專業精神和優雅的態度指導多個版本的手稿通過編寫整理。他們對詞彙和行文的巧妙處理，確保了這本從始至終都是一項協同一致的努力。

許多人啟迪我了解西藏和西藏僑民的問題；我感謝他們每一位，包括：Abanti Battacharji, Olrich Cerny, Rhoderick Chalmers, Yeshi Choedon, Tenzin Choepel, Ginger Chih, Michael Davis,

Paula Dobrianski, Sonam Dorjee, Tenzin Dorjee, Thondup Dorjee, Tenzin Drakpa, Nathan Freitas, Zhu Guobin, Dorje Gyaltsen, Lobsang Gyatso, Trinlay Gyatso, Nigel Inkster, Sonam Khorlatsang, Vijay Kranti, Margaret Lau, Mary Beth Markey, Kai Meuller, Karma Namgyal, Tsewang Namgyal, Lobsang Phelgyal, Tashi Puntsok, Sophie Richardson, Jigme Lhundup Rinpoche, Kirti Rinpoche, Samdhong Rinpoche, Thupten Samphel, Lobsang Sangay, Phunchok Stobdan, Lubum Tashi, Lhadon Tethong, Tenzin Tethong, Tenzin Topten, Bhuchung K. Tsering, Tempa Tsering, Kunchok Tsundue, Tashi Wangchuk, Kalsang Wangmo, Robert Weinreb, Tenzin Woeser.

如果不是家人的支持和鼓勵，本書將仍然停留在一種痴迷，而不是一本裝幀完美的書。我的父母親肯尼斯和克萊兒是無條件的啦啦隊，資助我在一九九〇年代大學時期前往西藏，多年後成為我許多草稿的熱心讀者。爸爸媽媽：我不知道如何表達對你們早早就一直支持我的謝意。謹將本書獻給你們。

最後，我的終身伴侶茱迪塔：沒有她的愛和無條件的支持，藏人在現代遭遇挑戰的故事永遠不會出現在書頁上。感謝她的支持，我能夠暫時退出生活的義務，積極地追求在這裡所呈現的故事。寫一本書就像是經歷一場漫長、緩慢、痛苦的馬拉松；朋友和家人都在不知不覺下參與。茱迪塔和我一樣經歷這一漫長的旅途，首先作為旅行夥伴，在尼泊爾躲避痢疾和瘋狂的猴子，後來作為母親，照顧我們的小女兒，因為我消失在南亞進行好幾個星期的研究。因為如此，以及其他種種，我永遠是她的。

注釋

BLESSINGS FROM BEIJING

導論

1 本書大部分重點集中在西藏僑民面臨的挑戰上，但是我們必須從一開始就注意到，西藏人目前陷入困境可能是因為他們過去太成功所致。人類學家克里斯多福・馮・傅勒—海曼多夫（Christoph von Fürer-Haimendorf）曾經觀察到：「無家可歸和赤貧的難民群體能在外國土地上興建和資助許多寺院，而且這些寺院的建築水準相當高，他們又能成功地開發出類似西藏的寺院社群，這是二十世紀的奇蹟之一。」見 Christoph von Fürer-Haimendorf, *The Renaissance of Tibetan Civilization*（Santa Fe, NM: Synergetic, 1990）.

2 Egil Aarvik, "Award Ceremony Speech" by the chairman of the Norwegian Nobel Committee, delivered on December 10, 1989, http://www.nobelprize.org/nobel_prizes/peace/laureates/1989/presentation-speech.html.

3 Nicholas Kristof（紀思道）, "The World; How Tiananmen Square Helped Rally Support for Tibetans," *New York Times*, August 18, 1991, http://www.nytimes.com/1991/08/18/weekinreview/the-world-how-tiananmen-square-helped-rally-support-for-tibet.html.

4 "International Olympic Committee Sets Precedent with Reprimand for Tibet Party Boss," *International Campaign for Tibet*, June 26, 2008, https://www.savetibet.org/international-olympic-committee-sets-precedent-with-

reprimand-for-tibet-party-boss/.

5 二〇〇八年三月發生在西藏的抗議活動剛開始時，是因為西藏人慶祝達賴喇嘛獲得諾貝爾和平獎，卻遭中國當局拘留，幾百名僧侶舉行小型示威活動抗議。不到幾天，騷亂的浪潮熱切湧現，發展成為西藏人數十年來最大規模的群眾動員，遍及到歷史上西藏人所有的三個省分。「國際非暴力衝突中心」（International Center on Nonviolent Conflict）二〇一五年發表關於西藏非暴力鬥爭的摘要報告，它指出：這項起義讓北京和達蘭薩拉的許多人都大感意外。因此，中國在西藏內部動用暴力鎮壓，在國境之外亦採取強悍立場，必須放在這個脈絡下去理解。見https://www.nonviolent-conflict.org/wp-content/uploads/2016/03/TibetMonographFinalApril.pdf.

6 Hillary Clinton, "Closing Remarks for U.S.-China Strategic and Economic Dialogue," *US Department of State*, Washington, DC, July 28, 2009, https://www.realclearpolitics.com/articles/2009/07/28/closing_remarks_for_us-china_strategic_and_economic_dialogue_97671.html.

7 "China Faces More Diverse, Complex Security Challenges: White Paper," *Xinhua*, March 31, 2011, http://en.people.cn/90001/90776/90785/7336220.html.

8 Zhang Wenmu, "Sea Power and China's Strategic Choices," *China Security*, Summer 2006: 17–31.

9 二〇〇五年，中國一名前任外交官提出一份中華人民共和國文件，它列舉出中國認為嚴重威脅其內部安全的五個團體：這五個毒害團體包括法輪功、疆獨、台獨、藏獨和民運人士。見US-China Economic and Security Review Commission, 2009 Annual Report to Congress, 163.

10 "Chinese Government Asks Corvallis to Take Down Mural," *Fox 12 Oregon*, http://www.kptv.com/story/19519205/corvallis-mural-chinese-government.

11 Xing Zhigang and Li Xiaokun, "Envoy Brief on Sarkozy-Dalai Meet Dismissed," *China Daily*, December 12, 2008, http://www.chinadaily.com.cn /china/2008-12/12/content_7296768.htm.

12 "France Seeks to Repair Relations with China," *China Daily*, February 7, 2009, http://news.xinhuanet.com/

english/2009–02/07/content_10778176.htm.

13 "Report on Tibet Negotiations," *US Department of State*, August 19, 2016, https://www.savetibet.org/wp-content/uploads/2016/10/20160819_State-Report-on-Tibet-Negotiations-copy.pdf.

14 "Tibet Website Says Dalai Lama's Clique Is Falling Apart," *Global Times*, January 6, 2016.

第一章

1 Melvyn C. Goldstein, *The Snow Lion and the Dragon: China, Tibet, and the Dalai Lama*（Berkeley: University of California Press, 1995）, 44.

2 Bates Gill, *Rising Star: China's New Security Diplomacy*（Washington, DC: Brookings Institution Press, 2010）.

3 Dean Nelson,"Dalai Lama Reveals Warning of Chinese Plot to Kill Him," *Telegraph*, May 12, 2012, http://www.telegraph.co.uk/news/worldnews/asia/tibet/9261729/Dalai-Lama-reveals-warning-of-Chinese-plot-to-kill-him.html.

4 "Dalai Assassination Claims Mind-Boggling," *Global Times*, May 14, 2012 http://www.globaltimes.cn/content/709252.shtml.

5 Anand Bodh,"Himachal Police Arrest Eight Chinese Nationals," *Times of India*, June 13, 2012, http://timesofindia.indiatimes.com/india/Himachal-police-arrest-eight-Chinese-nationals/articleshow/14083678.cms.

6 "Eight Chinese Spies Arrested in Himachal Pradesh," *Press Trust of India*, June 13, 2012, http://zeenews.india.com/news/nation/eight-chinese-spies-arrested-in-himachal-pradesh_781485.html.

7 多倫多大學公民實驗室二〇〇九年一份報告指出，至少從二〇〇二年起與中國相關的單位已經針對西藏人的數位通訊展開間諜偵察活動。

8 "Tracking Ghostnet: Investigating a Cyber Espionage Network," *Information Warfare Monitor*, University of Toronto, Munk Centre for International Studies, March 29, 2009.

9 H. E. Richardson, *A Corpus of Early Tibetan Inscriptions*（London: Royal Asiatic Society, 1985）, 107.

10 Goldstein, *Snow Lion*, 10.

11 Ibid., 14.

12 "The Dalai Clique's Separatist Activities and the Central Government's Policy," *People's Daily*, http://english.peopledaily.com.cn/whitepaper/6%283 %29.html.

13 John Kenneth Knaus, *Orphans of the Cold War: America and the Tibetan Struggle for Survival*（New York: PublicAffairs, 2000）.

14 John Roberts and Elizabeth Roberts, *Freeing Tibet: 50 Years of Struggle, Resilience, and Hope*（New York: AMACOM, 2009）.

15 Barbara Demick, "Tibetan-Muslim Tensions Roil China," *Los Angeles Times*, June 23, 2008, http://articles.latimes.com/2008/jun/23/world/fg-muslims23.

16 Warren Smith, "Origins of the Middle Way Policy," from *Trails of the Tibetan Tradition: Papers for Elliot Sperling*, ed. Roberto Vitale（New Delhi: Amnye Machen Institute, 2015）.

17 "Statement of His Holiness the Dalai Lama on the 52nd Anniversary of the Tibetan National Uprising Day," Office of His Holiness the 14th Dalai Lama, March 10, 2011, http://www.dalailama.com/messages/retirement/52-anniversary-tibetan-uprising-statement.

18 Jamyang Norbu, comment on the Dalai Lama's devolution decision, "Ending to Begin（Part 1）," *Shadow Tibet*, July 14, 2011, http://www.jamyangnorbu.com/blog/2011/07/14/ending-to-begin-part-i/.

19 Tenzin Nyinjey, "Censorship and the Struggle for Tibetan Freedom," *Tibet Sun*, July 27, 2012, https://www.tibetsun.com/opinions/2012/07/27/censorship-and-the-struggle-for-tibetan-freedom.

20 Peter Wonacott, "Tibetan Youth Challenge Beijing, and Dalai Lama," *Wall Street Journal*, March 20, 2008, http://www.wsj.com/articles/SB120596094739349681.

21 “TYC, a Terror Group Worse Than Bin Laden’s,” *China Daily*, April 11, 2008, http://en.people.cn/90001/90780/91342/6390946.html.

22 “White Paper: Tibet’s Path of Development Is Driven by an Irresistible Historical Tide,” China’s State Council Information Office, April 2015, http://english.gov.cn/archive/white_paper/2015/04/15/content_281475089444218.htm.

23 Rituparna Bhowmik, “Young Tibet Up in Arms,” *Statesman*, July 4, 2003, http://www.phayul.com/news/article.aspx?id=4491&t=1.

24 Mark Owen, “Preparing for the Future: Reassessing the Possibility of Violence Emanating from Tibetan Exile Communities in India,” *India Review* 13, no. 2（2014）:149–169.

第11章

1 Planning Commission, *Central Tibetan Administration, Demographic Survey of Tibetans in Exile — 2009*, Household Ownership of Assets, 65.

2 John Roberts and Elizabeth Roberts, *Freeing Tibet: 50 Years of Struggle, Resilience, and Hope*（New York: AMACOM, 2009）.

3 這並不是說尼赫魯在衡量時不理會中國。瑞典社會學家強・馬格努森（Jan Magnusson）認為，挑選印度南部地區安置藏人，很大一部分原因是為了安撫北京。「對於印度政府而言：西藏問題是很微妙的問題。難民社區靠近邊界可以作為抗戰鬥士的基地，因而產生風險，讓中國部隊有理由對印度領土發動先制攻擊，它也可能成為西藏人在印度境內擔任中國間諜的掩護。」把藏人擺到印度南方深處，可以避開這些顧慮。

4 Fiona McConnell, *Rehearsing the State: The Political Practices of the Tibetan Government-in-Exile*（West Sussex, UK: Wiley Blackwell, 2016）, 65.

5 Ibid.

6 十二萬八千人這個數字來自計畫委員會二〇〇九年的《西藏流亡人口調查》（*Demographic Survey of Tibetans in Exile-2009*）。非官方的估計認為接近十五萬人，其中包含未向西藏中央公署登記的藏人。

7 David Shambaugh（沈大偉）, "China's Soft-Power Push: The Search for Respect," *Foreign Affairs*, July/August 2015, https://www.foreignaffairs.com/articles/china/2015-06-16/china-s-soft-power-push.

8 Anne-Marie Brady, "We Are All Part of the Same Family: China's Ethnic Propaganda," *Journal of Current Chinese Affairs* 41, no. 4（2012）: 159–181.

9 關於西藏中央公署歷史的討論，見Stephanie Roemer, *The Tibetan Government-in-Exile: Politics at Large*, Routledge Advances in South Asian Studies（London: Routledge, 200）.

10 當海外流亡藏人在二〇一六年三月準備投票選舉新總理（司政）時，中國外交部重申它從未承認西藏中央公署。中國外交部發言人陸慷說：「你必須明白中國政府的立場，我們從來沒有承認這個所謂的流亡政府。我們也希望世界各國，尤其是與我們有友好關係的國家，不會提供任何舞台給藏獨分裂活動。」見 "China Tells Nations Not to Give Any 'Stage' to Tibetans," *Press Trust of India*, March 17, 2016, http://www.business-standard.com/article/pti-stories/china-tells-nations-not-to-give-any-stage-to-tibetans-116031701239_1.html.

11 根據西藏中央公署二〇〇九年針對流亡藏人進行的人口普查，在印度、尼泊爾和不丹的藏人家庭，百分之七十八擁有電視機。

12 Gary King, Jennifer Pan, and Margaret E. Roberts, "How the Chinese Government Fabricates Social Media Posts for Strategic Distraction, Not Engaged Argument," *American Political Science Review*, http://gking.harvard.edu/50c.

13 Brady, "We Are All Part of the Same Family,"159–181.

14 Anne-Marie Brady, "The Beijing Olympics as a Campaign of Mass Distraction," *China Quarterly* 197 (March 2009): 1–24.

15 "Pew Global Attitudes and Trends Question Database," Pew Research Center, http://www.pewglobal.org/question-search/?qid=1513&cntIDs=&stdIDs=.

16 Isaac Stone Fish, "Blame Norway: Why Is Oslo Kowtowing to Beijing and Stiff-Arming the Dalai Lama?", *Foreign Policy*, May 6, 2014, http://foreignpolicy.com/2014/05/06/blame-norway/.

17 Sui-Lee Wee and Stephanie Nebehay, "At U.N., China Uses Intimidation Tactics to Silence Its Critics," *Reuters*, October 5, 2015, http://www.reuters.com/investigates/special-report/china-softpower-rights/.

18 雖然這部電影強烈批評中國在西藏境內的政策，它也揭露西藏難民存在深刻分歧，一派主張全面脫離中國而獨立，即「自由派」（rangzen），一派即達賴喇嘛所倡導的政治妥協派，他稱之為「中間路線」（middle way）。

19 "Chinese Government Fails to Block Tibet Film Screening at Major Festival in US," International Campaign for Tibet, January 7, 2010, http://www.savetibet.org/chinese-government-fails-to-block-tibet-film-screening-at-major-festival-in-us/.

20 Timothy McGrath, "No One Likes the Dalai Lama Anymore," *Global Post*, September 5, 2014, https://www.pri.org/stories/2014-09-04/no-one-likes-dalai-lama-anymore.

21 Anthea Lipsett, "Dalai Lama Receives PhD from London Metropolitan," *Guardian*, May 20, 2008, https://www.theguardian.com/education/2008/may/20/highereducation.uk1.

22 Aislinn Simpson, "British University Sparks Protest over Apology to China for Dalai Lama Degree," *Telegraph*, July 9, 2008, http://www.telegraph.co.uk/news/worldnews/asia/china/2274496/British-university-sparks-protest-over-apology-to-China-for-Dalai-Lama-degree.html.

23 Melanie Newman, "'Regret at Unhappiness' over Dalai Lama's Degree," *Times Higher Education*, July 9, 2008, https://www.timeshighereducation.com/news/regret-at-unhappiness-over-dalai-lamas-degree/402720.article.

24 Tim Johnson, *Tragedy in Crimson: How the Dalai Lama Conquered the World but Lost the Battle with China*

（New York: Nation Books, 2011）, 251.

25 Avani Dias, "Chinese Whispers: The Dalai Lama and Sydney University," *Honi Soit*, April 21, 2013, http://honisoit.com/2013/04/chinese-whispers-the-dalai-lama-and-sydney-university/.

26 "University Cancels Dalai Lama's Degree," *ABC News Australia*, August 11, 2009.

27 Philip Pullella, "Vatican Denies Dalai Lama Papal Audience over China Concern," *Reuters*, December 12, 2014, http://www.reuters.com/article/us-vatican-dalailama-idUSKBN0JQ1DC20141212.

28 Ivan Watson and Pamela Boykoff, "No Escape? China's Crackdown on DissentGoes Global," *CNN*, February 4, 2016, http://www.cnn.com/2016/02/04/asia/china-dissident-crackdown-goes-global/.

29 Sui-Lee Wee and Stephanie Nebehay, "At UN, China Uses Intimidation Tactics to Silence Its Critics," *Reuters*, October 5, 2015, http://www.reuters.com/investigates/special-report/china-softpower-rights/.

30 Nargiza Salidjanova, *Going Out: An Overview of China's Outward Foreign Direct Investment*（Washington, DC: USCC Staff Research Report, March 30, 2011）, https://www.uscc.gov/sites/default/files/Research/GoingOut.pdf.

31 "China Denies 'Money Diplomacy' with Sao Tome and Principe," *Xinhua*, December 22, 2016, http://www.globaltimes.cn/content/1025206.shtml.

32 "China Plans to Build a Deep Water Port in Sao Tome," china.aiddata.org, 2013, http://china.aiddata.org/projects/30727.

33 James Mann, *About Face: A History of America's Curious Relationship with China, from Nixon to Clinton*（New York: Knopf, 1999）.（譯者注：中譯本，孟捷慕著，林添貴譯，《轉向：從尼克森到柯林頓美中關係揭密》）。

34 US-China Economic and Security Review Commission, *2009 Annual Report to Congress*, 163.

35 "China Has 'Vast, Dark Spy Network': Defector," *Agence France-Presse*, March 20, 2009, http://www.abc.net.au/news/stories/2009/03/20/2521919.htm.

36 Peter Navarro and Greg Autry, *Death by China*: Confronting the Dragon—*a Global Call to Action*（Upper Saddle River, NJ: Pearson FT, 2011）, 130.

37 Adam Yuet Chau, "The Politics of Legitimation and the Revival of Popular Religion in Shaanbei, North-Central China," *Modern China* 31, no. 2（2005）: 236–278.

38 US House of Representatives, Joint Hearing before the Subcommittee on Africa, Global Human Rights and International Operations, "Falun Gong and China's Continuing War on Human Rights," July 21, 2005, pdf, p. 40. http://www.gpo.gov/fdsys/pkg/CHRG-109hhrg22579/pdf/CHRG-109hhrg22579.

39 "Leaked PRC Statement on 'Tibet-Related External Propaganda,'" June 12, 2000, statement from Zhao Qizheng at the meeting on national research in Tibetology and external propaganda on Tibet, translated from Chinese by the International Campaign for Tibet, https://www.savetibet.org/leaked-prc-statement-on-tibet-related-external-propaganda/.

40 西藏流亡政府總理（司政）洛桑・森格月薪僅只四百美元。見Stephanie Schorow, "Harvard-Trained Tibetan Leader," *Harvard Gazette*, April 27, 2011, http://news.harvard.edu/gazette/story/2011/04/harvard-trained-tibetan-leader/.

第三章

1 Melvyn C. Goldstein, *History of Modern Tibet*, vol. 2, The Calm before the Storm, 1951–1955（Berkeley: University of California Press, 2009）, 283.

2 *The Writings of Mao Zedong, 1949–1976: September 1945–December 1955*, ed. John K. Leung and Michael Y. M. Kau（高英茂）（Armonk, NY: M. E. Sharpe, 1986）, 255.

3 Colin Thuborn, *To a Mountain in Tibet*（New York: HarperCollins, 2011）, 110.

第四章

1 二〇一五年四月一場七點八級大地震撼動這個喜馬拉雅山國家，摧毀了科達里作為貿易和轉運中心的功能。直到二〇一七年六月，連結科達里和西藏首府拉薩的友誼公路和友誼大橋仍然關閉。另一個尼、中重要貿易通路拉蘇瓦堡—喀隆邊關（Rasuwagadhi-Kerung）也在地震中受損，關閉六個月，至二〇一五年十月才又開通。

2 International Campaign for Tibet, *Dangerous Crossing: Conditions Impacting the Flight of Tibetan Refugees, 2009 Update*, https://www.savetibet.org/wp-content/uploads/2013/05/Dangerous-Crossing-2009.pdf.

3 Jonathan Green, *Murder in the High Himalaya: Loyalty, Tragedy, and Escape from Tibet*（New York: PublicAffairs, 2010）.

4 "17 Tibetans Held for Entering Nepal 'Illegally,'" *Himalayan Times*, February 27, 2010, http://thehimalayantimes.com/kathmandu/17-tibetans-held-for-entering-nepal-illegally/.

5 Human Rights Watch, *Under China's Shadow: Mistreatment of Tibetans in Nepal*, April 1, 2014, https://www.hrw.org/report/2014/04/01/under-chinas-shadow/mistreatment-tibetans-nepal.

6 Ramesh Khatiwada, "China Ups the Ante following Tibetans' Arrest," *Republica*, February 28, 2010, http://www.tibet.ca/en/library/wtn/8826.

7「西藏自治區與尼泊爾間貿易、交流及相關問題協定」（Agreement on Trade, Intercourse and Related Questions between Tibet Autonomous Region of China and Nepal），於一九六六年五月二日在北京簽訂。http://saf-7.org/saf/safdic/bilaterals/chinanepal/chinanepal11.asp.

8 Ramesh Raj Kunwar, "Paganism and Spiritism: A Study of Religion and Ritual in the Sherpa Society," *Ancient Nepal, Journal of the Department of Archaeology* 103（1988）: 1–18, http://himalaya.socanth.cam.ac.uk/collections/journals/ancientnepal/pdf/ancient_nepal_104_01.pdf.

9 Jonathan Holslag, *China and India: Prospects for Peace*（New York: Columbia University Press, 2010）, 149–50.

10 "Delhi Diary, January 30–February 19, 2010," US government cable, February 22, 2010, WikiLeaks, https://wikileaks.org/plusd/cables/10NEWDELHI321_a.html.

11 "Nepal-China Relations," Embassy of the People's Republic of China in the Federal Democratic Republic of Nepal, http://np.china-embassy.org/eng/ChinaNepal/t362330.htm.

12 "Delhi Diary, January 30–February 19, 2010."

13 雖然我沒有在監獄看到這十七個人，但是我知道他們被監禁的環境。拉瑪巴嘉這批藏人獲釋之後幾個星期，拯救他們的同一個人道團體「尼泊爾人權組織」邀我參加一個法律扶助項目，搜尋在加德滿都山谷被逮捕的藏人。在十二個小時內，我們坐著一輛紅色的塔塔休旅車在首都的後街穿梭，和警察分局長喝茶，採訪巡邏員警，也探訪在搜捕西藏難民行動中被關在黑暗、尿騷味的監獄之男女。

第五章

1 Dalai Lama, *Freedom in Exile: The Autobiography of the Dalai Lama*（New York: Harper Perennial, 1991）, 158.

2 Ibid.

3 Stephanie Roemer, *The Tibetan Government-in-Exile: Politics at Large*, Routledge Advances in South Asian Studies（London: Routledge, 2008）, 64.

4 H. C. Heda, "Dalai Lama and India: Indian Public and Prime Minister on Tibetan Crisis," Institute of National Affairs, 1959.

5 Roemer, *Tibetan Government-in-Exile*, 64.

6 Fiona McConnell, "A State within a State? Exploring Relations between the Indian State and the Tibetan Community and Government-in-Exile," *Contemporary South Asia* 19, no. 3（2011）: 297–313.

7 *Prime Minister on Sino-Indian Relations*, vol. 2, *Press Conferences*, External Publicity Division, Ministry of External Affairs, Government of India, 1962, 16.

8 Ibid.

9 Roemer, *Tibetan Government-in-Exile*, 62–63.

10 McConnell, “State within a State?”

11 印度沒有簽署一九五一年聯合國難民地位公約（United Nations’ 1951 Convention Relating to the Status of Refugees）或其一九六七年「議定書」，印度警察對待難民團體都是隨興辦案，有時候會有歧視動作。藏人在印度雖然享有少許法律保障，已經被認為是在印度受到最佳保護的「難民」團體。

12 Geeta Anand, “Modi’s Cash Ban Brings Pain, but Corruption-Weary India Grits Its Teeth,” *New York Times*, January 2, 2017.

13 S. Manasi, K. C. Smitha, R. G. Nadadur, N. Sivanna, and P. G. Chengappa,“Urban Property Ownership Records in Karnataka: Computerized Land Registration System for Urban Properties,” Institute for Social and Economic Change, Bangalore, Working Paper 308, 2013.

14 印度警方指控高階喇嘛，第十七世噶瑪巴伍金・欽列・多傑利用寺院藏匿數百萬元來路不明金錢之後，省政府於二〇一一年二月沒收寺院財產。根據印度報紙報導，寺裡藏了價值約十一萬二千美元的人民幣及其他貨幣。雖然後來未被起訴，但是印度媒體報導，政府沒收寺院財產之舉動讓人注意到冒用人頭進行土地交易的「比拿密交易」做法。見“HP Govt Acquires Gyuto Monastery Land,” *India Today*, February 15, 2011, http://indiatoday.intoday.in/story/hp-govt-acquires-gyuto-monastery-land/1/129928.html.

15 D. M. deVoe, “Keeping Refugee Status: A Tibetan Perspective,” in *People in Upheaval*, ed. Scott M. Morgan and Elizabeth Colson（New York: Center for Migration Studies, 1987）, 54–64.

16 “Fire Rips through Tibetan Area of Dharamsala,” Radio Free Asia, December 21, 2004, http://www.rfa.org/english/news/tibetan_fire-20041221.html.

17 “10 Shops, Hotel Gutted in Mcleodganj,” *Tribune News Service*, December 21, 2004, http://www.tribuneindia.com/2004/20041221/himachal.htm#10.

18 Topden Tsering, "Demise of a Place: An Obituary," Phayul.com, December 23, 2004, http://www.phayul.com/news/article.aspx?id=8639&t=1&c=4.

19 西藏中央公署派發的援助款總額為十六萬盧比，大約折合二千四百美元。本區域印度店東協會捐助十萬盧比（折合一千五百美元），本地一個計程車公會也捐了兩萬一千盧比（折合三百一十四美元）。對於許多受災戶而言，這場大火使他們個人積蓄大受損失。見http://tibet.net/2004/12/kashag-atpd-provides-relief-money-to-fire-affected/.

第六章

1 Planning Commission, Central Tibetan Administration, *Demographic Survey of Tibetans in Exile—2009*, Household Ownership of Assets.

2 西藏人並不都拜同一個神明。達賴喇嘛從技術上說，只是藏傳佛教四大派之一格魯派（黃帽派）的領袖，它是相當晚近的機制。格魯派成立於十四世紀，是四大教派最年輕的一派。寧瑪意即古、舊，是四大教派最古老的一派。它的歷史根源可以追溯到西元七世紀。儘管佛教在西元八世紀由赤松德贊國王（King Trisong Detsen）定為西藏國教，直到十六世紀才出現「達賴喇嘛」這個名銜。這個名銜的擁有者被視為觀音菩薩轉世則是更後來的事。

3 Dolgyal Shugden Research Society, *Dolgyal Shugden: A History*（New York: Tibet House US, 2014）.

4 L. G. McCune, "Tales of Intrigue from Tibet's Holy City: The Historical Underpinnings of a Modern Buddhist Crisis"（MA thesis, Florida State University College of Arts and Sciences, 2007）, 57.

5 Carole McGranahan, *Arrested Histories: Tibet, the CIA, and Memories of a Forgotten War*（Durham, NC: Duke University Press, 2010）, 98–99.

6 "His Holiness the Dalai Lama's Advice concerning Dolgyal（Shugden）," Office of His Holiness the 14th Dalai Lama, https://www.dalailama.com/messages/dolgyal-shugden/statements-announcements/his-holiness-advice.

7 Manjeet Sehgal, "His Holiness Seeks Southern Comfort: Dalai Lama May Spend Two Months a Year in Karnataka for Health Reasons," *Mail Today*, August 3, 2013, http://www.dailymail.co.uk/indiahome/indianews/article-2384177/His-Holinessseeks-southern-comfort-Dalai-Lama-spend-months-year-Mysore-health-reasons.html.

8 S. Gopal Puril, "China May Use Dissident Sect against Dalai Lama: Tibet," *Times of India*, May 15, 2012.

9 Jane Macartney, "Interpol on Trail of Buddhist Killers," *Australian*, June 22, 2007, http://www.theaustralian.com.au/news/world/interpol-on-trail-of-buddhist-killers/story-e6frg6so-1111113803569.

10 "Dalai Lama 'Supporters' Violently Oppress Buddhist Monks in Mundgod, India," *Deccan Herald*, September 11, 2000, http://www.dorjeshugden.com/all-articles/the-controversy/dalai-lama-supporters-violently-oppress-buddhist-monks-in-mundgod-india/.

11 關於雄天宗相關寺院的完整名單，見Dorje Shugden, http://www.dorjeshugden.com.

12 "An interview with Geshe Kelsang Gyatso," *tricycle*, Spring 1998, ttps://tricycle.org/magazine/interview-geshe-kelsang-gyatso/.

13 "New Kadampa Tradition-International Kadampa Buddhist Union Financial Statements," December 31, 2011, filed with the UK Charities Commission（Charity Number 1015054）.

14 "Return of Organization Exempt from Income Tax, Form 900 for Tax Year 2008," filed by the Kadampa Meditation Center New York, Glen Spey, NY, on August 18, 2009.

15 Robert Thurman, "The Dalai Lama and the Cult of Dolgyal Shugden," *Huffington Post*, May 5, 2014, http://www.huffingtonpost.com/entry/the-dalai-lama-cult-of-dolgyal-shugden_b_4903441.html.

16 David Lague, Paul Mooney, and Benjamin Kang Lim, "China Co-opts a Buddhist Sect in Global Effort to Smear Dalai Lama," *Reuters*, December 21, 2015, http://www.reuters.com/investigates/special-report/china-dalailama/.

17 Ben Hillman, "Monastic Politics and the Local State in China: Authority and Autonomy in an Ethnically Tibetan

Prefecture," *China Journal* 54（2005）: 29–51.

18 Communist Party Committee of the Tibet Autonomous Region, "Some Opinions on Dealing Correctly with the 'Gyalchen Shugden' Issue," February 20, 2014, translated from Tibetan by the International Campaign for Tibet, http://www.savetibet.org/the-official-line-on-shugden-translation/.

19 "Elderly Tibetan Is Jailed for Discouraging Worship of Controversial Deity," Radio Free Asia, December 12, 2014, http://www.rfa.org/english/news/tibet/worship-12122014152106.html.

20 "Another Tibetan Is Jailed for Discouraging Worship of Controversial Deity," Radio Free Asia, December 17, 2014, http://www.rfa.org/english/news/tibet/more-12172014142131.html.

21 Embassy of the People's Republic of China in the Federal Democratic Republic of Nepal, "H.E. Ambassador Yang Houlan Visited Tibetan Community in Kathmandu," press release dated August 22, 2011, http://www.fmprc.gov.cn/ce/cenp/eng/EmbassyInfo/asaa/t852601.htm.

22 "'Every Picture Tells a Story': Shugden Devotees and Their Chinese 'Friends,'" Dalai Lama Protesters Info, http://www.dalailamaprotesters.info/?p=1304.

23 Lague, Mooney, and Kang Lim, "China Co-opts a Buddhist Sect."

24 "Beyond Belief," *South China Morning Post*, September 4, 2011, http://www.scmp.com/article/977990/beyond-belief.

25 Enrica Mazzi, "The Miracle of Gangchen," Lama Gangchen Peace Times blog entry, undated, http://www.lgpt.net/News/13/07_13en.htm.

第七章

1 文生・顧薩爾特（Vincent Goossaert）和大衛・帕瑪（David A. Palmer）在他們的精心傑作《現代中國的宗教問題》（*The Religious Question in Modern China*）（Chicago: University of Chicago Press, 2011）指出，中國

領導人已經接受宗教是必要之惡：中國共產黨不再把它單純視為危險的東西，改為可以仔細利用的工具。雖然未被黨完全接受，大體上已經容忍信教。如果適當控制，宗教甚至可以對共產黨「執行社會計畫……產生正面貢獻」。見 Goossaert and Palmer, *Religious Question*, 2.

2 Jamil Anderlini, "The Rise of Christianity in China," *Financial Times*, November 7, 2014, https://www.ft.com/content/a6d2a690-6545-11e4-91b1-00144feabdc0?mhq5j=e1.

3 Emma Finamore, "The Chinese Communist Party Cracks Down on Religion: All Party Members Must Be Atheist," *Independent*, February 4, 2015, http://www.independent.co.uk/news/world/asia/the-chinese-communist-party-cracks-down-on-religion-all-party-members-must-be-atheist-10024034.html.

4 Melvyn C. Goldstein and Matthew T. Kapstein, *Buddhism in Contemporary Tibet: Religious Revival and Cultural Identity*（Berkeley: University of California Press, 1998）, 6.

5 Tsering Topgyal, "The Securitization of Tibetan Buddhism in Communist China," *Politics and Religion in Contemporary China 6*, no. 2（2012）: 230.

6 Ibid.

7 Goossaert and Palmer, *Religious Question*, 365.

8 "Reincarnation and Enthronement of the 17th Living Buddha Karmapa," Xinhuanet, China Tibet Online, April 14, 2009, http://chinatibet.people.com.cn/6636399.html.

9 "China's Register of Reincarnations," Free Tibet, January 19, 2016, https://freetibet.org/news-media/na/china-launches-list-authorised-living-buddhas.

10 David Van Biema, "The World's Next Top Lama," *Time*, May 15, 2008, http://content.time.com/time/world/article/0,8599,1807103,00.html.

11 Mick Brown, *The Dance of 17 Lives: The Incredible True Story of Tibet's 17th Karmapa*（London: Bloomsbury, 2010）, 7.

12 "The Boy Lama's Long and Mysterious Journey," *Economist*, January 13, 2000, http://www.economist.com/node/273440.

13 Tien-sze Fang, Asymmetrical Threat Perceptions in India-China Relations (New Delhi: Oxford University Press, 2014), 69.

14 Ishaan Tharoor, "Why India Is Investigating a Reincarnated Tibetan Lama," *Time*, February 3, 2011, http://content.time.com/time/world/article/0,8599,2046124,00.html.

15 Ashis Ray, "The Karmapa Greets the World," *Asian Affairs*, June 2017, http://www.asianaffairs.in/2017/06/the-karmapa-greets-the-world/#.WWStqBPytE4.

16 Sanjay Kapoor, "'Tawang Is a Beautiful Part of India': Karmapa Lama," *Hard News*, May 12, 2017, http://www.hardnewsmedia.com/2017/05/tawang-beautiful-part-india-karmapa-lama.

第八章

1 Carey Reich, "A New Generation of Buddhist: The Views and Practice of Tibetan Youth," 2014, Independent Study Project (ISP) Collection, Paper 1971, http://digitalcollections.sit.edu/isp_collection/1971/.

2 "Dharamshala to Get Ropeway Link," *Times of India*, January 16, 2016, http://timesofindia.indiatimes.com/city/shimla/Dharamshala-to-get-ropeway-link/articleshow/50633895.cms.

3 Fiona McConnell, "A State within a State? Exploring Relations between the Indian State and the Tibetan Community and Government-in-Exile," *Contemporary South Asia* 19, no. 3 (2011): 297–313.

4 Ibid.

5 "Background on Tibetan Refugees," Tibetan Innovation Challenge, University of Rochester, www.rochester.edu/tibetchallenge/wp-content/uploads/2015/04/BACKGROUND-ON-TIBETAN-REFUGEES.docx.

6 Lalit Mohan, "Tibetan Showman to Get Indian Passport," *Tribune*, September 24, 2016, http://www.tribuneindia.

com/news/himachal/community/tibetan-showman-to-get-indian-passport/299806.html.

7 Vijay Arora, "'Encroachments' over Forest Land: HC Issues Notice to State, CTA," *Tribune*, April 14, 2012, www.tribuneindia.com/2012/20120415/himachal.htm#12.

8 這並不是庫瑪先生針對麥羅甘吉藏人第一次提告。二〇一〇年，他投遞書狀挑戰藏人租賃土地的安排，也要求將所有西藏旗幟從印度領土撤下。不過，和二〇一二年的訴訟不同，這個案子後來被駁回。

9 Naresh Kumar, "HC Orders Eviction of Land Encroachments in 1,090 Cases in Dharamsala," *Hindustan Times*, August 28, 2012, http://www.hindustantimes.com/chandigarh/hc-orders-eviction-of-land-encroachements-in-1–090-cases-in-dharamsala/story-IRSRgR10pUS2kpSBbYc48J.html.

10 "Himachal Pradesh Not to Evict Bonafide Tibetans," *Times of India*, February 26, 2015, http://timesofindia.indiatimes.com/city/chandigarh/Himachal-Pradesh-not-to-evict-bonafide-Tibetans/articleshow/46376405.cms.

11 Pratibha Chauhan, "Govt to Drop Eviction Proceedings against Tibetan Refugees," *Tribune*, April 2, 2015, http://www.tribuneindia.com/news/himachal/govt-to-drop-eviction-proceedings-against-tibetan-refugees/61579.html.

第九章

1 Rong Ma, "Population Structure Changes in the Tibet Autonomous Region," *China Tibetology*, no. 3（2008）: 167–182.

2 "Escalation in Ngaba following Self-Immolation: Two Tibetans Shot," International Campaign for Tibet, January 14, 2012, https://www.savetibet.org/escalation-in-ngaba-following-self-immolation-two-tibetans-shot-updated-jan-16/.

3 洛桑・嘉央自焚的錄影帶在二〇一二年四月二十日經英國人權組織「自由西藏」上傳到 YouTube，可以在 https://www.youtube.com/watch?v=1BFAiO8TMac 看到。

4 丹增・諾布是假名。我這樣做是為了保護他還住在中國控制的西藏之家屬。

5 Congressional-Executive Commission on China, *Special Report: Tibetan Self-Immolation—Rising Frequency, Wider Spread, Great Diversity*, August 22, 2012, http://www.cecc.gov/publications/issue-papers/special-report-tibetan-self-immolation-rising-frequency-wider-spread; Greg Bruno, "Tibetan Suicides Are Tinder for Future Unrest in China," *National*, February 27, 2012, http://www.thenational.ae/thenationalconversation/comment/tibetan-suicides-are-tinder-for-future-unrest-in-china; Simon Denyer, "Self-Immolations Reflect Rising Tibetan Anger," Washington Post, April 1, 2012, https://www.washingtonpost.com/world/asia_pacific/self-immolations-reflect-rising-tibetan-anger/2012/04/01/gIQA2szapS_story.html?utm_term=.ba81eb87a744; "New Footage Depicts Self-Immolation in Tibet," *Voice of America*, April 16, 2012, http://www.voanews.com/content/new-footage-depicts-self-immolation-in-tibet-147744485/180157.html.

6 康巴區是組成傳統西藏的三大區域之一，大部分集中在今天的四川省（有一部分延伸至甘肅、青海和雲南省）；它和中國占領後畫出的西藏自治區是不同的。構成傳統藏人地區的另兩塊區域是衛藏（大略相當於今天的西藏自治區），以及安多（包含大部分青海和一部分甘肅、四川）。

7 Parameswaran Ponnudurai, "Four Tibetans Self-Immolate," Radio Free Asia, November 26, 2012, http://www.rfa.org/english/news/tibet/protest-11262012131404.html.

8 "New Video Footage of Latest Tibet Self-Immolation Incident," Central Tibetan Administration, June 23, 2012, http://tibet.net/2012/06/new-video-footage-of-latest-self-immolation-incident/. 根據這個記載，阿旺沒死。

9 一九八二年十二月四日通過的中華人民共和國憲法，英文版由《人民日報》刊載，見 http://en.people.cn/constitution/constitution.html.

10 Mary S. Erbaugh, review of *China's Assimilationist Language Policy: The Impact on Indigenous/Minority Literacy and Social Harmony*, by Gulbahar H. Beckett and Gerard A. Postiglione, China Quarterly 210（2012）: 527–528.

11 Ibid.

12 June T. Dreyer, *China's Forty Millions: Minority Nationalities and National Integration in the People's Republic of*

China (Cambridge, MA: Harvard University Press, 1976), 160–161.

13 Matt Adler, "Interview with Dr. Robert Barnett: 'Tibetan Language: Policy and Practice,'" *Culturally Curious*, January 20, 2015, https://culturallycuriousblog.wordpress.com/2015/01/20/interview-with-dr-robert-barnett-tibetan-language-policy-and-practice/.

14 Edward Wong, "Tibetans Fight to Salvage Fading Culture in China," *New York Times*, November 28, 2015, https://www.nytimes.com/2015/11/29/world/asia/chinatibet-language-education.html.

15 "Self-Immolations by Tibetans," fact sheet, International Campaign for Tibet, https://www.savetibet.org/resources/fact-sheets/self-immolations-by-tibetans/.

16 "Self-Immolation at Tibet's Labrang Monastery," International Campaign for Tibet, October 22, 2012, https://www.savetibet.org/self-immolation-at-tibets-labrang-monastery/.

17 James Verini, "A Terrible Act of Reason: When Did Self-Immolation Become the Paramount Form of Protest?," *New Yorker*, May 16, 2012, http://www.newyorker.com/culture/culture-desk/a-terrible-act-of-reason-when-did-self-immolation-become-the-paramount-form-of-protest.

18 Jenny Chan and Pun Ngai, "Suicide as Protest for the New Generation of Chinese Migrant Workers: Foxconn, Global Capital, and the State," *Asia-Pacific Journal* 8, issue 37, no. 2 (2010).

19 Verini, "A Terrible Act of Reason."

20 Warren W. Smith Jr., *China's Tibet? Autonomy or Assimilation* (Lanham, MD:Rowman & Littlefield, 2008), 38.

21 Ibid., 37.

22 Carole McGranahan, *Arrested Histories: Tibet, the CIA, and Memories of a Forgotten War* (Durham, NC: Duke University Press, 2010), 75.

23 Smith, *China's Tibet?*, 38.

24 McGranahan, *Arrested Histories*, 102.

25 A. Tom Grunfeld, *The Making of Modern Tibet* (London: Routledge, 1996), 185.
26 Ibid., 188.
27 Michael Weisskopf, "Dalai Lama: Sacred to Tibet, a Thorn in China's Side," *Washington Post*, August 28, 1983.
28 Grunfeld, *Making of Modern Tibet*, 232.
29 "Central Gov't Spends 310 Bln Yuan Bolstering Tibet's Development," Xinhua, January 25, 2010.
30 Cui Jia and Hou Liqiang, "Himalayan Rail Route Endorsed," *China Daily*, August 5, 2016, http://europe.chinadaily.com.cn/business/201608/05/content_26350829.htm.
31 "China's Tibetan Delegation Starts Britain Visit," Xinhua, April 1, 2017, http://news.xinhuanet.com/english/2017-03/25/c_136157564.htm.
32 "Tibet: Growing Frustration after Latest Round of Talks between Beijing and the Dalai Lama's Envoys," US government cable, February 11, 2010, WikiLeaks, https://search.wikileaks.org/plusd/cables/10NEWDELHI290_a.html.
33 "Delhi Diary, January 30–February 19, 2010," US government cable, February 22, 2010, WikiLeaks, https://wikileaks.org/plusd/cables/10NEWDELHI321_a.html.
34 Dalai Lama, *Freedom in Exile: The Autobiography of the Dalai Lama* (New York: Harper Perennial, 2008).

第十章

1 伍多・嘉措是個假名，請參見序言的說明。
2 Helen Sowey, "Are Refugees at Increased Risk of Substance Misuse?" *Drug and Alcohol Multicultural Education Centre*, 2005 (ed. 1). 見http://library.bsl.org.au/jspui/bitstream/1/747/1/Refugee_Drug_Alcohol_Vulnerability.pdf.
3 Gauri Bhattacharya, "Drug Use among Asian-Indian Adolescents: Identifying Protective/Risk Factors," *Adoles-*

cence 33, no. 129（Spring 1998）: 169–184.

4 Warren W. Smith Jr., “Origins of the Middle Way Policy,” in *Trails of the Tibetan Tradition: Papers for Elliot Sperling*, ed. Roberto Vitale（New Delhi: Amnye Machen Institute, 2015）: 385–399.

5 Maura Moynihan, “The High Cost of Protracted Refugee Syndrome,” Rangzen Alliance, September 13, 2012, http://www.rangzen.net/2012/09/13/the-high-cost-of protracted-refugee-syndrome/.

6 這項會議於二〇一三年十月二十八日至十一月一日一連五天在印度達蘭薩拉達賴喇嘛住所舉行。見https://www.dalailama.com/videos/mind-and-life-xxvii-craving-desire-and-addiction. 另參見 “Talking to the Dalia Lama about Addiction Science,” National Institute on Drug Abuse, November 12, 2013, https://www.drugabuse.gov/about-nida/noras-blog/2013/11/talking-to-dalai-lama-about-addiction-science.

7 昆芬的東主達瓦・哲林（Dawa Tsering）是本地商人，曾因財務處理不當遭到調查。見Lobsang Wangyal,“Yongling School—MP Dawa Tsering Accused of Corruption,” *Tibet Sun*, July 22, 2013, https://www.tibetsun.com/news/2013/07/22/yongling-school-mp-dawa-tsering-accused-of-corruption.

8 “Tibetan NGO CHOICE HIV/AIDS to Dissolve, Releases Executive Report,” Phayul.com, May 30, 2013, http://www.phayul.com/news/article.aspx?id=33517.

第十一章

1 關於藏人在修路營地生活狀況，見Dervla Murphy, *Tibetan Foothold*（London: John Murray, 1966 .

2 Jan Magnusson, Subramanya Nagarajarao, and Geoff Childs, “South Indian Tibetans: Development Dynamics in the Early Stages of the Tibetan Refugee Settlement Lugs zung bsam grub gling, Bylakuppe,” *Journal of the International Association of Tibetan Studies* 4（2008）.

3 George Woodcock, “Tibetan Refugees in a Decade of Exile,” *Pacific Affairs* 43（1970）: 410–420.

4 其他人類學家就最早的安置區進行研究，發現一個經濟奇蹟。特別是一九六六年一月來到印度調查研究的馬文・高士坦，他發現藏人在破紀錄的時間內，「變成經濟上極其成功」，很少出現和「難民症候群」常伴隨出現的功能失調行為，譬如酗酒等。見Goldstein,"Ethnogenesis and Resource Competition among Tibetan Refugees in South India: A New Face to the Indo-Tibetan Interface," in *Himalayan Anthropology: The Indo-Tibetan Interface*, ed. James Fisher（The Hague: Mouton, 1978）, 399.

5 Magnusson, Nagarajarao, and Childs, "South Indian Tibetans."

6 奧里薩省的落雨型態變化極大，但是根據二〇〇九年一項研究，這個沿海省分整體落雨總量實際上在增加，原因是季節雨後發，加上有大量的季節風之前的落雨。見Surendranath Pasupalak, "Climate Change and Agriculture in Orissa, *Orissa Review*, April–May 2009: 49–52.

7 儘管這項作物有局限，奧里薩省和其他依賴農業的省分近年來努力設法增加玉米耕植，一方面是大型種子公司推動，一方面是印度愈來愈需要動物飼料。

8 "Tribal People 'Occupy' Land," *Hindu*, May 28, 2012, http://www.thehindu.com/todays-paper/tp-national/tp-otherstates/tribal-people-occupy-land/article3464102.ece.

9 Magnusson, Nagarajarao, and Childs, "South Indian Tibetans."

10 "Tribal People Up in Arms against Landgrab," *Hindu*, February 11, 2013, http://www.thehindu.com/todays-paper/tp-national/tp-otherstates/tribal-people-up-in-arms-against-landgrab/article4402301.ece.

11 Communist Party of India（Marxist）, Orissa State Committee leadership list, http://www.cpimodisha.org/leadership.

12 "Tribal Families Seek Intervention of Revenue Officials," *Hindu*, December 24, 2013, http://www.thehindu.com/news/national/other-states/tribal-families-seek-intervention-of-revenue-officials/article5497217.ece.

13 "Tibetan Settlers Asked to Surrender 'Occupied' Land," *Indian Express*, November 7, 2012, http://www.newindianexpress.com/states/orissa/article1330685.ece.

14 "Statement on Land Case in Phuntsokling Settlement," Central Tibetan Administration, May 10, 2013, http://tibet.

net/2013/05/statement-on-land-case-in-phuntsokling-settlement/.

15 T. C. Palakshappa, *Tibetans in India: A Case Study of the Mundgod Tibetans*（New Delhi, 1978）.

16 Girija Saklaini, *The Uprooted Tibetans in India: A Sociological Study of Continuity and Change*（New Delhi: Cosmo, 1984）.

17 In *Sh. Visharad Sood v. Election Commission of Himachal Pradesh and Others*, CWP No. 2898 of 2014-J.

18 Niranjan Kaggere, "Karnataka to Allow Tibetan Refugees to Lease Land in Their Own Names," *Bangalore Mirror*, November 4, 2015, http://www.bangaloremirror.com/bangalore/others/Karnataka-to-allow-Tibetan-refugees-to-lease-land-in-their-own-names/articleshow/49651214.cms.

19 Namgyal Choedup, "From Tibetan Refugees to Transmigrants: Negotiating Cultural Continuity and Economic Mobility through Migration," Arts & Sciences Electronic Theses and Dissertations, Paper 643, 2015, 151.

20 "Indians Demand Tibet Exiles Leave Dharamsala," Associated Press, April 25, 1994.

21 "Irate Mob Burns Tibetan Market," *Tribune*, July 6, 1999, http://www.tribuneindia.com/1999/99jul06/himachal.htm#2.

22 某些西藏僑民懷疑動亂是腐敗的地方官員所煽動，想要震撼藏人生意，可能意欲勒索保護費，但是這種指控還未找到證據支持。

23 Maura Moynihan, "Tibetans in Exile—Passports or RC's: Who Gets What?" Rangzen.net, October 28, 2012, http://www.rangzen.net/2012/10/28/tibetans-in-exile-%E2%80%93-passports-or-rc%E2%80%99s-who-gets-what/.

24 Tenzin Dharpo, "Tibetan Youth Murdered in McLeod Ganj," Phayul.com, October 31, 2015, http://www.phayul.com/news/article.aspx?id=36677.

25 Mila Rangzen, "Is Dharamshala Safe for Tibetans?," *Tibet Telegraph*, June 12, 2014, http://www.tibettelegraph.com/2014/06/is-dharamshala-safe-for-tibetans.html.

26 *The Tibetan Rehabilitation Policy—2014*, Government of India Ministry of Home Affairs（Dharamsala: H.H. the

Dalai Lama's Central Tibetan Relief Committee, 2015), http://www.centraltibetanreliefcommittee.org/ctrc/trp-2014/tibetan-rehab-policy-2014-final-copy.pdf.

第十二章

1 Planning Commission, Central Tibetan Administration, *Demographic Survey of Tibetans in Exile—2009*, 60.

2 Tibetan Community of NY & NJ, Phuntsok Deshi project website, http://tcnynj.org/tach-hall/.

3 好萊塢把西藏浪漫化，描繪得天花亂墜，最著名的例子或許是一九三七年佛蘭克．卡普拉（Frank Capra）把詹姆斯．希爾頓（James Hilton）一九三三年的小說《失落的地平線》（*Lost Horizon*）搬上銀幕。同名的這本書和電影講的是一位英國外交官的故事，他在西藏山區的一個寺院裡找到愛情和內心的平靜。這個故事的持久成就包括創造出「香格里拉」（Shangri-La）這個字詞。《失落的地平線》將西藏永恆地定位為世人想像中的典型香格里拉。

4 Melvyn C. Goldstein, "Serfdom and Mobility: An Examination of the Institution of 'Human Lease' in Traditional Tibetan Society," *Journal of Asian Studies* 3 (1971).

5 Heidi Fjeld, *Commoners and Nobles: Hereditary Divisions in Tibet* (Copenhagen: Nordic Institute of Asian Studies, 2005), 5.

6 Stephanie Roemer, *The Tibetan Government-in-Exile: Politics at Large*, Routledge Advances in South Asian Studies (London: Routledge, 2008), 67.

7 Dawa Norbu, *Red Star over Tibet* (London: Collins, 1974), 246.

8 Dibyesh Anand, "A Contemporary Story of Diaspora: The Tibetan Version," *Diaspora* 12, no. 2 (2003): 211–229.

9 New York City Department of Finance, Mortgage document, https://a836-acris.nyc.gov/DS/DocumentSearch/DocumentImageView?doc_id=2012121100422002.

10 色拉傑佛學文化中心（Sera Jey Buddhist Culture Center）二〇〇九年在美國註冊登記為非營利組織，它在二〇一二年六月指派一位全職的住持喇嘛，但是在二〇一六年三月之前一直沒有搬進永久會所。根據中心的網頁說明，在此之前的祈禱會和文化活動是在私人住家、公園、董事會成員的家，「甚至在麥當勞餐廳」舉行。見 http://www.serajey.org/.

11 Fiona McConnell, *Rehearsing the State: The Political Practices of the Tibetan Government-in-Exile*（West Sussex, UK: Wiley Blackwell, 2016）, 173.

12 社群媒體上貼出來的排隊照片顯示，數百名藏人——男女老少、僧俗皆有——在寒冷、灰暗的天空下大排長龍，等候進入領事館、提交申請書。申請簽證需要填報的資料包括：西藏境內「主要家屬」的姓名、年齡、職業、住址和電話號碼。

13 "Tibet Website Says Dalai Lama's Clique Is Falling Apart," *Global Times*, January 6, 2016, http://www.global-times.cn/content/962033.shtml.

14 Elena Barabantseva, "Who Are 'Overseas Chinese Ethnic Minorities'? China's Search for Transnational Ethnic Unity," *Modern China* 38, no. 1（2012）: 78–109.

15 Woeser, "'Tibetans' Center of the Tibet Autonomous Region," *Invisible Tibet*, November 22, 2010, http://woeser.middle-way.net/2010/11/blog-post_19.html.

16 Guo Kai, "China Woos Overseas Tibetans," *Global Times*, October 9, 2012, http://www.globaltimes.cn/content/732077.shtml.

17 Pauline MacDonald, Dharamsala Days, *Dharamsala Nights: The Unexpected World of the Refugees from Tibet*（self-published, 2013）.

18 雖然移民律師和西藏領導人對於移民程序表露信心，要移民到美國還是很費錢、很複雜、很花時間（在川普政府下也是相當危險的）。根據設在美國的「西藏司法中心」（Tibet Justice Center）——它提供承辦藏人移民案件的律師資源——有許多印度和尼泊爾藏人的案子不符合政治庇護的法律要件，遭到批駁的人其實不下於獲准者。見http://www.tibetjustice.org/?page_id=68.

19 "U.S. Embassy Cables: 'Widening Generational Divide' between Tibet's Leaders and Youth," *Guardian*, December 16, 2010, http://www.theguardian.com/world/us-embassy-cables-documents/160094.

20 最初人口數字是根據西藏中央公署內政部的估計，http://centraltibetanreliefcommittee.org/doh/settlements/india/south/lugsung-samdupling.html.

21 Planning Commission, Central Tibetan Administration, *Demographic Survey of Tibetans in Exile—2009*.

22 Alanna Schubach, "A Feast of Tibetan Dumplings at the Momo Crawl in Jackson Heights," *Village Voice*, November 16, 2015, http://www.villagevoice.com/restaurants/a-feast-of-tibetan-dumplings-at-the-momo-crawl-in-jackson-heights-7921921.

23 "U.S. Embassy Cables: 'Widening Generational Divide.'"

24 二〇一三年及二〇一五年，美國國會議員辯論移民法令改革，提出法案預備開放數千個新簽證給西藏難民。但是，兩次法案都走不出委員會二讀程序。見 https://www.govtrack.us/congress/bills/114/hr2679/text.

25 案例可參見"Tibetans in India, Nepal Cautioned against Traveling to Europe for Asylum," *Tibetan Review*, July 2014, http://www.tibetanreview.net/tibetans-in-india-nepal-cautioned-against-traveling-to-europe-for-asylum/, 及"Switzerland 'Revised' Tibet Policy to Boost Ties: Chinese Media," *Press Trust of India*, February 19, 2017, http://www.india.com/news/agencies/switzerland-revised-tibet-policy-to-boost-tieschinese-media-1853889/.

26 "French Schoolchildren Protest at Migrant Expulsions with Paris March," Associated Press, October 17, 2013, https://www.theguardian.com/world/2013/oct/17/french-schoolchildren-protest-migrant-explusions-paris-kosovar.

27 Pema Yoko, "'Free Tibet' Banned at March 10, NYC," March 11, 2015, https://www.facebook.com/notes/pema-yoko/free-tibet-banned-at-march-10-nyc/10153158350457743.

尾聲

1 Leslie Nguyen-Okwu, "The Dalai Lama's Right-Hand Woman," ozy.com, January 15, 2016, http://www.ozy.com/rising-stars/the-dalai-lamas-right-hand-woman/65381.

2 Anand Bodh, "25-Yr-Old First Tibetan to Be Indian Citizen," *Times of India*, January 20, 2011, http://timesofindia.indiatimes.com/india/25-yr-old-first-Tibetan-to-be-Indian-citizen/articleshow/7323090.cms.

3 關於各安置區數據，見 Planning Commission, Central Tibetan Administration, *Demographic Survey of Tibetans in Exile—2009*.

4 關於「重新構想多古嶺藏人安置區」項目的概要，見 http://www.doeguling.com/.

5 雖然甘丹寺領導人似乎對歡迎非佛教徒遊客到印度南部一遊，還有些猶豫，哲蚌寺則全力歡迎。緊鄰著穆恩德戈德的哲蚌羅思林寺（Drepung Loseling Monastery）正在興建巨大的新研究中心，與埃默里大學合作。當它啟用時，研究和生活空間將可容納一百二十五名學生和五十位教師。研究項目將集中在科學與佛學的交匯，特別是「沉思的科學」，如冥想，會如何影響大腦。類似的合作研究計畫已經在埃默里大學的亞特蘭大校區展開。

6 "US Sanctions Massive Six Million Dollars for Tibetans in Nepal and India for Fiscal Year 2016," Tibet.net, December 21, 2015, http://tibet.net/2015/12/us-sanctionsmassive-six-million-dollars-for-tibetans-in-nepal-and-india-for-fiscal-year-2016/. 我所訪談的對象，沒有一個人願意或能夠預測，在川普總統任內美國對援助西藏難民的經費會有什麼變化。

7 美國政府顯然也接受這個事實。二〇一六年一月，西藏事務特別協調官辦公室（Office of the Special Coordinator of Tibet），組織一項活動，鼓勵向來支持西藏難民的國家再度重新撥助經費。本書截稿時，官方還未做出正式宣布，但是消息人士證實已經有承諾。

8 Richard Finney, "China Calls Dalai Lama's Kalachakra 'Illegal,' Threatens Punishment for Those Taking Part," Radio Free Asia, January 5, 2017, http://www.rfa.org/english/news/tibet/illegal-01052017151431.html.

9 Chen Heying, "Dalai Lama Ritual a 'Political Tool,'" *Global Times*, January 5, 2017, http://www.globaltimes.cn/content/1027367.shtml.

10 Tenzin Dharpo, "His Holiness Reaffirmed to Live 113 Years: Senior Gelug Leaders," Phayul.com, April 17, 2016.

11 二〇一一年九月二十四日，第十四世達賴喇嘛發表聲明，宣布當他「即將九旬」之時，即二〇二五年七月六日，他將和教派的最高喇嘛會商，「重新檢討達賴喇嘛這個機制是否應該繼續」。如果決定應該繼續下去，各個教派負責人將研商確認一名繼承人。他寫道：「我對這件事將留下清楚的書面指示。請記住，除了透過這種正當方式承認的轉世，不應該承認或接受任何人，包括在中華人民共和國的人士，依據政治目的選擇的候選人。」關於達賴喇嘛聲明全文，見 http://dalailama.com/messages/statement-of-his-holiness-the-fourteenth-dalai-lama-tenzin-gyatso-on-the-issue-of-his-reincarnation.

12 Sarah Boesveld, "3 Students Stabbed after Schoolyard Sports Fight," *Toronto Star*, April 26, 2008.

13 中國毫無疑問也了解這一點，因此共產黨極力設法控制喇嘛轉世，要在西藏境內冊立它本身的宗教領袖。

參考書目

BLESSINGS FROM BEIJING

AFP. "China Has 'Vast, Dark Spy Network': Defector." Agence France-Presse, March 20, 2009.

Alexandrowicz, C. H. "India and the Tibetan Tragedy." *Foreign Affairs*, April 1953.

Arora, Vijay. "'Encroachments' over Forest Land: HC Issues Notice to State, CTA." *Tribune*, April 14, 2012.

Associated Press. "Indians Demand Tibet Exiles Leave Dharamsala." April 25, 1994.

Avedon, John F. *In Exile from the Land of Snows: The Definitive Account of the Dalai Lama and Tibet since the Chinese Conquest*. New York: Vintage Books, 1986.

Barabantseva, Elena. "Who Are 'Overseas Chinese Ethnic Minorities'? China's Search for Transnational Ethnic Unity." *Modern China* 38, no. 1 (January 2012) 78–109.

Bhattacharya, Abanti. "Chinese Nationalism and the Fate of Tibet: Implications for India and Future Scenarios." *Strategic Analysis* 31, no. 2 (2007): 237–266.

Bhattacharya, Gauri. "Drug Use among Asian-Indian Adolescents: Identifying Protective/Risk Factors."

Adolescence 33 (1998): 169–184.

Bodh, Anand. "Himachal Police Arrest Eight Chinese Nationals." *Times of India*, June 13, 2012.

—. "25-Yr-Old First Tibetan to Be Indian Citizen." *Times of India*, January 20, 2011.

Brown, Kerry. 2010. "China's Soft Power Diplomacy in the 21st Century." In *A Handbook of China's International Relations*, edited by Shaun Breslin, 85–93. London:Routledge, 2010.

Bruno, Greg. "China's Nationalism Is a Threat, but It's No Longer Personal." *National*,February 18, 2011.

—. "The Monocropping Dilemma." School for International Training. Independent Study Project, 1998.

—. "Pushed by China, Tibetans Leave Nepal." *Global Post*, April 12, 2010.

—. "Tibetan Suicides Are Tinder for Future Unrest in China." *National*, February 27, 2012.

Callahan, William A. *China Dreams: 20 Visions of the Future*. New York: Oxford University Press, 2015.

Carlson, Catherine. "Substance Abuse among Second-Generation Tibetan Refugees Living in India." Diss., Emory-IBD Tibetan Studies Program, 2003.

Chauhan, Pratibha. "Govt to Drop Eviction Proceedings against Tibetan Refugees." *Tribune*, April 2, 2015.

Childs, Geoff. *Tibetan Diary: From Birth to Death and Beyond in a Himalayan Valley of Nepal*. Berkeley: University of California Press, 2004.

Childs, Geoff, Melvyn C. Goldstein, Ben Jiao, and Cynthia M. Beall. "Tibetan Fertility Transitions in China and South Asia." *Population and Development Review* 31, no. 2 (2005): 337–349.

Congressional-Executive Commission on China. *Special Report: Tibetan Self-Immolation—Rising Frequency,*

Wider Spread, Great Diversity. Washington, DC: CECC, 2012.

Cuervo, Ivy. "Fight outside Tibetan Cultural Centre Leaves 1 Dead, 1 Hurt." CBC News, March 9, 2014.

Dalai Lama. *Freedom in Exile: The Autobiography of the Dalai Lama*. New York: Harper Perennial, 1991.

—. *My Land and My People: The Original Autobiography of His Holiness the Dalai Lama of Tibet*. New York: Grand Central, 2008.

Denyer, Simon. "Self-Immolations Reflect Rising Tibetan Anger." *Washington Post*, April 1, 2012.

Department of Home. "Agriculture Development Project for Phuntsokling Tibetan Settlements, Chandragiri, Gajapati District, Orissa." Central Tibetan Administration, Gangchen Kyishong, August 1996.

Dharpo, Tenzin. "Tibetan Youth Murdered in McLeod Ganj." Phayul.com, October 31, 2015.

Directorate of Soil Conservation. "Project Report on Soil and Land Capability Survey of Phuntsokling Tibetan Settlement Area." Vol. 1. Government of Orissa, Bhubaneswar, India. May 1996.

Dorjee, Tenzin. "6 Things You Should Know about the Anti–Dalai Lama Protesters." *Huffington Post*, November 5, 2014.

Famularo, Julia. "Spinning the Wheel: Policy Implications of the Dalai Lama's Reincarnation." Project 2049 Institute, January 30, 2012.

Fish, Isaac Stone. "Blame Norway: Why Is Oslo Kowtowing to Beijing and Stiff-Arming the Dalai Lama?" *Foreign Policy*, May 6, 2014.

Fuchs, Andreas, and Nil-Hendrik Klann. "Pay a Visit: The Dalai Lama Effect on In-ternational Trade." Center for European Governance and Economic Development Research. CEGE Discussion Papers, 113, October 2013.

Fürer-Haimendorf, Christoph von. *The Renaissance of Tibetan Civilization*. Santa Fe, NM: Synergetic, 1990.

Garnaut, John. "China Spreads Its Watching Web of Surveillance across Australia." *Sydney Morning Herald*, April 26, 2014.

Garratt, Kevin. "Tibetan Refugees, Asylum Seekers, Returnees and the Refugees Convention: Predicaments, Problems and Prospects." *Tibet Journal* 22, no. 3 (Autumn 1997): 18–56.

Gill, Bates. *Rising Star: China's New Security Diplomacy*. Washington, DC: Brookings Institution Press, 2010.

Gill, Bates, and Yanzhong Huang. "Sources and Limits of Chinese 'Soft Power.'" *Survival* 48, no. 2 (2006): 17–36.

Global Times. "Dalai Assassination Claims Mind-Boggling." May 14, 2012.

—. "Tibet Website Says Dalai Lama's Clique Is Falling Apart." January 6, 2016.

Goldstein, Melvyn C. *History of Modern Tibet*. Vol. 2, *The Calm before the Storm, 1951–1955*. Berkeley: University of California Press, 2009.

Goossaert, Vincent, and David A. Palmer. *The Religious Question in Modern China*. Chicago: University of Chicago Press, 2011.

Green, Jonathan. *Murder in the High Himalaya: Loyalty, Tragedy, and Escape from Tibet*. New York: PublicAffairs, 2010.

Gross, Ernest A. "Tibetans Plan for Tomorrow." *Foreign Affairs*, October 1961.

Guodong, Du. "France Seeks to Repair Relations with China." *China Daily*, February 7, 2009.

Gyatso, Soepa. "Another Tibetan Is Jailed for Discouraging Worship of Controversial Deity." Radio Free Asia Tibetan Service, December 17, 2014.

Halper, Lezlee Brown, and Stefan Halper. *Tibet: An Unfinished Story*. New York: Oxford University Press, 2014.

Hillman, Ben. "Monastic Politics and the Local State in China: Authority and Autonomy in an Ethnically Tibetan Prefecture." *China Journal* 54 (2005): 29–51.

Hindu. "Tribal Families Seek Intervention of Revenue Officials." December 24, 2013.

— "Tribal People 'Occupy' Land." May 28, 2012.

—. "Tribal People Up in Arms against Land Grab." February 11, 2013.

His Holiness the Fourteenth Dalai Lama, Private Office. "His Holiness the Dalai Lama's Advice concerning Dolgyal (Shugden)" https://www.dalailama.com/messages/dolgyal-shugden/statements-announcements/his-holiness-advice.

Huber, Toni. *The Holy Land Reborn: Pilgrimage and the Tibetan Reinvention of Buddhist India*. Chicago: University of Chicago Press, 2008.

Human Rights Watch. *Appeasing China: Restricting the Rights of Tibetans in Nepal*. New York, 2008.

—. *Under China's Shadow: Mistreatment of Tibetans in Nepal*. Washington, DC, 2014.

Hutt, Michael. *Himalayan 'People's War': Nepal's Maoist Rebellion*. London: C. Hurst & Co., 2004. *Indian Express*. "Tibetan Settlers Asked to Surrender 'Occupied' Land." Express News Service, November 7, 2012.

Information Warfare Monitor. "Tracking GhostNet: Investigating a Cyber Espionage Network." March 29, 2009.

Institute for Defense Studies and Analyses. *Tibet and India's Security: Himalayan Region, Refugees, and Sino-Indian Relations*. IDSA Task Force Report. New Delhi, 2012.

International Campaign for Tibet. *Dangerous Crossing: Conditions Impacting the Flight of Tibetan Refugees in 2001*. Washington, DC, 2002.

—. *Dangerous Crossing: Conditions Impacting the Flight of Tibetan Refugees, 2007–2008 Report*. Washington, DC, 2008.

—. *Dangerous Crossing: Conditions Impacting the Flight of Tibetan Refugees, 2009 Update*. Washington, DC, 2010.

—. *Dangerous Crossing: Conditions Impacting the Flight of Tibetan Refugees, 2010 Update*. Washington, 2010.

—. "Escalation in Ngaba following Self-Immolation: Two Tibetans Shot." January 14, 2012.

—. "A Fragile Welcome: China's Influence on Nepal and Its Impact on Tibetans." Washington, DC, June 19, 2010.

—. "Self-Immolations by Tibetans." Washington, DC, 2015.

—. "Storm in the Grasslands: Self-Immolations in Tibet and Chinese Policy." Washington, DC, December 2008.

—. “An Uncertain Welcome: How China’s Influence Impacts Tibetans in Nepal.” Washington, DC, 2009.

Jakobson, Linda, and Dean Knox. “New Foreign Policy Actors in China.” Stockholm International Peace Research Institute. SIPRI Policy Paper no. 26, September 2010.

Johnson, Tim. *Tragedy in Crimson: How the Dalai Lama Conquered the World but Lost the Battle with China*. New York: Nation Books, 2011.

Kaggere, Niranjan. “Karnataka to Allow Tibetan Refugees to Lease Land in Their Own Names.” *Bangalore Mirror*, November 4, 2015.

Kai, Guo. “China Woos Overseas Tibetans.” *Global Times*, October 9, 2012.

Khatiwada, Ramesh. “China Ups the Ante Following Tibetans’ Arrest.” *Republica*, February 28, 2010.

Knaus, John Kenneth. *Orphans of the Cold War: America and the Tibetan Struggle for Survival*. New York: PublicAffairs, 2000.

Kranti, Vijay. “How Tibetans Are Losing Their Focus and Unity.” Phayul.com, February 6, 2013.

Kumar, Naresh. “HC Orders Eviction of Land Encroachments in 1,090 Cases in Dharamsala.” *Hindustan Times*, August 28, 2012.

Kunwar, Ramesh Raj. “Paganism and Spiritism: A Study of Religion and Ritual in the Sherpa Society.” *Ancient Nepal, Journal of the Department of Archaeology* 103 (1988): 1–18.

Li, Jianglin. *Tibet in Agony: Lhasa 1959*. Cambridge, MA: Harvard University Press, 2016.

Ma, Rong. “Population Structure Changes in the Tibet Autonomous Region.” *China Tibetology* 3 (2008):

167–182.

Macartney, Jane. "Interpol on Trail of Buddhist Killers." *Australian*, June 22, 2007.

MacDonald, Pauline. *Dharamsala Days, Dharamsala Nights: The Unexpected World of the Refugees from Tibet*. Self-published, 2013.

MacLeod-Bluver, Caitlin. "I Didn't Feel Like Living: The Prevalence, Perceptions, and Prevention of HIV/AIDS among Tibetan Refugees in Kathmandu." School for International Training. Independent Study Project (ISP) Collection, Paper 807, 2009.

Magnusson, Jan, Subramanya Nagarajarao, and Geoff Childs. "South Indian Tibetans: Development Dynamics in the Early Stages of the Tibetan Refugee Settlement Lugs zung bsam grub gling, Bylakuppe." *Journal of the International Association of Tibetan Studies* 4 (2008): 1–31.

Mazzi, Enrica. "The Miracle of Gangchen." *Lama Gangchen Peace Times*, blog entry, undated.

McConnell, Fiona. *Rehearsing the State: The Political Practices of the Tibetan Government-in-Exile*. West Sussex, UK: Wiley Blackwell, 2016.

McGrath, Timothy. "No One Likes the Dalai Lama Anymore." *Global Post*, September 5, 2014.

Mechling, Katherine. "Know Your Enemy: Tibetan Perceptions of and Approaches to Chinese Studies in Exile." School for International Training. Independent Study Project (ISP) Collection, Paper 808, 2009.

Ministry of Finance. The Benami Transactions (Prohibition) Act, 1988. Union Government of India. New Delhi, 1988.

Ministry of Foreign Affairs. "H.E. Ambassador Yang Houlan Visited Tibetan Community in Kathmandu." Embassy of the People's Republic of China in the Federal Democratic Republic of Nepal, press release, August 22, 2011.

Ministry of Home Affairs. The Tibetan Rehabilitation Policy—2014. Union Government of India. New Delhi, 2014.

Mishra, Pankaj. "The Last Dalai Lama?" *New York Times*, December 1, 2015.

Mooney, Paul. "Beyond Belief." *South China Morning Post*, September 4, 2011.

Moynihan, Maura. "Tibetans in Exile—Passports or RC's: Who Gets What?" Rangzen.net, October 28, 2012.

Murphy, Dervla. *Tibetan Foothold*. London: John Murray, 1966.

Navarro, Peter, and Greg Autry. *Death by China: Confronting the Dragon—a Global Call to Action*. Upper Saddle River, NJ: Pearson FT, 2011.

Nelson, Dean. "Dalai Lama Reveals Warning of Chinese Plot to Kill Him." *Telegraph*, May 12, 2012.

Norbu, Dawa. "Tibetan Refugees in South Asia: Implications for Security." Paper presented at Seminar on Refugees and Internal Security in South Asia, Colombo, Sri Lanka, July 10–11, 1994.

Norbu, Jamyang. *Shadow Tibet*. http://www.jamyangnorbu.com.

Nyinjey, Tenzin. "Censorship and the Struggle for Tibetan Freedom." *Tibet Sun*, July 27, 2012.

Palakshappa, T. C. *Tibetans in India: A Case Study of the Mundgod Tibetans*. New Delhi: Sterling, 1978.

Pew Research Center. "U.S.-China Security Perceptions Project 2012 General Public Survey Data." US general public survey conducted April 30, 2012, to May 13, 2012.

Phayul. "Tibetan NGO CHOICE HIV/AIDS to Dissolve, Releases Executive Report." Phayul.com, May 30, 2013.

Planning Commission. *Demographic Survey of Tibetans in Exile—2009*. Central Tibetan Administration, Gangchen Kyishong, Dharamsala, India, 2010.

Planning Commission. *Tibetan Demographic Survey 1998*. Central Tibetan Administration, Gangchen Kyishong, Dharamsala, India. 2000.

Ponnudurai, Parameswaran. "Four Tibetans Self-Immolate." Radio Free Asia, November 26, 2012.

Radio Free Asia. "Elderly Tibetan Is Jailed for Discouraging Worship of Controversial Deity." Radio Free Asia Tibetan Service, December 12, 2014.

—. "Fire Rips through Tibetan Area of Dharamsala." December 21, 2004.

Rangzen, Mile. "Is Dharamshala Safe for Tibetans?" *Tibet Telegraph*, June 12, 2014.

Reich, Carey. "A New Generation of Buddhist: The Views and Practice of Tibetan Youth." School for International Training. Independent Study Project, 2014.

Rigzin, Tsewang. "A Survey Research on Tibetan Entrepreneurs in India." MDP diss., Emory University, 2015.

Roberts, John, and Elizabeth Roberts. *Freeing Tibet: 50 Years of Struggle, Resilience, and Hope*. New York: AMACOM, 2009.

Roemer, Stephanie. *The Tibetan Government-in-Exile: Politics at Large*. Routledge Advances in South Asian

Studies. Edited by Subrata K. Mitra. London: Routledge, 2008.

Rozeboom, Annelie. *Waiting for the Dalai Lama: Stories from All Sides of the Tibetan Debate*. Hong Kong: Blacksmith Books, 2011.

Saklaini, Girija. *The Uprooted Tibetans in India: A Sociological Study of Continuity and Change*. New Delhi: Cosmo, 1984.

Salidjanova, Nargiza. *Going Out: Overview of China's Outward Foreign Direct Investment*. US-China Economic and Security Review Commission, Staff Research Report, March 30, 2011.

Schubach, Alanna. "A Feast of Tibetan Dumplings at the Momo Crawl in Jackson Heights." *Village Voice*, November 16, 2015.

Sehgal, Manjeet. "His Holiness Seeks Southern Comfort: Dalai Lama May Spend Two Months a Year in Karnataka for Health Reasons." *Mail Today*, August 3, 2013.

Shambaugh, David. *China Goes Global: The Partial Power*. New York: Oxford University Press, 2014.

Sheridan, Michael. "Chinese Embassy Blitzed by NATO Was Hiding Serbs." *Sunday Times*, February 13, 2011.

Shih, Shani. "Beyond Ramaluk: Towards a More Inclusive View of Identity in the Tibetan Diaspora." School for International Training. Independent Study Project (ISP) Collection, Paper 1740, 2013.

Smith, Warren W. *Tibet's Last Stand? The Tibetan Uprising of 2008 and China's Response*. Lanham, MD: Rowman & Littlefield, 2009.

South Asia Foundation. "Agreement on Trade, Intercourse and Related Questions between Tibet Autonomous

Region of China and Nepal." Bilateral trade agreement signed between the People's Republic of China and His Majesty's Government of Nepal, May 2, 1966.

Sowey, Helen. *Are Refugees at Increased Risk of Substance Misuse?* Drug and Alcohol Multicultural Education Centre, 2005.

Stein, Jeff. "How China Keeps Tabs on Tibetan Exiles." *Newsweek*, March 5, 2014.

Swaine, Michael D. "China's Assertive Behavior; Part One: On 'Core Interests.'" *China Leadership Monitor*, Carnegie Endowment for International Peace, no. 34, 2010.

Tharoor, Ishaan. "Why India Is Investigating a Reincarnated Tibetan Lama." *Time*, February 3, 2011.

Thondup, Gyalo. *The Noodle Maker of Kalimpong: The Untold Story of My Struggle for Tibet*. New York: PublicAffairs, 2015.

Thuborn, Colin. *To a Mountain in Tibet*. New York: HarperCollins, 2011.

Tibet Justice Center. "Tibet's Stateless Nationals II: Tibetan Refugees in India." September 2011.

—. "Tibet's Stateless Nationals II: Tibetan Refugees in India—2014 Update." June 30, 2015.

Tibetan Review. "Tibetans in India, Nepal Cautioned against Traveling to Europe for Asylum." July 2014.

Tribune. "Irate Mob Burns Tibetan Market." July 6, 1999.

Tricycle. "An Interview with Geshe Kelsang Gyatso." *Tricycle Magazine*, Spring 1998.

Tsering, Topden. "Demise of a Place: An Obituary." Phayul.com, December 23, 2004.

US-China Economic and Security Review Commission. *2009 Annual Report to Congress*. Washington, DC:

USCC, 2009.

—. *Report to Congress*. 2011. Washington, DC: USCC, 2011.

US Department of State. "Congressional Budget Justification: Fiscal Year 2016." Foreign Operations and Related Programs. February 2015.

US House of Representatives. "Falun Gong and China's Continuing War on Human Rights." Joint Hearing before the Subcommittee on Africa, Global Human Rights and International Operations. Washington, DC, July 21, 2005.

US State Department. "Widening Generational Divide between Tibet's Leaders and Youth." US Embassy, New Delhi, cables published by the *Guardian*, December 16, 2010.

Vaughn, Bruce. "Nepal: Background and U.S. Relations." US Congressional Research Service, July 30, 2007.

Verini, James. "A Terrible Act of Reason: When Did Self-Immolation Become the Paramount Form of Protest?" *New Yorker*, May 16, 2012.

VOA. "New Footage Depicts Self-Immolation in Tibet." Voice of America, April 16, 2012.

Wang Lixiong, "Last-Words Analysis: Why Tibetans Self-Immolate?" *Invisible Tibet*, December 29, 2012, translated from Chinese by Ogyen Kyab.

Watson, Ivan, and Pamela Boykoff. "No Escape? China's Crackdown on Dissent Goes Global." CNN, February 4, 2016.

Watts, Jonathan, and Ken Macfarlane. "Inside Tibet's Heart of Protest." *Guardian*, February 10, 2012.

Wee, Sui-Lee, and Stephanie Nebehay. "At UN, China Uses Intimidation Tactics to Silence Its Critics." Reuters, October 5, 2015.

Woodcock, George. "Tibetan Refugees in a Decade of Exile." *Pacific Affairs* 43 (1970):410–420.

Xinhua. "Central Gov't Spends 310 Bln Yuan Bolstering Tibet's Development." January 25, 2010.

—. "A New Tibet through Homecomers' Eyes." September 8, 2015.

—. "Reincarnation of Living Buddha Needs Gov't Approval." August 4, 2007.

Yoko, Pema. "'Free Tibet' Banned at March 10, NYC." Blog posted to Facebook March 11, 2015. https://www.facebook.com/notes/pema-yoko/free-tibet-banned-atmarch-10-nyc/10153158350457743.

Zhigang, Xing, and Li Xiaokun. "Envoy Brief on Sarkozy-Dalai Meet Dismissed." *China Daily*, December 12, 2008.

Zhu, Guobin. "Prosecuting 'Evil Cults': A Critical Examination of Law regarding Freedom of Religious Belief in Mainland China." *Human Rights Quarterly* 32, no. 3 (2010): 471–501.

歷史與現場 279

來自北京的祝福：流亡逾六十年的藏人，要如何面對後達賴喇嘛時代的變局與挑戰

Blessings from Beijing: Inside China's Soft-Power War on Tibet

作者—葛瑞格・布魯諾（Greg C. Bruno）
譯者—林添貴
編者—張啟淵
封面設計—兒日
總編輯—胡金倫
董事長—趙政岷
出版者—時報文化出版企業股份有限公司
108019台北市和平西路三段二四〇號四樓
發行專線—（〇二）二三〇六—六八四二
讀者服務專線—〇八〇〇—二三一—七〇五
（〇二）二三〇四—七一〇三
讀者服務傳真—（〇二）二三〇四—六八五八
郵撥—一九三四四七二四時報文化出版公司
信箱—10899台北華江橋郵局第九九信箱
時報悅讀網—http://www.readingtimes.com.tw
法律顧問—理律法律事務所 陳長文律師、李念祖律師
印刷—勁達印刷有限公司
初版一刷—二〇二〇年四月十七日
定價—新台幣四五〇元
（缺頁或破損的書，請寄回更換）

時報文化出版公司成立於一九七五年，
並於一九九九年股票上櫃公開發行，於二〇〇八年脫離中時集團非屬旺中，
以「尊重智慧與創意的文化事業」為信念。

來自北京的祝福：流亡逾六十年的藏人,要如何面對後達賴喇嘛時代的變局與挑戰 / 葛瑞格・布魯諾（Greg C. Bruno）著；林添貴譯. -- 初版. -- 臺北市：時報文化, 2020.04
面； 公分. --（歷史與現場；279）
譯自：Blessings from Beijing：inside China's soft-power war on Tibet
ISBN 978-957-13-8113-8（平裝）

1.西藏問題 2.西藏自治區

676.64 109002165

ISBN 978-957-13-8113-8
Printed in Taiwan